主編 饒宗頤
副主編 徐在國

上博藏戰國楚竹書字匯

選堂題

北京师范大学出版集团
BEIJING NORMAL UNIVERSITY PUBLISHING GROUP
安徽大学出版社

圖書在版編目(CIP)數據

上博藏戰國楚竹書字匯/饒宗頤主編. —合肥:安徽大學出版社,2012.10
ISBN 978-7-5664-0381-0

Ⅰ.①上… Ⅱ.①饒… Ⅲ.①竹簡文—漢字—匯編—中國—楚國(? —前223)
Ⅳ.①H121 ②K877.5

中國版本圖書館CIP數據核字(2012)第027476號

本書由陳偉南先生贊助部份研究經費、
高佩璇博士贊助出版經費,謹此致謝。

上博藏戰國楚竹書字匯

主　編　饒宗頤
副主編　徐在國

出版發行:北京師範大學出版集團
安 徽 大 學 出 版 社
(安徽省合肥市肥西路3號 郵編230039)
www.bnupg.com.cn
www.ahupress.com.cn
印　刷:合肥遠東印務有限責任公司
經　銷:全國新華書店
開　本:184mm×260mm
印　張:57.25
字　數:1352千字
版　次:2012年10月第1版
印　次:2012年10月第1次印刷
定　價:228.00圓
ISBN 978-7-5664-0381-0

責任編輯:談　菁　劉中飛　裝幀設計:孟猷輝　李　軍　責任印制:陳　如

上博藏戰國楚竹書字匯編纂及工作人員名單

主　　編　饒宗頤
副 主 編　徐在國
助理主編　洪　娟（二〇〇五年一月—二〇〇九年八月）
編　　者　黃志強（兼任，二〇〇五年九月—二〇〇六年九月）
　　　　　蘇春暉（兼任，二〇〇七年八月—二〇〇八年四月）
　　　　　雷金芳
助理編者　程　燕　王其秀　楊蒙生　米　雁
　　　　　馬曉穩　李　玲　徐尚巧　姚　遠　陳夢兮
項目統籌　鄭煒明
副 統 籌　龔　敏

小引

余於一九九六年十二月，已曾在拙著符號・初文與字母——漢字樹之引言中提到文字、文學與書法藝術三者之連鎖關係；　嘗云：『漢字只是部分記音，文字不作言語化，反而結合書畫藝術與文學上的形文、聲文的高度美化，造成漢字這一大樹，枝葉葰茂，風華獨絕，文字、文學、藝術（書法）三者的連鎖關係，構成漢文化最大特色引人入勝的魅力。』而其中歷代各體書法，更屬漢文化與漢字能延續數千年，至今仍屹立於世界而不倒之一大功臣。

余留心於楚地簡帛書法久矣。上世紀五十年代已刊有戰國楚簡箋證（長沙仰天湖戰國楚簡摹本），後於一九八五年又與學友曾憲通教授合著楚帛書。曾氏有戰國楚地簡帛文字書法淺析一文，謂楚地簡帛文字之書風起筆重而收筆輕，用筆方圓兼備，結體不平不直、內圓外方，並已見有波勢挑法之雛形，而長篇作品如楚帛書者已見行款布局等等，於楚地簡帛書法之研究，提綱挈領，深得要旨。戰國文字學大家何琳儀先生亦嘗撰有楚書瑣言一文，其論仰天湖簡之書勢，謂縱橫兼具，『可視爲由縱勢向橫勢過渡的作品』，並指出須留意楚人書法之『時代風尚』；其又以戰國中晚期楚書多橫勢，總結出一些共同規律如橫筆中凸，豎筆微曲，撇筆輕疾，弧筆回抱，而結構扁平等等書法之特徵。何氏之方法與論析，研究楚書史者亟宜注意之。臺灣周鳳五教授嘗撰楚簡文字的書法史意義，有五點總結，暢論字體之形成與書寫工具之密切關係、用筆方法決定書體及其風格、字體和書風之社會性及地域性等經濟、文化元素等等，亦甚有參考價值。

近日得知陳松長教授已專就上博藏楚竹書一至七卷所見之書法藝術，撰成一文，而謙稱曰『淺論』云云。陳氏以整飭、秀逸、工整、粗放、古拙、恣肆等語形容其書法風格之多元，並將其書體風格細分爲十二類。由是觀之，上博簡之書法確然多綵多姿，其飾筆、羨筆等添加性美化、繁化筆畫，普遍、多變而乃至於極致，益以其中文字書寫又可有正俗二體之分等等，總之方面繁多，涉及之人文範疇極廣，故竊以爲上博簡書法（以至於楚地簡帛書法）之研究，實屬方興未艾之學，有志者宜乘興而來，用力於斯，必將有所得，此余所深信不疑者也。

早於新世紀初，余已有意編纂上博簡字匯，原意乃爲衆多之書法愛好者提供一部便利可用之工具書。後乃命香港中文大學藝術系門人洪娟以上博簡書法爲題，撰寫博士論文，其時上博簡僅得兩冊整理面世而已。二〇〇五年前後，洪氏獲博士學位；適其時香港大學饒宗頤學術館依余之建議，以上博簡字匯立爲研究專項，並以余爲領銜之主編，門人鄭君煒明爲項目統籌，余乃命洪娟爲助理主編，期以四年完工。惜其後洪氏因興趣轉移，脱離研究隊伍而投身教學，益以余年事已高，力所難繼，致項目幾有難産之虞。幸得安徽大學徐在國教授鼎力支持，終成此業，不勝感荷。徐教授乃當今研究古文字學之最出色當行者之一，其於戰國文字，尤具功底，成就彰顯，由彼續成未竟之功，余篤定放心之極。徐教授投入此書之心力極夥，余僅受成而已，思之不無愧歉；祈願徐教授當再接再厲，於上博簡全部出齊之後，舉而畢字匯之全功，以享學林、藝林。

今上博簡一至七册之字匯，已經編就，付梓在即，謹命煒明爲我執筆，草草撰此蕞爾小文，以代序。

饒宗頤

壬辰春末　九十七叟選堂

目次

凡例

一、本書收錄上海博物館藏戰國楚竹書（一——七）的文字，由正文、合文、待釋字、殘字等組成。

二、本書按照部首編排，悉依漢語大字典湖北人民出版社、四川辭書出版社，一九九二年部首順序。

三、本書字頭爲楷書，個別字頭下出隸定形體。異體字另起一行，出隸定形體，低一格。

四、所有字形均爲複印剪貼。

五、每一字頭下標明出處，次序是書名、篇名、竹簡序號，均用阿拉伯數字表示。例如：1.1.22，表示上海博物館藏戰國楚竹書（一）書之孔子詩論篇第二十二簡。

六、書名、篇名對照表如下：

一·一上海博物館藏戰國楚竹書（一）孔子詩論
一·二上海博物館藏戰國楚竹書（一）緇衣
一·三上海博物館藏戰國楚竹書（一）性情論
二·一上海博物館藏戰國楚竹書（二）民之父母
二·二上海博物館藏戰國楚竹書（二）子羔
二·三上海博物館藏戰國楚竹書（二）魯邦大旱
二·四上海博物館藏戰國楚竹書（二）從政甲
二·五上海博物館藏戰國楚竹書（二）從政乙
二·六上海博物館藏戰國楚竹書（二）昔者君老
二·七上海博物館藏戰國楚竹書（二）容成氏
三·一上海博物館藏戰國楚竹書（三）周易
三·二上海博物館藏戰國楚竹書（三）中弓
三·三上海博物館藏戰國楚竹書（三）恒先

三·四　上海博物館藏戰國楚竹書（三）彭祖
四·一　上海博物館藏戰國楚竹書（四）採風曲目
四·二　上海博物館藏戰國楚竹書（四）逸詩
四·三　上海博物館藏戰國楚竹書（四）昭王毀室
四·四　上海博物館藏戰國楚竹書（四）昭王與龔之脽
四·五　上海博物館藏戰國楚竹書（四）柬大王泊旱
四·六　上海博物館藏戰國楚竹書（四）內豊
四·七　上海博物館藏戰國楚竹書（四）相邦之道
四·八　上海博物館藏戰國楚竹書（四）曹沫之陳
五·一　上海博物館藏戰國楚竹書（五）競內建之
五·二　上海博物館藏戰國楚竹書（五）鮑叔牙與隰朋之諫
五·三　上海博物館藏戰國楚竹書（五）季庚子問於孔子
五·四　上海博物館藏戰國楚竹書（五）姑成家父
五·五　上海博物館藏戰國楚竹書（五）君子爲禮
五·六　上海博物館藏戰國楚竹書（五）弟子問
五·七　上海博物館藏戰國楚竹書（五）三德
五·八　上海博物館藏戰國楚竹書（五）鬼神之明、融師有成氏
六·一　上海博物館藏戰國楚竹書（六）競公瘧
六·二　上海博物館藏戰國楚竹書（六）孔子見季桓子
六·三　上海博物館藏戰國楚竹書（六）莊王既成、申公臣靈王
六·四　上海博物館藏戰國楚竹書（六）平王問鄭壽
六·五　上海博物館藏戰國楚竹書（六）平王與王子木
六·六　上海博物館藏戰國楚竹書（六）慎子曰恭儉
六·七　上海博物館藏戰國楚竹書（六）用曰

六・八上海博物館藏戰國楚竹書（六）天子建州甲
六・九上海博物館藏戰國楚竹書（六）天子建州乙
七・一上海博物館藏戰國楚竹書（七）武王踐阼
七・二上海博物館藏戰國楚竹書（七）鄭子家喪甲
七・三上海博物館藏戰國楚竹書（七）鄭子家喪乙
七・四上海博物館藏戰國楚竹書（七）君人者何必安哉甲
七・五上海博物館藏戰國楚竹書（七）君人者何必安哉乙
七・六上海博物館藏戰國楚竹書（七）凡物流形甲
七・七上海博物館藏戰國楚竹書（七）凡物流形乙
七・八上海博物館藏戰國楚竹書（七）吳命

七、索引有部首目録、筆畫檢字表、拼音檢字表僅供檢字方便，不作注音字表用。

一部

1.1.22

1.2.3

1.2.8

1.2.20

2.4.3

2.7.42

3.1.42

3.3.9

3.3.9

3.4.7

3.4.7

3.4.7

4.4.1

4.5.14

4.8.24

4.8.59

4.8.60

5.2.1

6.1.10

6.8.6

6.8.6

6.8.9

6.9.5

6.9.5

7.4.3

7.5.3

7.5.4

7.8.4

7.8.6

7.8.7

戈

3.3.2

3.4.7

3.4.7

3.4.7

二

1.1.6

3.1.4

3.1.7

3.1.9

3.1.12

3.1.14

3.1.16

3.1.18

3.1.20

3.1.22

3.1.24

3.1.26

3.1.28

3.1.30

3.1.32

3.1.35

3.1.37

3.1.40

3.1.44

3.1.47

3.1.48

3.1.50

3.1.53

3.1.54

弍

 3.4.8	 7.4.4	 6.9.5	 6.8.2	 6.1.3	 5.1.10	 4.8.25	 3.1.58
		 6.9.8	 6.8.6	 6.1.12	 5.2.2	 5.1.1	 3.4.2
		 7.5.4	 6.8.9	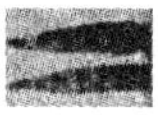 6.2.1	 5.6.14	 5.1.6	 4.3.1
		 7.8.1	 6.9.1	 6.2.12	 6.1.2	 5.1.9	 4.8.23

			三			七	丁
 2.7.31	 2.7.14	 2.1.5	 1.3.8	 6.9.1	 2.7.17	 1.1.27	 7.2.5
 2.7.31	 2.7.18	 2.1.7	 1.3.34	 1.3.34	 4.8.1	 2.4.8	 7.3.5
 2.7.39	 2.7.26	 2.4.5	 2.1.2		 5.1.3	 2.4.9	
 2.7.31	 2.7.48	 2.4.7	 2.1.5		 6.8.1	 2.7.5	

 6.1.10	 4.8.64	 4.8.49	 4.8.40	 4.8.22	 4.5.16	 3.4.7	 3.2.17
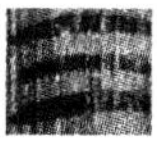 6.8.9	 5.1.3	 4.8.56	 4.8.42	 4.8.28	 4.5.18	 3.4.7	 3.2.18
 6.8.13	 5.3.14	 4.8.60	 4.8.43	 4.8.30	 4.8.14	 3.4.8	 3.2.20
 6.9.1	 5.5.10	 4.8.60	 4.8.46	 4.8.36	 4.8.19	 4.4.10	 3.4.2

于

3.1.2	2.1.11	1.1.22	7.5.5	7.3.5	7.8.7	7.4.2	6.9.8

3.1.2	2.1.12	1.2.19		7.4.1	7.8.7	7.4.4	7.1.2

3.1.2	2.6.2	2.1.2		7.5.2	7.8.9	7.4.6	7.2.3

3.1.14	3.1.2	2.1.6		7.5.4	7.3.3	7.5.1	7.2.5

与

 6.2.10	 6.7.4	 5.2.4	 3.4.2	 3.1.50	 3.1.43	 3.1.38	 3.1.17
 6.2.9	 6.7.5	 5.4.1	 3.4.3	 3.1.54	 3.1.43	 3.1.40	 3.1.17
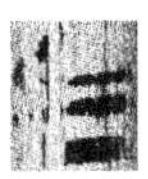 6.2.11	 6.7.15	 5.4.6	 4.2.2	 3.4.1	 3.1.50	 3.1.42	 3.1.24
 6.2.17		 5.7.3	 4.2.3	 3.4.1	 3.1.50	 3.1.42	 3.1.32

上

 3.1.17	 3.1.10	 2.7.5	 2.2.11	 1.2.8	 1.2.4	 1.1.8	 7.3.1
 3.1.19	 3.1.11	 3.1.1	 2.3.3	 1.2.9	 1.2.6	 1.2.2	 7.6.11
 3.1.21	 3.1.13	 3.1.5	 2.4.7	 2.1.13	 1.2.7	 1.2.3	
 3.1.23	 3.1.15	 3.1.8	 2.7.1	 1.2.15	 1.2.8	 1.1.22	

3.1.25
3.1.27
3.1.29
3.1.31

3.1.33
3.1.36
3.1.39
3.1.41

3.1.43
3.1.45
3.1.49
3.1.51

3.1.55
3.1.56
3.1.57
4.1.3

4.8.62
4.8.62
5.2.7
5.2.7

5.3.3
5.4.6
5.6.9
5.7.2

5.7.6
5.7.7
5.7.8
5.7.19

6.2.3
6.2.5
6.2.5
7.1.1

下

⿱上止

2.7.5	2.2.8	2.1.2	1.2.2	4.8.36	7.8.3 正	7.2.4	7.1.1

2.7.7	2.7.1	2.1.6	1.2.6	5.2.7		7.3.2	7.1.2

2.7.17	2.7.5	2.1.13	1.2.8	6.3.3		7.6.28	7.1.3

2.7.28	2.7.5	2.2.1	1.2.3	4.2.3		7.6.30	7.2.2

 5.7.19	 5.5.12	 4.8.16	 4.4.3	 3.3.12	 3.3.10	 2.7.42	 2.7.30
 5.8.1	 5.5.15	 4.8.65	 4.6.9	 3.3.13	 3.3.11	 2.7.44	 2.7.35
 5.8.2	 5.6.9	 5.4.4	 4.8.3	 3.3.13	 3.3.12	 2.7.49	 2.7.41
 5.8.2	 5.7.18	 5.4.6	 4.8.4	 4.2.3	 3.3.12	 3.3.10	 2.7.42

亓

 1.1.1	 2.7.30	 7.7.12	 7.6.30	 7.6.17	 7.3.5	 7.2.4	 5.8.3
 1.1.2	 2.7.35	 7.7.12	 7.6.30	 7.6.17	 7.4.5	 7.2.5	 5.8.3
 1.1.2		 7.7.22	 7.7.10	 7.6.21	 7.6.14	 7.8.5	 6.3.6
 1.1.2		 2.7.7	 7.7.10	 7.6.21	 7.6.15	 7.3.4	 6.7.8

1.1.3

1.1.3

1.1.3

1.1.4

1.1.4

1.1.4

1.1.5

1.1.5

1.1.8

1.1.9

1.1.9

1.1.9

1.1.10

1.1.11

1.1.11

1.1.14

1.1.15

1.1.15

1.1.15

1.1.16

1.1.16

1.1.18

1.1.18

1.1.20

1.1.20

1.1.21

1.1.22

1.1.23

1.1.24

1.1.24

1.1.24

1.1.24

 1.3.12	 1.3.7	 1.2.21	 1.2.18	 1.2.15	 1.2.8	 1.2.3	 1.1.24
 1.3.12	 1.3.8	 1.2.21	 1.2.18	 1.2.17	 1.2.10	 1.2.4	 1.1.27
 1.3.14	 1.3.8	 1.2.22	 1.2.20	 1.2.17	 1.2.10	 1.2.4	 1.1.29
 1.3.31	 1.3.10	 1.3.1	 1.2.20	 1.2.17	 1.2.15	 1.2.8	 1.2.2

 2.7.38	 2.7.20	 2.7.9	 2.6.3	 2.4.9	 2.2.9	 2.2.6	 1.3.38
 2.7.38	 2.7.33	 2.7.13	 2.7.1	 2.4.17	 2.2.11	 2.2.7	 1.3.38
 2.7.43	 2.7.33	 2.7.14	 2.7.1	 2.4.18	 2.3.4	 2.2.8	 2.1.2
 2.7.44	 2.7.38	 2.7.17	 2.7.5	 2.5.5	 2.3.5	 2.2.9	 2.1.9

 3.1.48	 3.1.48	 3.1.41	 3.1.37	 3.1.28	 3.1.26	 3.1.20	 2.7.48
 3.1.48	 3.1.48	 3.1.44	 3.1.37	 3.1.28	 3.1.26	 3.1.25	 2.7.52
 3.1.48	 3.1.48	 3.1.45	 3.1.38	 3.1.30	 3.1.27	 3.1.26	 3.1.4
 3.1.49	 3.1.48	 3.1.48	 3.1.41	 3.1.32	 3.1.28	 3.1.26	 3.1.13

 3.2.20	 3.2.10	 3.1.55	 3.1.54	 3.1.53	 3.1.52	 3.1.51	 3.1.49
 3.2.20	 3.2.12	 3.1.57	 3.1.55	 3.1.53	 3.1.52	 3.1.51	 3.1.49
 3.2.21	 3.2.13	 3.1.58	 3.1.55	 3.1.54	 3.1.53	 3.1.51	 3.1.51
 3.2.25	 3.2.20	 3.2.3	 3.1.55	 3.1.54	 3.1.53	 3.1.52	 3.1.51

 3.3.3 正	 3.3.12	 3.4.4	 4.4.8	 4.6.1 正	 4.6.8	 4.8.2 正	 4.8.15
 3.3.4	 3.3.12	 4.1.4	 4.4.10	 4.6.2	 4.7.1	 4.8.5	 4.8.17
 3.3.5	 3.3.12	 4.4.5	 4.5.19	 4.6.2	 4.7.1	 4.8.15	 4.8.20
 3.3.11	 3.4.2	 4.4.7	 4.5.21	 4.6.2	 4.7.1	 4.8.15	 4.8.23

4.8.27

4.8.32

4.8.42

4.8.43

4.8.44

4.8.44

4.8.45

4.8.45

4.8.52

4.8.52

4.8.54

4.8.54

4.8.55

4.8.56

4.8.59

4.8.61

4.8.63

4.8.65

4.8.65

5.5.6

5.6.1

5.6.2

5.6.2

5.6.4

5.6.8

5.6.15

5.6.15

5.6.19

5.6.20

5.6.23

5.6.23

5.6.23

6.1.3

6.1.4

6.1.5

6.1.5

6.1.7

6.1.10

6.1.11

6.2.3

6.2.5

6.2.5

6.2.6

6.2.12

6.2.12

6.2.15

6.2.15

6.2.16

6.2.17

6.2.17

6.2.18

6.2.21

6.2.22

6.2.24

6.7.3

6.7.3

6.7.6

6.7.6

6.7.6

6.7.7

6.7.7

6.7.7

6.7.8

6.7.9

 6.7.12

 6.7.13

 6.7.14

 6.7.14

 6.7.16

 6.7.16

 6.7.16

 6.7.18

 6.7.19

 6.7.19

 6.7.19

 6.8.5

 6.9.5

 7.1.4

 7.1.5

 7.1.7

 7.1.7

 7.1.8

 7.1.11

 7.2.1

 7.2.2

 7.2.2

 7.2.3

 7.2.4

 7.3.1

 7.3.2

 7.3.2

 7.3.3

 7.3.4

 7.4.3

 7.4.4

 7.4.5

7.4.5

7.4.6

7.5.3

7.5.4

7.5.5

7.5.5

7.5.5

7.6.5

7.6.5

7.6.6

7.6.6

7.6.9

7.6.10

7.6.16

7.6.18

7.6.27

7.7.5

7.7.5

7.7.7

7.7.8

7.7.11

7.7.11

7.7.11

7.7.13

7.8.4

7.8.4

7.8.5

7.8.7

7.8.9

7.8.9

7.8.9

五						井	丈
 3.1.11	 3.1.1	 2.7.26	 2.4.5	 2.1.3	 1.2.14	 6.7.4	 3.1.7
 3.1.12	 3.1.5	 2.7.27	 2.7.14	 2.1.5	 1.3.34	 6.7.13	 3.1.16
 3.1.14	 3.1.8	 2.7.28	 2.7.16	 2.1.5	 2.1.2	 6.7.14	 3.1.16
 3.1.17	 3.1.10	 2.7.34	 2.7.17	 2.4.5	 2.1.3	 6.7.16	

3.1.21

3.1.23

3.1.25

3.1.27

3.1.28

3.1.31

3.1.33

3.1.35

3.1.39

3.1.41

3.1.45

3.1.49

3.1.51

3.1.55

3.1.57

3.4.5

3.4.5

4.5.15

4.6.8

4.8.1

4.8.26

4.8.26

5.5.10

5.7.6

5.8.3

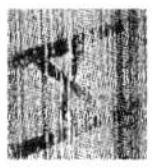
6.1.13

6.2.14

6.3.3

6.3.3

6.7.4

6.8.1

6.8.11

不

 1.1.25	 1.1.20	 1.1.13	 1.1.8	 1.1.1	 7.7.3	 7.6.3 正	 6.9.1
 1.1.25	 1.1.20	 1.1.13	 1.1.8	 1.1.4	 7.8.9	 7.6.4	 6.9.11
 1.1.27	 1.1.21	 1.1.13	 1.1.11	 1.1.6		 7.7.3	 7.4.3
 1.1.27	 1.1.23	 1.1.13	 1.1.12	 1.1.6		 7.7.3	 7.5.2

 1.2.15	 1.2.12	 1.2.11	 1.2.10	 1.2.8	 1.2.4	 1.2.2	 1.1.28
 1.2.16	 1.2.14	 1.2.11	 1.2.10	 1.2.9	 1.2.4	 1.2.2	 1.1.28
 1.2.16	 1.2.14	 1.2.12	 1.2.10	 1.2.9	 1.2.4	 1.2.2	 1.2.29
 1.2.16	 1.2.14	 1.2.12	 1.2.11	 1.2.9	 1.2.4	 1.2.3	 1.2.1

1.2.16

1.2.17

1.2.18

1.2.19

1.2.19

1.2.21

1.2.21

1.2.22

1.2.22

1.2.23

1.2.23

1.2.24

1.3.3

1.3.3

1.3.32

1.3.34

1.3.38

1.3.38

2.1.6

2.1.6

2.1.10

2.2.7

2.2.7

2.2.9

2.3.1

2.3.2

2.3.4

2.3.4

2.3.5

2.3.6

2.4.6

2.4.7

 2.4.8	 2.4.12	 2.5.1	 2.6.3	 2.7.1	 2.7.6	 2.7.18	 2.7.29
 2.4.9	 2.4.12	 2.5.1	 2.6.4	 2.7.4	 2.7.12	 2.7.18	 2.7.38
 2.4.9	 2.4.14	 2.5.2	 2.6.4	 2.7.4	 2.7.12	 2.7.18	 2.7.38
 2.4.12	 2.4.16	 2.5.3	 2.6.4	 2.7.6	 2.7.17	 2.7.22	 2.7.39

3.1.28	3.1.20	3.1.14	3.1.11	3.1.7	3.1.4	2.7.49	2.7.39

3.1.31	3.1.20	3.1.15	3.1.12	3.1.9	3.1.4	2.7.52	2.7.42

3.1.35	3.1.22	3.1.18	3.1.12	3.1.10	3.1.4	3.1.1	2.7.44

3.1.35	3.1.25	3.1.20	3.1.13	3.1.10	3.1.5	3.1.1	2.7.44

 3.2.23	 3.2.22	 3.2.14	 3.2.9	 3.1.52	 3.1.48	 3.1.44	 3.1.39
 3.2.24	 3.2.23	 3.2.17	 3.2.10	 3.1.57	 3.1.48	 3.1.45	 3.1.40
 3.2.25	 3.2.23	 3.2.17	 3.2.10	 3.2.9	 3.1.50	 3.1.48	 3.1.42
 3.2.25	 3.2.23	 3.2.19	 3.2.12	 3.2.9	 3.1.50	 3.1.48	 3.1.44

 4.4.2	 3.4.8	 3.4.6	 3.4.1	 3.3.11	 3.3.8	 3.3.5	 3.2 附
 4.4.2	 4.1.2	 3.4.6	 3.4.1	 3.3.12	 3.3.10	 3.3.5	 3.3.1
 4.4.3	 4.1.2	 3.4.7	 3.4.3	 3.3.13	 3.3.11	 3.3.7	 3.3.3 正
 4.4.4	 4.1.3	 3.4.8	 3.4.5	 3.3.12	 3.3.11	 3.3.7	 3.3.3 正

 4.4.4	 4.5.6	 4.5.14	 4.6.1 正	 4.6.3	 4.6.3	 4.6.4	 4.6.7
 4.4.4	 4.5.8	 4.5.21	 4.6.2	 4.6.3	 4.6.3	 4.6.4	 4.6.7
 4.4.5	 4.5.9	 4.6.1 正	 4.6.2	 4.6.3	 4.6.4	 4.6.6	 4.6.7
 4.4.6	 4.5.11	 4.6.1 正	 4.6.2	 4.6.3	 4.6.4	 4.6.6	 4.6.7

 4.8.19	 4.8.11	 4.8.10	 4.8.6	 4.8.5	 4.7.4	 4.6.8	 4.6.7
 4.8.19	 4.8.17	 4.8.11	 4.8.7	 4.8.5	 4.8.2 正	 4.6.10	 4.6.8
 4.8.19	 4.8.18	 4.8.11	 4.8.7	 4.8.6	 4.8.3	 4.6.10	 4.6.8
 4.8.19	 4.8.19	 4.8.11	 4.8.9	 4.8.6	 4.8.5	 4.7.4	 4.6.8

 4.8.20	 4.8.33	 4.8.33	 4.8.38	 4.8.42	 4.8.45	 4.8.48	 4.8.48
 4.8.23	 4.8.33	 4.8.34	 4.8.38	 4.8.44	 4.8.45	 4.8.48	 4.8.48
 4.8.23	 4.8.33	 4.8.35	 4.8.39	 4.8.44	 4.8.46	 4.8.48	 4.8.51
 4.8.33	 4.8.33	 4.8.37	 4.8.39	 4.8.44	 4.8.48	 4.8.48	 4.8.56

 5.3.14	 5.3.8	 5.2.8	 5.2.5	 5.1.8	 5.1.7	 5.1.6	 4.8.64
 5.3.15	 5.3.8	 5.3.1	 5.2.6	 5.1.9	 5.1.8	 5.1.7	 5.1.3
 5.3.18	 5.3.9	 5.3.3	 5.2.7	 5.2.3	 5.1.8	 5.1.7	 5.1.6
 5.4.1	 5.3.10	 5.3.8	 5.2.8	 5.2.4	 5.1.8	 5.1.7	 5.1.6

 5.6.22	 5.6.13	 5.6.56	 5.5.3	 5.5.2	 5.4.8	 5.4.4	 5.4.3
 5.6.23	 5.6.13	 5.6.6	 5.5.3	 5.5.2	 5.4.10	 5.4.5	 5.4.3
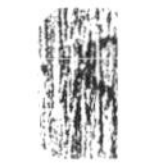 5.6 附	 5.6.15	 5.6.6	 5.6.2	 5.5.2	 5.5.1	 5.4.5	 5.4.3
 5.7.2	 5.6.18	 5.6.8	 5.6.5	 5.5.2	 5.5.1	 5.4.7	 5.4.4

5.8.5	5.8.2	5.7.18	5.7.15	5.7.13	5.7.12	5.7.5	5.7.2

5.8.5	5.8.3	5.7.20	5.7.15	5.7.14	5.7.12	5.7.5	5.7.3

5.8.5	5.8.4	5.7.22	5.7.16	5.7.14	5.7.12	5.7.7	5.7.3

5.8.5	5.8.4	5.8.1	5.7.17	5.7.15	5.7.13	5.7.11	5.7.5

5.8.5

5.8.8

6.1.1

6.1.2

6.1.4

6.1.5

6.1.7

6.1.7

6.1.12

6.1.12

6.1.13

6.1.13

6.2.3

6.2.5

6.2.7

6.2.9

6.2.9

6.2.13

6.2.13

6.2.14

6.2.15

6.2.15

6.2.17

6.2.18

6.2.18

6.2.20

6.2.20

6.2.22

6.2.24

6.2.25

6.2.26

6.2.26

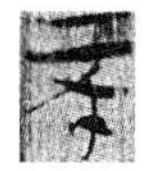
6.2.27

6.3.6

6.3.7

6.3.8

6.3.9

6.4.2

6.4.3

6.4.3

6.4.6

6.5.3

6.5.3

6.5.4

6.5.4

6.5.4

6.5.4

6.5.4

6.6.3

6.6.5

6.6.6

6.7.2

6.7.3

6.7.4

6.7.4

6.7.6

6.7.9

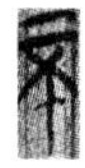
6.7.9

6.7.10

6.7.10

6.7.11

6.7.12

6.7.13

6.7.15

6.8.11	6.8.11	6.8.10	6.8.9	6.8.4	6.8.2	6.7.19	6.7.17
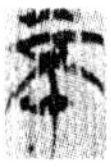							
6.8.12	6.8.11	6.8.10	6.8.10	6.8.3	6.8.3	6.7.19	6.7.17

6.8.13	6.8.11	6.8.11	6.8.10	6.8.8	6.8.3	6.7.19	6.7.19
		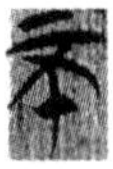					
6.8.13	6.8.11	6.8.11	6.8.10	6.8.8	6.8.3	6.8.2	6.7.19

6.8.13

6.9.2

6.9.2

6.9.2

6.9.3

6.9.3

6.9.3

6.9.7

6.9.7

6.9.9

6.9.9

6.9.9

6.9.9

6.9.9
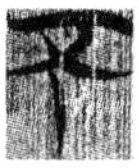
6.9.10

6.9.10

6.9.10

6.9.10

6.9.10

6.9.11

6.9.11

6.9.11

6.9.11

7.1.1

7.1.1

7.1.3

7.1.5

7.1.5

7.1.5

7.1.6

7.1.7

7.1.8

 7.5.7	 7.5.5	 7.5.1	 7.4.7	 7.4.3	 7.3.1	 7.1.14	 7.1.11
 7.5.8	 7.5.5	 7.5.2	 7.4.7	 7.4.4	 7.3.4	 7.1.15	 7.1.11
 7.6.1	 7.5.7	 7.5.3	 7.4.8	 7.4.5	 7.4.1	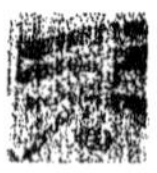 7.2.1	 7.1.12
 7.6.2	 7.5.7	 7.5.4	 7.4.8	 7.4.5	 7.4.2	 7.2.4	 7.1.14

 7.8.5	 7.8.3 正	 7.7.15	 7.7.10	 7.7.1	 7.6.25	 7.6.20	 7.6.6
 7.8.9	 7.8.3 正	 7.7.18	 7.7.11	 7.7.2	 7.6.26	 7.6.21	 7.6.10
 7.8.9	 7.8.4	 7.7.19	 7.7.14	 7.7.5	 7.6.27	 7.6.22	 7.6.14
 7.8.9	 7.8.5	 7.7.22	 7.7.15	 7.7.8	 7.6.29	 7.6.22	 7.6.16

吏 叓				丘	且	屯	
 1.3.20	 5.6.20	 5.3.9	 3.1.88	 1.1.21	 6.8.10	 6.8.4	 7.8.9
 2.2.1	 6.1.1	 5.7.12	 4.1.2	 1.1.22		 6.8.4	
 2.2.1	 6.1.9	 5.7.13	 5.3.6	 2.3.3		 6.9.4	
 2.2.8	 6.1.13	 5.3.18	 5.3.9	 2.7.13		 6.9.4	

2.2.12

2.4.17

2.4.18

2.4.18

3.2.1

3.2.4

3.2.14

3.2.16 正

3.2.21

3.2.25

4.6.1 正

4.6.2

4.6.5

4.8.29

4.8.33

4.8.36

4.8.39

4.8.39

4.8.39

4.8.39

4.8.40

5.1.1

5.1.6

5.2.1

5.2.2

5.2.7

5.3.12

5.3.14

5.3.15

6.1.2

6.1.2

6.1.3

亞 表 甫

 1.2.9	 1.1.8	 7.8.5	 6.8.6	 7.8.7	 6.9.4	 6.1.7	 6.1.4
 1.2.1	 1.1.24		 6.9.5		 7.1.15	 6.1.8	 6.1.4
 1.2.18	 1.1.28				 7.8.4	 6.1.8	 6.1.5
 1.3.3	 1.2.1				 7.8.4	 6.4.4	 6.1.7

事

 1.2.4	 7.1.9	 6.7.17	 5.7.13	 5.5.9	 5.3.22	 5.2.7	 1.3.34
 1.2.8	 7.1.9	 6.8.11	 6.1.7	 5.7.1	 5.4.1	 5.2.7	 2.6.3
 1.3.31		 7.1.9	 6.1.9	 5.7.8	 5.4.5	 5.3.19	 3.2.25
 1.3.31		 7.1.9	 6.7.11	 5.7.13	 5.5.9	 5.3.19	 4.6.9

 4.6.9	 4.6.1 正	 3.3.12	 3.3.7	 3.3.6	 2.7.46	 2.4.9	 2.2.14
 4.7.1	 4.6.2	 4.4.5	 3.3.7	 3.3.7	 3.1.4	 2.6.3	 2.3.2
 4.7.2	 4.6.5	 4.5.17	 3.3.7	 3.3.7	 3.1.5	 2.6.4	 2.3.3
 4.7.3	 4.6.6	 4.5.18	 3.3.7	 3.3.7	 3.1.32	 2.7.9	 2.4.7

 6.7.17	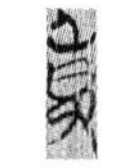 6.7.2	 5.7.16	 5.7.10	 5.6.9	 5.4.7	 5.3.16	 4.8.17
 6.7.18	 6.7.5	 5.7.16	 5.7.15	 5.6.10	 5.4.4	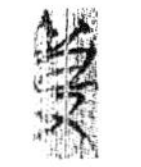 5.3.17	 5.2.4
 6.9.5	 6.7.14	 6.2.5	 5.7.15	 5.7.6	 5.4.5	 5.4.1	 5.3.1
 6.9.8	 6.7.14	 6.3.8	 5.7.15	 5.7.10	 5.4.6	 5.4.3	 5.3.5

甚　兩

 5.1.6	 2.3.5	 1.1.24	 7.2.7	 1.1.13	 7.8.9	 7.6.16	 6.9.9
 5.3.11	 2.7.6	 1.3.35	 7.3.7	 1.1.14		 7.7.5	 6.9.10
 6.1.1	 4.5.8	 2.2.2	 7.7.18	 3.3.11		 7.7.11	 7.6.6
 6.7.19	 4.5.22	 2.3.4	 7.8.3	 5.8.4		 7.8.9	 7.6.8

6.7.19

丨部

中

1.1.8

1.1.27

1.3.34

2.2.5

2.2.8

2.7.40

3.1.4

3.1.39

3.1.39

3.1.51

3.1.51

3.2.1

3.2.1

3.2.5

3.2.6

3.2.8

3.2.9

3.2.10

3.2.10

3.2.16 背

3.2.17

3.2.20

3.2.25

3.2.28

3.2 附

4.2.2

4.2.3

4.5.3

4.5.9

4.5.10

4.5.15

4.6.7

4.6 附

4.8.35

4.8.35

4.8.45

4.8.50

5.3.3

5.3.4

5.3.9

5.4.6

5.5.10

5.5.11

6.2.7

6.2.27

6.5.5
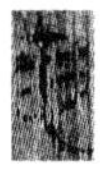
6.6.3
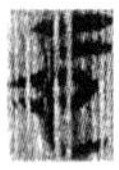
6.8.4

6.8.13

6.9.4

7.4.2

7.5.2

7.8.2

7.8.3 正

7.8.5

丿部

1.2.7

2.3.2

2.3.4

2.3.4

2.7.31

3.1.2

3.1.4

3.1.12

3.1.18

3.1.22

3.1.25

3.1.25

3.1.54

3.1.58

3.1.58

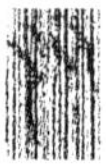
3.2.19

5.5.15

5.7.1

5.7.10

5.7.12

5.7.17

5.7.18

6.1.7

7.6.7

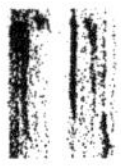
7.7.6

乃

 3.1.42	 2.7.40	 2.7.30	 2.7.28	 2.7.26	 2.7.17	 2.3.4	 1.2.15
 3.1.47	 2.7.46	 2.7.34	 2.7.29	 2.7.26	 2.7.18	 2.6.4	 2.2.12
 3.4.1	 2.7.48	 2.7.37	 2.7.29	 2.7.28	 2.7.22	 2.7.9	 2.3.1
 3.4.1	 3.1.17	 2.7.37	 2.7.30	 2.7.28	 2.7.25	 2.7.13	 2.3.3

 7.6.26	 7.2.3	 5.7.14	 5.7.5	 5.4.10	 5.3.11	 5.2.1	 4.8.10
 7.6.30	 7.3.3	 5.7.14	 5.7.6	 5.7.2	 5.4.5	 5.2.3	 4.8.32
 7.7.19	 7.4.1	 6.7.1	 5.7.6	 5.7.3	 5.4.8	 5.2.7	 4.8.52
	 7.5.1	 6.7.13	 5.7.9	 5.7.5	 5.4.8	 5.2.8	 4.8.63

年			乍				及
 2.7.5	 6.7.18	 3.3.2	 1.1.6	 7.2.2	 4.8.65	 3.2.12	 1.1.15
 2.7.6	 7.4.7	 5.4.6	 2.2.9	 7.3.2	 5.8.8	 4.3.1	 1.2.3
 2.7.28	 7.5.7 残	 6.7.5	 2.2.13		 6.4.5	 4.5.15	 2.7.13
 3.1.24		 6.7.11	 3.3.1		 7.1.5	 4.8.29	 2.7.43

4.8.12

5.1.3

5.6.5

5.8.2

5.8.3

6.2.18

7.4.8

7.4.8

7.5.7

7.5.8

禼

5.1.7

乘

4.5.2

7.4.2

7.4.2

7.5.2

7.5.2

丶部

之

1.1.4

1.1.4

1.1.4

1.1.5

1.1.5

1.1.6

1.1.6

1.1.6

1.1.6

1.1.7

1.1.7

1.1.8

1.1.8

1.1.8

1.1.9

1.1.9

1.1.10

1.1.10

1.1.10

1.1.10

1.1.10

1.1.10

1.1.10

1.1.11

1.1.11

1.1.11

1.1.11

1.1.14

1.1.14

1.1.14

1.1.15

1.1.16

1.1.16

1.1.16

1.1.16

1.1.18

1.1.20

1.1.20

1.1.21

1.1.21

1.1.21

1.1.21

1.1.21

1.1.21

1.1.22

1.1.22

1.1.22

1.1.22

1.1.24

1.1.24

1.1.24

1.1.24

1.1.25

1.1.26

1.1.27

1.1.27

1.1.27

1.2.5

1.2.5

1.2.6

1.2.7

1.2.8

1.2.8

1.2.8

1.2.9

1.2.9

1.2.11

1.2.11

 1.3.32	 1.3.8	 1.2.22	 1.2.19	 1.2.17	 1.2.14	 1.2.13	 1.2.12
 1.3.35	 1.3.31	 1.3.1	 1.2.19	 1.2.18	 1.2.14	 1.2.13	 1.2.12
 1.3.38	 1.3.31	 1.3.2	 1.2.21	 1.2.18	 1.2.14	 1.2.13	 1.2.13
 1.3.38	 1.3.32	 1.3.3	 1.2.21	 1.2.19	 1.2.15	 1.2.13	 1.2.13

 2.1.12	 2.1.11	 2.1.10	 2.1.7	 2.1.6	 2.1.4	 2.1.2	 1.3.38
 2.1.13	 2.1.11	 2.1.11	 2.1.7	 2.1.6	 2.1.5	 2.1.3	 2.1.1
 2.1.13	 2.1.12	 2.1.11	 2.1.8	 2.1.7	 2.1.5	 2.1.3	 2.1.1
 2.1.13	 2.1.12	 2.1.11	 2.1.9	 2.1.7	 2.1.6	 2.1.3	 2.1.2

2.2.1

2.2.1

2.2.2

2.2.2

2.2.3

2.2.5

2.2.5

2.2.6

2.2.6

2.2.6

2.2.6

2.2.6

2.2.7

2.2.7

2.2.8

2.2.8

2.2.8

2.2.9

2.2.9

2.2.10

2.2.10

2.2.11

2.2.11

2.2.11

2.2.12

2.2.12

2.2.12

2.2.12

2.2.12

2.2.13

2.2.13

2.2.14

2.3.1

2.3.2

2.3.2

2.3.3

2.3.3

2.4.3

2.4.3

2.4.8

2.4.9

2.4.12

2.4.14

2.4.16

2.4.17

2.4.17

2.4.17

2.4.18

2.5.3

2.5.5

2.6.1

2.6.1

2.6.2

2.6.4

2.7.1

2.7.3

2.7.3

2.7.5

2.7.5

2.7.5

2.7.6

2.7.7

2.7.7

2.7.7

2.7.8

2.7.8

2.7.9

2.7.9

2.7.10

2.7.12

2.7.13

2.7.14

2.7.16

2.7.17

2.7.17

2.7.18

2.7.18

2.7.19

2.7.19

2.7.20

2.7.20

2.7.20

2.7.21

2.7.24

2.7.24

2.7.25

2.7.25

2.7.26

2.7.27

2.7.28

2.7.30

2.7.31

2.7.38

2.7.39

2.7.40

2.7.40

 3.1.20	 3.1.17	 3.1.9	 2.7.52	 2.7.48	 2.7.44	 2.7.41	 2.7.41
 3.1.21	 3.1.18	 3.1.10	 3.1.6	 2.7.50	 2.7.48	 2.7.42	 2.7.41
 3.1.21	 3.1.18	 3.1.11	 3.1.9	 2.7.52	 2.7.49	 2.7.44	 2.7.41
 3.1.22	 3.1.18	 3.1.17	 3.1.9	 2.7.52	 2.7.48	 2.7.44	 2.7.41

3.1.23

3.1.23

3.1.30

3.1.30

3.1.35

3.1.47

3.1.47

3.1.53

3.1.56

3.1.56

3.1.57

3.2.2

3.2.2

3.2.4

3.2.5

3.2.6

3.2.8

3.2.8

3.2.10

3.2.10

3.2.11

3.2.13

3.2.13

3.2.16 正

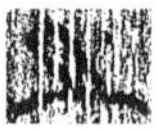
3.2.16 正

3.2.18

3.2.18

3.2.20

3.2.23

3.2.24

3.2.25

3.2 附

 4.1.4	 4.1.2	 3.4.6	 3.4.2	 3.3.13	 3.3.12	 3.3.10	 3.3.2
 4.1.4	 4.1.3	 3.4.6	 3.4.2	 3.3.13	 3.3.12	 3.3.10	 3.3.4
 4.1.5	 4.1.3	 3.4.7	 3.4.4	 3.3.13	 3.3.12	 3.3.10	 3.3.7
 4.4.1	 4.1.3	 4.1.1	 3.4.4	 3.4.1	 3.3.13	 3.3.11	 3.3.9

 4.5.2	 4.4.9	 4.4.8	 4.4.7	 4.4.4	 4.4.4	 4.4.3	 4.4.1
 4.5.2	 4.4.9	 4.4.8	 4.4.7	 4.4.6	 4.4.4	 4.4.3	 4.4.1
 4.5.3	 4.4.10	 4.4.8	 4.4.7	 4.4.6	 4.4.4	 4.4.3	 4.4.2
 4.5.4	 4.4.10	 4.4.9	 4.4.7	 4.4.7	 4.4.4	 4.4.3	 4.4.2

 4.6.1 正	 4.5.22	 4.5.20	 4.5.16	 4.5.11	 4.5.10	 4.5.6	 4.5.4
 4.6.1 正	 4.6.1 正	 4.5.21	 4.5.17	 4.5.11	 4.5.11	 4.5.6	 4.5.5
 4.6.2	 4.6.1 正	 4.5.21	 4.5.17	 4.5.12	 4.5.11	 4.5.7	 4.5.5
 4.6.2	 4.6.1 正	 4.5.22	 4.5.20	 4.5.12	 4.5.11	 4.5.9	 4.5.6

4.7.3	4.6.10	4.6.7	4.6.6	4.6.4	4.6.3	4.6.3	4.6.2

4.7.4	4.6.10	4.6.8	4.6.6	4.6.4	4.6.3	4.6.3	4.6.2

4.7.4	4.6 附	4.6.9	4.6.6	4.6.4	4.6.4	4.6.3	4.6.2

4.7.4	4.6 附	4.6.10	4.6.6	4.6.4	4.6.4	4.6.3	4.6.3

4.8.1

4.8.2 正

4.8.2 正

4.8.2 背

4.8.4

4.8.5

4.8.5

4.8.6

4.8.6

4.8.7

4.8.7

4.8.8

4.8.8

4.8.8

4.8.8

4.8.9

4.8.13

4.8.14

4.8.14

4.8.14

4.8.15

4.8.15

4.8.16

4.8.16

4.8.18

4.8.18

4.8.19

4.8.20

4.8.21

4.8.22

4.8.23

4.8.23

4.8.23

4.8.25

4.8.26

4.8.28

4.8.28

4.8.29

4.8.29

4.8.30

4.8.31

4.8.32

4.8.34

4.8.34

4.8.34

4.8.35

4.8.36

4.8.38

4.8.39

4.8.40

4.8.40

4.8.42

4.8.42

4.8.43

4.8.43

4.8.43

4.8.44

4.8.44

4.8.45

4.8.47

4.8.47

4.8.50

4.8.52

4.8.53

 5.1.8	 5.1.4	 5.1.3	 5.1.1	 4.8.64	 4.8.60	 4.8.55	 4.8.53
 5.1.8	 5.1.4	 5.1.4	 5.1.1 背	 4.8.64	 4.8.61	 4.8.55	 4.8.53
 5.1.9	 5.1.6	 5.1.4	 5.1.2	 4.8.64	 4.8.61	 4.8.57	 4.8.54
 5.2.1	 5.1.8	 5.1.4	 5.1.3	 4.8.64	 4.8.63	 4.8.59	 4.8.54

5.2.1

5.2.1

5.2.2

5.2.2

5.2.2

5.2.3

5.2.4

5.2.4

5.2.5

5.2.6

5.2.6

5.2.9

5.3.1

5.3.1

5.3.1

5.3.1

5.3.1

5.3.2

5.3.2

5.3.3

5.3.3

5.3.3

5.3.4

5.3.4

5.3.5

5.3.5

5.3.6

5.3.6

5.3.7

5.3.7

5.3.7

5.3.8

5.3.9

5.3.10

5.3.11

5.3.11

5.3.12

5.3.12

5.3.13

5.3.13

5.3.14

5.3.14

5.3.14

5.3.14

5.3.16

5.3.16

5.3.17

5.3.17

5.3.18

5.3.19

5.3.19

5.3.20

5.3.20

5.3.20

5.3.21

5.3.21

5.3.22

5.3.22

5.3.22

5.3.23

5.3.23

5.4.1

5.4.1

5.4.2

 5.6.11	 5.6.6	 5.5.11	 5.5.3	 5.5.2	 5.4.9	 5.4.6	 5.4.3
 5.6.12	 5.6.7	 5.5.15	 5.5.6	 5.5.2	 5.4.9	 5.4.6	 5.4.5
 5.6.12	 5.6.9	 5.6.4	 5.5.10	 5.5.3	 5.4.9	 5.4.7	 5.4.5
 5.6.21	 5.6.9	 5.6.4	 5.5.11	 5.5.3	 5.5.1	 5.4.8	 5.4.6

5.6.22

5.6.23

5.7.1

5.7.2

5.7.2

5.7.2

5.7.2

5.7.2

5.7.3

5.7.4

5.7.4

5.7.4

5.7.4

5.7.5

5.7.5

5.7.6

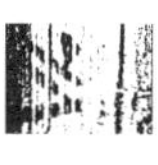
5.7.7

5.7.7

5.7.8

5.7.12

5.7.12

5.7.12

5.7.12

5.7.12

5.7.13

5.7.13

5.7.14

5.7.14

5.7.15

5.7.15

5.7.17

5.7.17

 6.1.5	 6.1.2	 5.8.7	 5.8.3	 5.7.22	 5.7.20	 5.7.18	 5.7.18
 6.1.6	 6.1.3	 6.1.1	 5.8.3	 5.8.1	 5.7.21	 5.7.19	 5.7.18
 6.1.7	 6.1.3	 6.1.1	 5.8.3	 5.8.2	 5.7.22	 5.7.19	 5.7.18
 6.1.8	 6.1.4	 6.1.2	 5.8.5	 5.8.2	 5.7.22	 5.7.20	 5.7.18

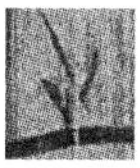 6.2.27	 6.2.22	 6.2.16	 6.2.14	 6.2.7	 6.2.4	 6.1.10	 6.1.8
 6.2.27	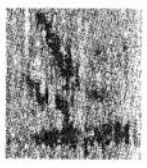 6.2.23	 6.2.19	 6.2.15	 6.2.9	 6.2.4	 6.1.12	 6.1.8
 6.3.1 正	 6.2.25	 6.2.20	 6.2.15	 6.2.11	 6.2.6	 6.1.13	 6.1.10
 6.3.2	 6.2.25	 6.2.22	 6.2.15	 6.2.12	 6.2.6	 6.2.3	 6.1.10

6.3.2

6.3.3

6.3.3

6.3.3

6.3.5

6.3.5

6.3.6

6.3.6

6.3.7

6.3.7

6.3.8

6.3.9

6.4.1

6.4.2

6.4.6

6.5.3

6.6.6

6.6.6

6.7.1

6.7.1

6.7.1

6.7.1

6.7.1

6.7.3

6.7.4

6.7.5

6.7.5

6.7.5

6.7.7

6.7.7

6.7.7

6.7.7

 6.7.8	 6.7.10	 6.7.13	 6.7.16	 6.7.18	 6.7.20	 6.8.1	 6.8.2
 6.7.8	 6.7.11	 6.7.15	 6.7.16	 6.7.19	 6.7.20	 6.8.1	 6.8.2
 6.7.8	 6.7.11	 6.7.15	 6.7.17	 6.7.20	 6.7.20	 6.8.1	 6.8.2
 6.7.8	 6.7.12	 6.7.15	 6.7.17	 6.7.20	 6.7.20	 6.8.1	 6.8.3

6.8.3

6.8.3

6.8.6

6.8.8

6.8.12

6.8.12

6.8.12

6.9.1

6.9.1

6.9.1

6.9.1

6.9.2

6.9.2

6.9.2

6.9.2

6.9.3

6.9.3

6.9.5

6.9.7

6.9.11

7.1.1

7.1.2

7.1.3

7.1.3

7.1.4

7.1.4

7.1.5

7.1.5

7.1.5

7.1.5

7.1.5

7.1.6

 7.3.3	 7.2.7	 7.2.6	 7.2.3	 7.1.15	 7.1.13	 7.1.11	 7.1.6
 7.3.3	 7.2.7	 7.2.6	 7.2.4	 7.2.1	 7.1.13	 7.1.12	 7.1.7
 7.3.4	 7.3.1	 7.2.6	 7.2.4	 7.2.1	 7.1.15	 7.1.12	 7.1.10
 7.3.4	 7.3.2	 7.2.7	 7.2.5	 7.2.3	 7.1.15	 7.1.12	 7.1.11

 7.5.6	 7.5.3	 7.5.2	 7.4.6	 7.4.4	 7.4.2	 7.3.7	 7.3.5
 7.5.7	 7.5.4	 7.5.2	 7.4.7	 7.4.5	 7.4.2	 7.3.7	 7.3.6
 7.6.2	 7.5.6	 7.5.3	 7.4.8	 7.4.5	 7.4.3	 7.3.7	 7.3.6
 7.6.2	 7.5.6	 7.5.3	 7.5.1	 7.4.6	 7.4.3	 7.4.1	 7.3.6

 7.6.14	 7.6.13	 7.6.10	 7.6.8	 7.6.8	 7.6.6	 7.6.4	 7.6.2
 7.6.14	 7.6.13	 7.6.10	 7.6.8	 7.6.8	 7.6.7	 7.6.5	 7.6.2
 7.6.14	 7.6.13	 7.6.10	 7.6.9	 7.6.8	 7.6.7	 7.6.6	 7.6.3 正
 7.6.14	 7.6.14	 7.6.12	 7.6.9	 7.6.8	 7.6.7	 7.6.6	 7.6.4

7.6.15

7.6.15

7.6.15

7.6.16

7.6.16

7.6.17

7.6.17

7.6.17

7.6.17

7.6.19

7.6.19

7.6.19

7.6.19

7.6.19

7.6.19

7.6.20

7.6.20

7.6.21

7.6.22

7.6.23

7.6.23

7.6.23

7.6.26

7.6.26

7.6.26

7.6.28

7.6.28

7.6.29

7.6.29

7.6.29

7.6.30

7.6.30

7.7.12	7.7.9	7.7.8	7.7.7	7.7.6	7.7.4	7.7.2	7.6.30

7.7.13	7.7.9	7.7.9	7.7.7	7.7.6	7.7.5	7.7.3	7.6.30

7.7.13	7.7.10	7.7.9	7.7.8	7.7.6	7.7.5	7.7.3	7.7.1

7.7.13	7.7.12	7.7.9	7.7.8	7.7.7	7.7.5	7.7.4	7.7.2

 7.8.6	 7.8.5	 7.8.3 正	 7.8.1	 7.7.22	 7.7.20	 7.7.16	 7.7.14
 7.8.6	 7.8.5	 7.8.3 正	 7.8.2	 7.7.22	 7.7.21	 7.7.18	 7.7.15
 7.8.7	 7.8.5	 7.8.4	 7.8.3 正	 7.8.1	 7.7.22	 7.7.19	 7.7.15
 7.8.7	 7.8.5	 7.8.5	 7.8.3 正	 7.8.1	 7.7.22	 7.7.19	 7.7.16

州　　丹

 2.7.41	 2.7.26	 2.7.25	 7.1.15	 2.7.6	 7.8.9	 7.8.8	 7.8.8
 6.8.1	 2.7.26	 2.7.25		 7.1.2		 7.8.8	 7.8.8
 6.9.1	 2.7.27	 2.7.25		 7.1.13		 7.8.9	 7.8.8
 7.4.4	 2.7.27	 2.7.25		 7.1.13		 7.8.9	 7.8.8

臒

⿰月隻

7.5.4

3.1.17

3.1.37

3.1.48

4.4.7

4.8.61

4.8.62

6.1.7

6.1.12

乙部

九

2.7.5

2.7.24

2.7.41

3.1.1

3.1.2

3.1.2

3.1.2

3.1.4

3.1.5

3.1.5

3.1.5

3.1.7

3.1.10

3.1.11

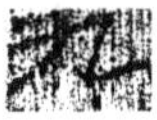

3.1.14

3.1.16

3.1.16

3.1.17

3.1.18

3.1.18

3.1.20

3.1.21

3.1.21

3.1.21

3.1.22

3.1.22

3.1.22

3.1.23

3.1.24

3.1.25

3.1.26

3.1.26

3.1.27

3.1.28

3.1.28

3.1.28

3.1.30

3.1.30

3.1.31

3.1.31

3.1.32

3.1.32

3.1.33

3.1.35

3.1.35

3.1.37

3.1.37

3.1.38

也

 1.1.2	 6.7.5	 3.1.55	 3.1.53	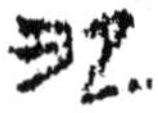 3.1.48	 3.1.45	 3.1.41	 3.1.38
 1.1.2	 7.6.4	 3.1.57	 3.1.53	 3.1.49	 3.1.45	 3.1.41	 3.1.39
 1.1.2	 7.7.4	 3.1.58	 3.1.54	 3.1.50	 3.1.47	 3.1.41	 3.1.40
 1.1.3		 3.1.58	 3.1.55	 3.1.51	 3.1.47	 3.1.44	 3.1.40

 1.1.3	 1.1.4	 1.1.7	 1.1.8	 1.1.9	 1.1.11	 1.1.16	 1.1.19
 1.1.3	 1.1.5	 1.1.7	 1.1.9	 1.1.9	 1.1.11	 1.1.16	 1.1.19
 1.1.4	 1.1.7	 1.1.8	 1.1.9	 1.1.10	 1.1.16	 1.1.18	 1.1.20
 1.1.4	 1.1.7	 1.1.8	 1.1.9	 1.1.11	 1.1.16	 1.1.18	 1.1.20

 1.1.20	 1.1.21	 1.1.21	 1.1.21
 1.1.21	 1.1.22	 1.1.24	 1.1.24
 1.1.24	 1.1.26	 1.2.2	 1.2.2
 1.2.2	 1.2.6	 1.2.8	 1.2.9
 1.2.9	 1.2.11	 1.2.11	 1.2.12
 1.2.12	 1.2.15	 1.2.18	 1.2.18
 1.2.20	 1.2.22	 1.2.23	 1.3.3
 1.3.3	 1.3.3	 1.3.7	 1.3.7

 2.2.7	 2.2.3	 2.2.1	 2.1.7	 1.3.33	 1.3.31	 1.3.8	 1.3.7
 2.2.9	 2.2.4	 2.2.1	 2.1.8	 1.3.33	 1.3.31	 1.3.8	 1.3.7
 2.2.9	 2.2.5	 2.2.1	 2.1.9	 1.3.38	 1.3.32	 1.3.14	 1.3.7
 2.2.9	 2.2.6	 2.2.2	 2.1.9	 2.1.6	 1.3.32	 1.3.14	 1.3.8

 3.2.6	 3.2.2	 2.7.26	 2.7.12	 2.4.18	 2.2.13	 2.2.11	 2.2.9
 3.2.8	 3.2.4	 2.7.26	 2.7.17	 2.5.5	 2.3.2	 2.2.12	 2.2.9
 3.2.9	 3.2.4	 2.7.32	 2.7.17	 2.7.1	 2.4.9	 2.2.12	 2.2.10
 3.2.9	 3.2.6	 2.7.34	 2.7.25	 2.7.3	 2.4.17	 2.2.13	 2.2.11

 4.6.6	 4.1.4	 3.3.12	 3.3.11	 3.3.3 正	 3.2.23	 3.2.23	 3.2.9
 4.6.10	 4.1.4	 3.3.12	 3.3.11	 3.4.7	 3.2.23	 3.2.23	 3.2.10
 4.7.4	 4.4.8	 4.1.3	 3.3.11	 3.3.7	 3.2 附	 3.2.23	 3.2.18
 4.8.2 正	 4.4.9	 4.1.3	 3.3.11	 3.3.10	 3.2 附	 3.2.23	 3.2.21

 5.4.4	 5.3.18	 5.3.11	 5.3.7	 5.2.8	 5.1.10	 5.1.4	 4.8.12
 5.4.6	 5.3.18	 5.3.11	 5.3.7	 5.3.2	 5.2.1	 5.1.8	 4.8.18
 5.4.7	 5.3.23	 5.3.14	 5.3.8	 5.3.6	 5.2.2	 5.1.9	 5.1.2
 5.5.1	 5.4.3	 5.3.16	 5.3.10	 5.3.6	 5.2.6	 5.1.9	 5.1.2

 6.1.3	 5.8.4	 5.6.19	 5.6.10	 5.6.4	 5.5.14	 5.5.3	 5.5.2
 6.1.5	 5.8.4	 5.8.1	 5.6.12	 5.6.5	 5.6.1	 5.5.4	 5.5.2
 6.1.9	 6.1.2	 5.8.3	 5.6.12	 5.6.8	 5.6.4	 5.5.9	 5.5.2
 6.1.9	 6.1.2	 5.8.3	 5.6.19	 5.6.9	 5.6.4	 5.5.9	 5.5.3

 7.5.5	 7.4.7	 7.4.4	 6.8.13	 6.2.26	 6.2.13	 6.2.5	 6.1.12
 7.5.6	 7.4.8	 7.4.5	 6.9.2	 6.8.3	 6.2.14	 6.2.8	 6.2.5
 7.5.7	 7.5.3	 7.4.6	 6.9.7	 6.8.3	 6.2.16	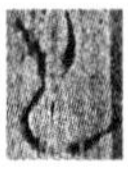 6.2.8	 6.2.5
 7.5.7	 7.5.4	 7.4.7	 7.4.3	 6.8.8	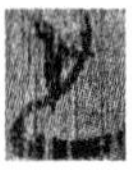 6.2.17	 6.2.11	 6.2.5

甬　　夬

 3.3.13	 3.3.7	 1.3.35	 1.1.4	 4.1.3	 7.6.5	 7.8.8	 7.5.8
 3.4.6	 3.3.11	 1.3.35	 1.1.4		 7.7.5	 7.8.8	 7.6.27
 4.6.1	 3.3.12	 2.7.30	 1.1.23		 3.1.38	 7.8.8	 7.8.3 正
 4.8.37	 3.3.13	 3.1.12	 1.2.14		 3.1.39	 7.8.9	 7.8.5

			亂 𤔔			承 氶	
 5.8.2	 5.2.8	 3.3.8	 1.1.22	 7.8.9	 4.6.4	 3.1.8	 4.8.56
 5.8.3	 5.3.10	 3.3.8	 2.4.9		 4.6.6	 3.1.28	 6.6.4
 6.2.5	 5.3.22	 4.6.6	 2.5.3		 6.8.8	 3.2.22	 7.6.15
 7.6.26	 5.6.4	 4.6.10	 3.1.42		 6.9.8	 4.6.4	 7.8.7

7.7.19

[illegible]

4.5.6

6.7.11

6.8.11

十部

十

2.4.5

2.7.5

3.1.24

5.2.1

5.5.11

5.6.2

5.7.12

7.1.5

7.1.11

7.1.12

7.4.4

7.5.4

7.6.9

7.7.7

千

7.6.9

7.6.15

7.6.16

7.7.7

	南			卒 采	卑	直	
 3.1.35	 1.1.8	 4.8.29	 3.2.23	 1.1.25	 7.8.5	 6.9.4	 7.7.11
 3.1.37	 2.7.14	 4.8.46	 4.4.5	 1.2.6		 6.9.5	
 4.8.1	 2.7.27	 4.8.48	 4.6.8	 2.6.4		 6.9.5	
 5.6.18	 2.7.31		 4.8.28	 2.7.13			

厲	[illegible]	原			厚		
6.7.13	3.3.1	6.7.6	6.7.10	5.2.6	1.1.15	厂部	7.1.2
	3.3.1			5.2.7	1.2.2		7.1.3
	3.3.1			5.4.3	3.4.7		7.1.13
	7.8.7			5.4.8	4.8.54		

匚部

匹	巨	匡 筐	⿷匚舌	匿	⿷匚貞
 1.2.21	 6.8.6	 3.4.2	 2.4.5	 1.2.17	 4.6.7
 1.2.21	 6.9.6		 5.3.22	 6.1.6	
				 6.8.10	

卜部

卜		占	卣	卤		
 4.5.1	 4.5.5	 2.5.2	 1.2.23	 3.1.20	 3.1.25	 3.1.42
 4.5.2			 3.1.1	 3.1.22	 3.1.30	 7.1.10
 4.5.3				 3.1.21	 3.1.37	
 4.5.4				 3.1.28	 3.1.40	

卤

2.2.10

3.1.42

3.1.47

卝

6.8.11

6.9.10

卨

2.2.10

2.2.12

冂部

内

1.1.3

1.1.12

1.1.20

1.2.20

1.3.2

1.3.31

2.1.11

2.2.12

2.6.2

2.6.2

2.6.3

2.7.5

2.7.9

2.7.10

2.7.19

2.7.44

用

 3.1.13	 3.1.1	 7.3.2	 6.8.9	 6.1.3	 4.5.20	 4.4.1	 2.7.41
 3.1.13	 3.1.2	 7.6.25	 6.8.12	 6.1.5	 4.6.1 背	 4.4.2	 3.1.9
 3.1.17	 3.1.4	 7.7.18	 6.9.9	 6.1.9	 4.8.1	 4.4.6	 3.2.18
 3.1.25	 3.1.8		 7.2.2	 6.7.9	 4.8.18	 4.5.7	 3.2.20

冊

5.3.17	6.9.4	6.7.17	6.7.10	6.7.6	6.7.2	3.1.43	3.1.30

	6.9.4	6.7.17	6.7.11	6.7.7	6.7.3	3.1.47	3.1.30

		6.8.4	6.7.12	6.7.8	6.7.5	3.1.57	3.1.40

		6.8.4	6.7.14	6.7.9	6.7.5	5.4.10	3.1.42

人部

 1.1.3	 1.1.6	 1.1.8	 1.1.9	 1.1.15	 1.1.16	 1.1.20
 1.1.23	 1.1.24	 1.1.24	 1.1.24	 1.1.25	 1.1.27	 1.1.29
 1.2.3	 1.2.3	 1.2.8	 1.2.10	 1.2.14	 1.2.20	 1.2.21
 1.2.21	 1.2.23	 1.2.23	 1.2.23	 1.3.8	 1.3.38	 1.3.38

 3.1.52	 3.1.32	 3.1.10	 3.1.4	 2.7.7	 2.4.17	 2.4.3	 1.3.38
 3.1.54	 3.1.35	 3.1.21	 3.1.4	 2.7.8	 2.4.18	 2.4.3	 2.2.7
 3.2.3	 3.1.36	 3.1.21	 3.1.7	 2.7.17	 2.5.3	 2.4.17	 2.2.9
 3.2.10	 3.1.42	 3.1.28	 3.1.10	 2.7.33	 2.6.2	 2.4.17	 2.2.12

 4.6.1 正	 4.5.19	 4.4.10	 4.4.1	 4.1.4	 4.1.2	 3.4.2	 3.2.12
 4.6.1 正	 4.5.19	 4.5.10	 4.4.2	 4.3.1	 4.1.3	 3.4.2	 3.2.25
 4.6.2	 4.5.22	 4.5.14	 4.4.2	 4.3.1	 4.1.3	 3.4.3	 3.3.8
 4.6.2	 4.6.1 正	 4.5.16	 4.4.2	 4.3.2	 4.1.3	 4.1.1	 3.3.8

4.6.2

4.6.2

4.6.2

4.6.3

4.6.3

4.6.3

4.6.3

4.6.4

4.6.4

4.6.4

4.6.4

4.6.4

4.6.10

4.7.2

4.8.4

4.8.6

4.8.24

4.8.26

4.8.29

4.8.31

4.8.33

4.8.36

4.8.36

4.8.38

4.8.39

4.8.39

4.8.39

4.8.39

4.8.51

4.8.57

4.8.62

5.1.3

 5.7.6	 5.6.9	 5.5.9	 5.5.4	 5.3.19	 5.2.6	 5.2.2	 5.1.6
 5.7.6	 5.6.13	 5.5.10	 5.5.9	 5.3.20	 5.2.8	 5.2.2	 5.1.8
 5.7.10	 5.6.17	 5.5.10	 5.5.9	 5.3.22	 5.3.10	 5.2.5	 5.1.10
 5.7.12	 5.7.6	 5.5.11	 5.5.9	 5.4.9	 5.3.14	 5.2.6	 5.2.1

 7.2.3	 7.1.8	 6.7.10	 6.2.20	 6.2.7	 6.2.3	 5.8.3	 5.7.13
 7.2.5	 7.1.8	 6.7.13	 6.7.3	 6.2.8	 6.2.4	 5.8.3	 5.7.17
 7.2.6	 7.1.12	 6.7.15	 6.7.6	 6.2.9	 6.2.4	 6.1.9	 5.7.19
 7.2.7	 7.2.1	 6.7.18	 6.7.6	 6.2.9	 6.2.6	 6.1.10	 5.8.2

 7.7.3	 7.6.18	 7.6.6	 7.5.9	 7.5.6	 7.4.9	 7.4.4	 7.3.1
 7.7.4	 7.6.24	 7.6.10	 7.6.2	 7.5.6	 7.4.9	 7.4.6	 7.3.3
 7.7.5	 7.6.24	 7.6.12	 7.6.4	 7.5.8	 7.5.4	 7.4.7	 7.3.5
 7.7.8	 7.7.2	 7.6.16	 7.6.5	 7.5.9	 7.5.4	 7.4.8	 7.3.6

仁

息　忎

 6.1.11	 5.5.1	 2.4.5	 1.2.6	 2.2.10	 1.3.33	 7.8.7	 7.7.11
 6.2.3	 5.6.11	 5.2.6	 1.2.7		 1.3.33	 7.8.8	 7.7.17
 6.2.4	 5.7.22	 5.3.2	 1.2.22		 1.3.34	 7.8.9	 7.7.17 残
 6.2.5	 5.8.1	 5.3.4	 2.4.3		 1.3.34		 7.8.6

以 㠯			今	介			
 1.1.5	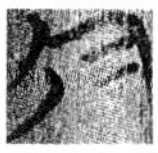 6.1.6	 4.8.7	 3.1.35	 4.4.6	 7.1.5	 6.2.9	 6.2.6
 1.1.5	 6.1.8	 4.8.65	 4.4.8	 6.4.5	 7.1.5	 6.6.6	 6.2.7
 1.1.9	 6.1.9	 5.4.3	 4.8.2 正	 7.8.4	 7.1.5	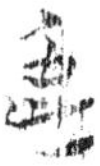 7.1.4	 6.2.8
 1.1.9	 7.8.9	 5.8.1	 4.8.4		 7.1.5	 7.1.4	 6.2.9

 1.2.10	 1.2.7	 1.2.5	 1.1.24	 1.1.22	 1.1.18	 1.1.14	 1.1.10
 1.2.12	 1.2.7	 1.2.5	 1.2.4	 1.1.23	 1.1.20	 1.1.15	 1.1.11
 1.2.12	 1.2.8	 1.2.5	 1.2.4	 1.1.23	 1.1.20	 1.1.16	 1.1.13
 1.2.12	 1.2.10	 1.2.7	 1.2.5	 1.1.24	 1.1.21	 1.1.16	 1.1.14

 2.3.4	 2.3.3	 2.1.14	 2.1.2	 1.2.23	 1.2.15	 1.2.13	 1.2.13
 2.4.3	 2.3.4	 2.2.1	 2.1.2	 1.3.7	 1.2.17	 1.2.13	 1.2.13
 2.4.3	 2.3.4	 2.2.5 正	 2.1.5	 1.3.12	 1.2.19	 1.2.13	 1.2.13
 2.4.6	 2.3.4	 2.2.12	 2.1.6	 2.1.2	 1.2.22	 1.2.14	 1.2.13

 2.7.22	 2.7.21	 2.7.17	 2.7.14	 2.7.10	 2.7.8	 2.5.5	 2.4.6
 2.7.24	 2.7.21	 2.7.20	 2.7.16	 2.7.12	 2.7.8	 2.5.5	 2.4.7
 2.7.28	 2.7.22	 2.7.20	 2.7.17	 2.7.12	 2.7.8	 2.6.2	 2.4.17
 2.7.28	 2.7.22	 2.7.20	 2.7.17	 2.7.13	 2.7.9	 2.7.7	 2.4.18

4.1.1	3.3.9	3.2.24	3.2.21	3.2.5	3.1.12	2.7.41	2.7.29

4.2.1	3.3.9	3.2.24	3.2.22	3.2.15	3.1.41	2.7.52	2.7.30

4.2.4	3.3.10	3.3.5	3.2.23	3.2.20	3.1.45	2.7.52	2.7.32

4.4.1	3.4.7	3.3.7	3.2.23	3.2.21	3.2.1	3.1.7	2.7.31

 4.8.7	 4.7.3	 4.6.9	 4.5.19	 4.5.12	 4.5.8	 4.4.10	 4.4.2
 4.8.8	 4.8.5	 4.6附	 4.5.21	 4.5.14	 4.5.9	 4.5.6	 4.4.4
 4.8.8	 4.8.6	 4.7.1	 4.5.22	 4.5.18	 4.5.10	 4.5.7	 4.4.5
 4.8.8	 4.8.6	 4.7.3	 4.6.8	 4.5.18	 4.5.12	 4.5.7	 4.4.8

 4.8.49	 4.8.38	 4.8.26	 4.8.19	 4.8.18	 4.8.16	 4.8.14	 4.8.9
 4.8.56	 4.8.38	 4.8.28	 4.8.19	 4.8.18	 4.8.17	 4.8.14	 4.8.9
 4.8.56	 4.8.41	 4.8.34	 4.8.22	 4.8.18	 4.8.17	 4.8.15	 4.8.9
 4.8.57	 4.8.46	 4.8.37	 4.8.23	 4.8.19	 4.8.17	 4.8.15	 4.8.10

 5.3.7	 5.3.4	 5.2.2	 5.2.1	 5.1.4	 4.8.63	 4.8.60	 4.8.58
 5.3.7	 5.3.4	 5.2.3	 5.2.1	 5.1.4	 4.8.63	 4.8.60	 4.8.58
 5.3.8	 5.3.5	 5.2.4	 5.2.2	 5.1.9	 4.8.65	 4.8.61	 4.8.58
 5.3.8	 5.3.6	 5.3.2	 5.2.2	 5.1.10	 4.8.65	 4.8.62	 4.8.58

 5.6.10	 5.5.1	 5.4.7	 5.4.4	 5.4.3	 5.3.23	 5.3.19	 5.3.13
 5.6.10	 5.5.3	 5.4.8	 5.4.6	 5.4.3	 5.4.1	 5.3.20	 5.3.14
 5.6.10	 5.5.13	 5.4.9	 5.4.6	 5.4.4	 5.4.1	 5.3.20	 5.3.15
 5.6.10	 5.5.14	 5.4.10	 5.4.6	 5.4.4	 5.4.2	 5.3.20	 5.3.19

 6.2.8	 6.1.10	 5.8.1	 5.7.20	 5.7.16	 5.7.9	 5.6.22	 5.6.10
 6.2.12	 6.1.12	 5.8.2 背	 5.7.22	 5.7.17	 5.7.12	 5.7.7	 5.6.10
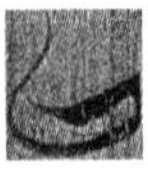 6.2.12	 6.2.5	 5.8.3	 5.7.22	 5.7.17	 5.7.16	 5.7.7	 5.6.13
 6.2.14	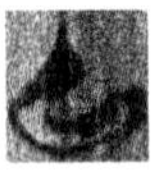 6.2.7	 6.1.10	 5.8.1	 5.7.17	 5.7.16	 5.7.7	 5.6.18

6.2.15

6.2.15

6.2.15

6.2.15

6.2.15

6.2.27

6.3.1 正

6.3.1 正

6.3.1 正

6.3.3

6.3.3

6.3.4 上

6.3.7

6.3.8

6.3.9

6.4.1

6.4.6

6.5.2

6.5.2

6.5.2

6.5.5

6.6.1

6.6.1

6.6.1

6.6.1

6.6.1

6.6.2

6.6.2

6.6.2

6.6.3 正

6.6.3 正

6.6.6

 6.9.8	 6.9.6	 6.9.4	 6.9.1	 6.8.6	 6.8.6	 6.8.1	 6.6.6
 7.1.2	 6.9.6	 6.9.5	 6.9.1	 6.8.8	 6.8.6	 6.8.1	 6.7.1
 7.1.4	 6.9.7	 6.9.6	 6.9.1	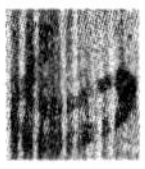 6.8.9	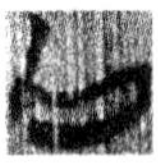 6.8.6	 6.8.1	 6.7.2
 7.1.4	 6.9.8	 6.9.6	 6.9.1	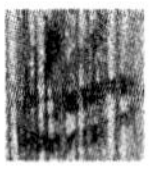 6.8.9	 6.8.6	 6.8.4	 6.7.16

 7.3.7	 7.3.5	 7.3.2	 7.2.7	 7.2.4	 7.2.2	 7.1.12	 7.1.5
 7.4.4	 7.3.5	 7.3.2	 7.2.7	 7.2.5	 7.2.2	 7.1.13	 7.1.5
 7.4.5	 7.3.6	 7.3.3	 7.3.1	 7.2.5	 7.2.3	 7.2.1	 7.1.5
 7.4.7	 7.3.7	 7.3.3	 7.3.1	 7.2.6	 7.2.3	 7.2.1	 7.1.5

代　付

 5.3.14	 5.7.20	 7.8.9	 7.8.5	 7.7.6	 7.6.18	 7.6.7	 7.4.7
		 7.8.9	 7.8.5	 7.7.22	 7.6.22	 7.6.13	 7.5.4
			 7.8.5	 7.7.22	 7.6.30	 7.6.13	 7.5.5
			 7.8.8	 7.8.3 正	 7.6.30	 7.6.17	 7.5.6

伀	佢	伍 俉	休	全	戣		伐
 6.1.11	 4.8.17	 4.8.24	 3.4.1	 5.2.3	 5.2.8	 6.8.5	 1.1.8
	 4.8.18					 6.9.5	 3.1.13
	 5.7.17						 5.4.7
	 6.7.13						 5.7.14

	⿱余彡		余	伊	伋	仪	任
 3.1.14	 2.7.29	 7.8.4	 5.6.5	 2.2.2	 5.1.9	 5.1.4	 1.3.31
 3.1.15	 3.1.14	 7.8.5	 5.6.11	 2.2.11			 4.6.6
 3.4.6	 3.1.14		 6.8.8				
 4.4.7	 3.1.14		 7.1.10				

攸	何						
	俉	[illegible]			舍	余	
 3.1.25	 5.7.12	 3.1.23	 5.2.7	 3.4.5	 2.4.14	 5.4.9	 4.5.9
 3.4.5		 3.4.8		 4.8.28	 3.4.2		 4.5.10
 4.5.11				 6.9.8	 3.4.2		 4.5.15
 4.5.13					 3.4.3		 5.6.13

				作	但		
		复		俊			
 3.3.7	 2.7.30	 1.2.1	 5.8.6	 5.5.1	 6.7.20	 5.1.4	 4.5.15
 3.3.7	 2.7.42	 1.2.14	 5.8.7	 5.5.5		 5.7.17	 4.8.5
 3.3.7	 2.7.44	 2.4.9		 5.7.10		 7.6.22	 4.8.6
 3.3.10	 3.3.2	 2.7.29		 5.7.11			 4.8.18

來 𣥺	伽	佖	佝	佤			
 3.1.35	 5.2.3	 4.8.34	 3.1.34	 3.1.33	 7.6.26	 4.8.17	 3.3.11
 3.1.35		 5.2.5		 3.1.33	 7.7.19	 5.3.10	 3.3.11
 3.1.35		 5.7.16			 7.7.19	 5.3.12	 3.3.12
 3.1.36						 7.6.26	 4.5.17

俏	佻	逨					
 7.8.5	 5.5.5	 3.1.9	 7.8.8	 7.3.1	 5.7.14	 5.1.5	 3.1.37
		 3.1.9		 7.6.6	 5.7.15	 5.6.5	 3.1.44
		 7.8.4		 7.7.5	 5.7.16	 5.6.15	 3.2.18
				 7.8.1	 7.2.1	 5.7.6	 4.8.32

佳	倸	依	佼 佫	使	𠈌	𠈉	会
 7.6.4	 1.1.29	 5.5.1	 6.2.8	 1.2.12	 4.8.29	 2.7.14	 6.8.5
 7.7.4					 4.8.37		 6.9.4
							 7.6.2
							 7.7.1

俈	保				佢	便	俞
 2.7.31	 7.2.2	 6.4.6	 3.4.2	 1.1.9	 5.6.10	 4.8.18	 1.1.10
 2.7.31	 7.3.2	 6.7.8	 6.2.21	 1.1.10		 4.8.35	 1.1.14
 2.7.31		 6.7.8	 6.2.21	 1.1.15			 1.1.18
		 6.7.8	 6.3.2	 1.1.18			 1.1.20

		信	組	俆 傪		係	俘
 1.3.14	 1.2.10	 1.1.7	 5.6.10	 5.5.6	 3.1.30	 2.5.1	 6.2.7
 2.4.10	 1.2.13	 1.1.21			 5.7.16	 3.1.16	
 2.5.1	 1.2.17	 1.1.22				 3.1.16	
 2.7.9	 1.2.23	 1.2.10				 3.1.17	

侯
矦

 3.1.14	 7.2.2	 6.8.7	 2.7.52	 6.8.13	 6.6.2	 5.6.8	 3.3.4
 4.5.10	 7.3.2	 6.8.7	 4.5.14	 6.9.4	 6.7.5	 5.7.15	 3.3.4
 4.5.11	 7.4.4	 6.9.6	 5.1.8	 6.9.4	 6.8.5	 6.1.3	 5.3.21
 5.6.18	 7.5.4	 6.9.6	 5.4.3		 6.8.5	 6.2.5	 5.6.8

𠦝	倝	倩	倉	侒	侗	俑	侵 戢
7.4.9	7.4.2	5.5.9	2.7.1	7.6.26	5.2.2	4.4.5	3.1.13
7.5.9	7.5.2		4.4.8	7.7.19	5.2.2		
			6.7.6		5.2.2		
					5.3.11		

偖	倀		佳	偒	俯	𠈁	倗
 5.2.6	 4.5.19	 4.8.28	 5.6.19	 6.8.12	 7.6.23	 5.1.9	 7.6.27
	 4.8.18	 4.8.35		 6.9.11	 7.7.15		
	 4.8.25	 4.8.36					
	 4.8.28						

偞	倦 佚	倪	倍 伓	俾		俚	倗
 2.7.42	 2.4.12	 5.1.9	 3.1.48	 4.8.25	 5.1.10	 5.1.1	 5.7.17
			 5.1.3	 4.8.35	 5.1.10	 5.1.2	
			 5.2.4		 5.2.9	 5.1.5	
						 5.1.9	

僂	側	依	禽 㑭	備			
 5.1.2	 7.1.6	 6.2.18	 3.1.8	 1.2.9	 2.1.11	 2.4.18	 4.4.1
			 3.1.10	 1.2.21	 2.1.12	 2.7.6	 4.4.2
			 3.1.28	 2.1.6	 2.1.13	 2.7.41	 4.7.1
			 3.1.44	 2.1.7	 2.1.13	 3.2.13	 4.7.3

傑　　僭

 7.4.8	 2.7.35	 5.5.6	 7.6.8	 6.2.24	 5.7.9	 5.3.4	 4.8.33
 7.5.8	 2.7.35		 7.7.7	 6.4.5	 5.7.13	 5.3.13	 4.8.52
	 2.7.40			 6.6.5	 6.2.7	 5.6.10	 5.2.7
	 4.8.65			 7.1.2	 6.2.19	 5.7.8	 5.3.3

剔	傷 戮	傳 連	㕛			僉 會	傒
 4.8.32	 5.4.7	 5.3.14	 6.7.17	 7.6.24	 6.2.5	 1.1.3	 5.7.9
 4.8.45	 5.7.5	 5.3.14		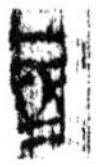 7.7.17	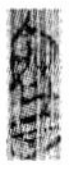 6.6.1	 1.2.14	
 4.8.47	 6.1.8	 6.7.10		 7.7.17	 6.6.3 背	 4.8.8	
 4.8.51					 7.6.24	 5.2.7	

僭	僮	僑				儯	僕
 6.2.15	 3.1.1	 5.6.1	 4.5.20	 4.4.4	 4.4.3	 3.1.53	 6.2.13
	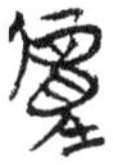 3.1.22			 4.4.6	 4.4.4	 3.1.53	
	 3.1.53			 4.4.8	 4.4.4	 4.4.3	
	 3.1.53			 4.4.9	 4.4.4	 4.4.3	

⿰亻癸	⿰亻賓	⿰亻褱	⿰亻舊		六		
 5.1.10	 5.8.7	 6.8.9	 1.1.3	八部	 2.7.30	 3.1.1	 3.1.7
	 6.7.9	 6.9.8			 2.7.30	 3.1.2	 3.1.7
					 3.1.1	 3.1.5	 3.1.7
					 3.1.1	 3.1.7	 3.1.8

3.1.9

3.1.9

3.1.9

3.1.10

3.1.10

3.1.11

3.1.12

3.1.12

3.1.12

3.1.13

3.1.14

3.1.14

3.1.14

3.1.14

3.1.15

3.1.16

3.1.16

3.1.17

3.1.18

3.1.19

3.1.20

3.1.22

3.1.23

3.1.24

3.1.24

3.1.25

3.1.25

3.1.26

3.1.26

3.1.27

3.1.28

3.1.28

3.1.29

3.1.30

3.1.30

3.1.33

3.1.35

3.1.35

3.1.35

3.1.36

3.1.37

3.1.37

3.1.39

3.1.40

3.1.42

3.1.43

3.1.44

3.1.45

3.1.47

3.1.45

3.1.48

3.1.49

3.1.49

3.1.50

3.1.50

3.1.51

3.1.51

3.1.53

3.1.53

3.1.54

3.1.54

3.1.54

3.1.56

3.1.57

公

 4.8.44	 4.8.40	 4.8.26	 4.8.23	 4.8.6	 2.3.1	 1.1.8	 3.1.57
 4.8.46	 4.8.41	 4.8.35	 4.8.25	 4.8.10	 2.3.6	 1.1.15	 3.1.58
 4.8.49	 4.8.42	 4.8.36	 4.8.25	 4.8.20	 4.7.2	 1.1.16	 7.8.9
 4.8.50	 4.8.43	 4.8.38	 4.8.26	 4.8.22	 4.8.1	 1.2.12	

4.8.53

4.8.53

4.8.55

4.8.57

4.8.59

4.8.64

5.1.1

5.1.5

5.1.5

5.1.5

5.1.6

5.1.8

5.1.9

5.1.10

5.2.4

5.2.5

5.2.5

5.2.6

5.2.6

5.2.6

5.2.7

5.2.8

5.4.1

5.4.1

5.4.5

5.4.6

5.4.8

5.4.8

5.4.9

5.4.9

5.4.10

5.4.10

5.8.3

6.1.1

6.1.1

6.1.2

6.1.2

6.1.2 背

6.1.3

6.1.3

6.1.9

6.1.12

6.1.13

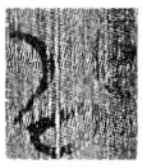
6.1.13

6.3.4 下

6.3.5

6.3.5

6.3.5

6.3.6

6.3.7

6.3.8

6.3.8

6.5.1

6.5.2

6.5.5

6.5.5

7.1.11

7.1.11

7.1.12

7.1.13

7.1.13

	兵			共		并	⿰厶勺
 4.8.29	 2.7.41	 6.6.3 背	 5.7.1	 2.4.6	 7.6.17	 2.7.3	 7.6.29
 4.8.30	 4.8.15	 7.8.9	 6.3.1 正	 2.6.4	 7.6.17	 2.7.26	 7.7.22
 4.8.32	 4.8.18		 6.6.1	 4.8.8	 7.6.27	 4.4.4	
 4.8.38	 4.8.24		 6.6.2	 5.7.1	 7.7.12	 4.8.4	

其

弟

俤

 6.6.5	 5.3.15	 4.6.4	 4.2.2	 2.1.1	 3.1.8	 5.1.5	 4.8.38
		 4.6.5	 4.6.4	 2.6.1	 3.4.5	 5.4.9	 4.8.38
		 4.6.6	 4.6.4	 2.6.1	 4.3.1	 5.7.16	 4.8.39
		 4.6.10	 4.6.4	 4.2.1		 5.8.7	 4.8.51

與	兼					前	具
 1.1.21	 4.8.4	 7.1.7	 5.6.1	 4.8.60	 3.1.10	 1.1.6	 1.2.9
 1.1.4	 4.8.12	 7.4.3	 5.6.2	 5.1.2	 4.8.24	 1.1.20	 7.6.23
 1.2.12	 4.8.48	 7.5.3	 6.4.5	 5.2.4	 4.8.30	 2.2.11	 7.7.15
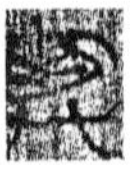 1.3.38		 7.8.5	 6.7.5	 5.6.1	 4.8.31	 2.6.1	

2.2.1

2.2.5 正

2.2.9

2.2.9

2.3.1

2.3.2

2.3.2

2.3.3

2.3.3

2.3.3

2.7.8

2.7.8

2.7.9

2.7.25

2.7.25

2.7.27

3.2.20

3.2.21

3.2 附

3.3.3 正

3.3.11

3.3.11

3.3.13

3.4.2

3.4.2

3.4.2

4.4.10

4.5.7

4.5.9

4.5.15

4.5.18

4.5.20

 4.6.1 正	 4.6.4	 4.6.5	 4.8.13	 5.2.6	 5.4.9	 5.5.15	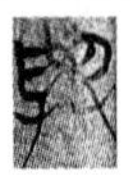 6.1.6
 4.6.2	 4.6.4	 4.6.5	 4.8.64	 5.2.9	 5.4.9	 5.6.11	 6.1.12
 4.6.3	 4.6.5	 4.6.6	 4.8.65	 5.4.2	 5.5.11	 5.7.13	 6.1.13
 4.6.3	 4.6.5	 4.8.3	 5.1.1	 5.4.6	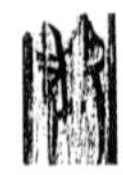 5.5.14	 6.1.1	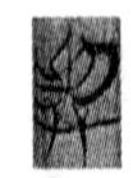 6.2.12

舉　擧

 3.2.8	 2.2.2	 3.2.7	 7.7.11	 7.2.7	 6.9.6	 6.4.3	 6.2.13
 3.2.9	 2.2.2			 7.3.7	 7.1.3	 6.4.4	 6.2.13
 3.2.9	 3.1.7			 7.6.11	 7.1.8	 6.7.2	 6.2.19
 3.2.10	 3.1.8			 7.6.16	 7.2.1	 6.8.7	 6.3.3

興

[illegible]

 5.7.6	 4.8.37	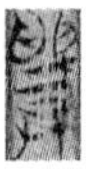 6.2.17	 2.4.8	 6.1.8	 3.3.12	 3.3.10	 3.2.10
 5.7.14	 5.3.10	 6.9.6	 2.5.1	 6.7.11	 3.4.1	 3.3.11	 3.2.11
 5.7.14	 5.3.21		 2.7.13		 5.8.2	 3.3.12	 3.3.7
 5.7.17	 5.7.2		 3.2.11		 6.1.2	 3.3.13	 3.3.10

勹部

1.1.3

1.2.19

1.3.31

1.3.33

2.1.3

2.7.46

2.7.46

3.1.1

3.1.8

3.1.21

3.1.24

3.1.32

3.1.30

3.1.38

3.1.40

3.1.42

3.1.45

3.1.57

3.3.7

3.3.8

4.8.38

4.8.38

5.3.15

5.3.15

5.3.19

5.3.20

5.3.20

5.3.20

 7.7.1	 7.6.3 背	 6.8.5	 6.2.24	 6.1.9	 5.7.14	 5.7.11	 5.5.2
 7.7.15	 7.6.22	 6.94	 6.7.5	 6.2.3	 5.7.19	 5.7.14	 5.5.2
 7.7.15	 7.6.23	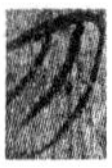 6.9.4	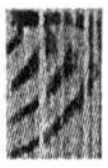 6.7.5	 6.2.7	 5.7.19	 5.7.14	 5.5.2
 7.7.18	 7.6.25	 7.6.1	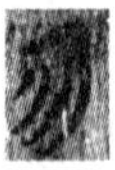 6.8.4	 6.2.12	 5.8.6	 5.7.14	 5.7.11

匋
⿱宀缶

2.7.13

务

6.2.8

匕部

扎

1.2.20

1.2.20

6.2.7

北

1.1.26

1.1.27

2.7.14

2.7.21

2.7.27

2.7.28

3.1.24

3.1.35

4.1.4

4.8.1

5.6.18

7.1.3

7.1.13

儿部

元

3.1.5

3.1.9

3.1.16

3.1.18

3.1.20

3.1.22

3.1.33

3.1.45

3.1.47

3.1.54

4.5.21

4.5.23

6.7.16

允

1.2.3

1.2.18

兄

3.4.5

5.3.15

倪

4.6.4

4.6.4

4.6.4

4.6.4

			先	光		⿰生兄	
 3.3.8	 3.2.9	 2.7.42	 1.2.6	 3.1.2	 4.3.1	 4.8.35	 4.6.5
 3.3.8	 3.3.1	 3.2.5	 2.1.2		 4.3.1	 4.8.42	 4.6.6
 3.3.8	 3.3.3 背	 3.2.7	 2.2.7		 6.8.3	 5.7.11	
 3.3.9	 3.3.8	 3.2.8	 2.5.1		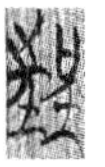 6.9.2		

 7.8.8	 7.7.7	 7.5.9	 7.4.6	 6.4.2	 5.1.3	 4.8.17	 3.3.9
 7.8.8	 7.7.11	 7.6.2	 7.4.9	 6.5.2	 5.1.4	 4.8.17	 3.3.9
 7.8.8	 7.7.19	 7.6.8	 7.5.5	 6.5.3	 6.1.1	 4.8.64	 3.3.10
 7.8.9	 7.8.5	 7.7.1	 7.5.6	 7.1.3	 6.1.1	 5.1.2	 4.7.1

兑	免	克				兇	

1.2.7	1.2.13	4.8.60	4.8.14	1.2.11	7.1.4	5.8.6	7.8.9

1.3.12		6.7.14	4.8.14	3.1.4	7.1.14	6.7.1	7.8.9

			4.8.38	3.1.5		6.7.11	

			4.8.38	4.8.14		6.7.13	

⿱兔⿰兔兔

1.1.8

1.3.26

2.7.38

6.4.3

几部

凡

1.3.3

1.3.3

1.3.31

3.3.7

4.8.21

4.8.25

4.8.24

5.3.20

5.3.20

5.5.5

5.5.6

5.7.6

5.7.7

5.7.13

6.7.6

6.7.20

6.8.1

6.8.8

6.9.1

6.9.1

6.9.7

㕣

2.4.9

7.6.1

7.6.3 背

7.6.14

7.7.1

7.7.9

亠部

1.1.1

1.1.1

1.1.1

1.1.8

1.1.22

1.2.5

1.2.21

1.2.23

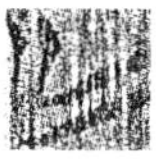
2.1.2

2.1.5

2.1.5

2.1.5

2.1.6

2.1.7

2.1.7

2.1.7

2.1.7

2.1.8

2.1.10

2.1.11

 3.1.8	 3.1.5	 2.7.3	 2.4.7	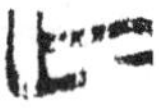 2.2.1	 2.1.13	 2.1.12	 2.1.11
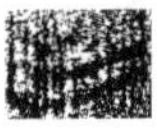 3.1.9	 3.1.7	 3.1.1	 2.4.7	 2.3.6	 2.1.13	 2.1.12	 2.1.11
 3.1.9	 3.1.7	 3.1.2	 2.6.4	 2.4.6	 2.1.13	 2.1.12	 2.1.11
 3.1.10	 3.1.7	 3.1.5	 2.6.4	 2.4.6	 2.1.13	 2.1.13	 2.1.12

 3.1.37	 3.1.32	 3.1.28	 3.1.25	 3.1.21	 3.1.19	 3.1.13	 3.1.10
 3.1.37	 3.1.32	 3.1.28	 3.1.26	 3.1.21	 3.1.20	 3.1.15	 3.1.11
 3.1.38	 3.1.33	 3.1.28	 3.1.27	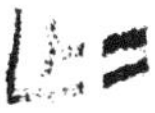 3.1.21	 3.1.20	 3.1.16	 3.1.11
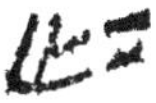 3.1.38	 3.1.33	 3.1.31	 3.1.28	 3.1.25	 3.1.21	 3.1.18	 3.1.12

 4.6.6	 4.1.3	 3.1.54	 3.1.51	 3.1.47	 3.1.44	 3.1.41	 3.1.38
 4.6 附	 4.1.3	 3.1.55	 3.1.52	 3.1.47	 3.1.44	 3.1.41	 3.1.39
 4.8.2 正	 4.4.3	 3.2.16 正	 3.1.54	 3.1.48	 3.1.44	 3.1.41	 3.1.40
 4.8.5	 4.6.6	 3.2.19	 3.1.54	 3.1.49	 3.1.45	 3.1.42	 3.1.40

 6.3.1 正	 6.1.8	 5.6.13	 5.4.4	 5.1.9	 4.8.24	 4.8.12	 4.8.6
 6.4.2	 6.2.5	 5.7.13	 5.4.7	 5.1.10	 4.8.34	 4.8.13	 4.8.6
 6.4.3	 6.2.8	 6.1.3	 5.4.9	 5.3.10	 4.8.51	 4.8.14	 4.8.9
 6.7.4	 6.2.24	 6.1.8	 5.4.10	 5.4.1	 4.8.57	 4.8.14	 4.8.10

蕘	歹芒						

5.2.1	4.4.1	7.7.22	7.6.21	7.6.6	6.9.3	6.8.4	6.7.6
							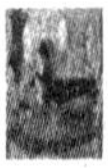
5.2.2			7.6.21	7.6.13	6.9.5	6.8.4	6.7.10

5.2.2			7.6.29	7.6.21	7.4.7	6.8.6	6.7.17

5.2.5			7.7.5	7.6.21	7.5.7	6.9.3	6.7.18

亦 玄

 4.8.65	 4.8.7	 3.2.2	 2.2.9	 2.1.4	 1.1.24	 1.1.9	 2.2.12
 5.2.8	 4.8.9	 4.5.23	 2.7.52	 2.1.4	 1.2.6	 1.1.12	 5.3.21
 5.3.12	 4.8.63	 4.7.4	 3.1.44	 2.2.7	 1.2.10	 1.1.13	
 5.3.14	 4.8.65	 4.8.6	 3.1.56	 2.2.7	 2.1.3	 1.1.13	

亢　　　　交

 3.3.5	 4.2.2	 1.1.20	 7.6.21	 6.7.19	 6.7.9	 6.7.2	 5.5.11
 4.8.61	 4.2.3	 1.1.23	 7.8.2	 6.7.20	 6.7.11	 6.7.3	 5.5.11
 5.7.7	 4.8.17	 3.1.16	 7.8.6	 7.1.6	 6.7.17	 6.7.4	 6.1.8
 5.7.22	 5.7.9	 3.1.33		 7.1.11	 6.7.19	 6.7.5	 6.2.12

商		夜		享 亯	京	⿰貝市	市
 2.1.8	 5.3.20	 2.1.8	 6.2.8	 3.1.17	 5.7.7	 6.1.8	 5.1.10
 4.1.2	 5.3.20	 2.6.4		 5.7.4	 5.7.7		
 4.1.2	 5.6.22	 3.3.11		 5.7.7	 5.7.7		
 4.1.2		 5.3.10		 5.7.9			

章

2.4.5

2.4.12

4.6 附

4.8.18

⿳亠口⿱冖示

6.5.1

7.2.1

7.3.1

⿳亡口⿰月凡

3.1.40

3.1.44

3.1.53

⿰韋夬

3.1.52

冖部

冠

2.7.52

4.6.8

凵部

凶

3.1.4

3.1.7

3.1.7

3.1.8

出

 1.3.14	 1.1.13	 5.7.9	 3.1.56	 3.1.41	 3.1.29	 3.1.24	 3.1.9
 2.3.3	 1.2.15	 5.7.14	 3.1.58	 3.1.44	 3.1.38	 3.1.24	 3.1.10
 2.4.16	 1.2.20		 5.7.4	 3.1.47	 3.1.39	 3.1.26	 3.1.14
 2.7.22	 1.3.8		 5.7.9	 3.1.52	 3.1.40	 3.1.29	 3.1.24

5.1.3	4.8.40	4.8.19	3.3.8	3.3.5	3.3.4	3.1.16	2.7.51

5.4.3	4.8.42	4.8.19	4.1.1	3.3.5	3.3.5	3.1.55	3.1.2

5.4.4	4.8.60	4.8.22	4.7.1	3.3.6	3.3.5	3.2.17	3.1.4

5.5.2	4.8.60	4.8.40	4.7.1	3.3.7	3.3.5	3.3.2	3.1.7

印 卩

5.7.12

6.1.10

6.1.13

6.4.4

6.7.9

6.7.12

7.2.5

7.3.5

7.4.1

7.4.4

7.5.1

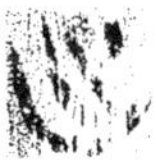
7.5.4

7.6.4

7.6.10

7.6.25

7.7.4

7.7.8

7.7.18

卩部

1.2.1

4.5.14

5.7.15

6.2.26

7.6.23

卯		卲			危	印	
			⿱⺈⿸厂口	⿸厂危			
 2.2.11	 4.4.1	 1.1.15	 1.2.16	 7.6.2	 6.2.14	 6.7.16	 7.7.15
 4.2.3	 4.4.5	 1.1.22	 1.2.16	 7.6.26			
 4.2.4	 6.7.19	 1.2.7		 7.7.2			
		 2.6.2					

即	卹		分	刑 ⿱罒⿰土刂	列	刲	初
 1.1.8	 3.1.38	**刀部**	 6.6.4	 4.5.12	 5.2.4	 1.2.1	 1.1.10
 3.1.5	 3.1.42		 6.9.10	 4.5.12	 4.1.3		 1.1.16
 6.2.2	 5.7.16						 3.1.2
 6.7.14							 3.1.4

利

 3.1.1	 1.2.23	 3.1.53	 3.1.42	 3.1.32	 3.1.24	 3.1.16	 3.1.7
 3.1.1	 1.3.38	 3.1.54	 3.1.44	 3.1.35	 3.1.26	 3.1.18	 3.1.9
 3.1.2	 2.7.49	 5.4.4	 3.1.47	 3.1.37	 3.1.28	 3.1.20	 3.1.12
 3.1.2	 3.1.1	 6.7.1	 3.1.50	 3.1.40	 3.1.30	 3.1.22	 3.1.14

 3.1.35	 3.1.28	 3.1.25	 3.1.22	 3.1.20	 3.1.14	 3.1.11	 3.1.4
 3.1.35	 3.1.30	 3.1.25	 3.1.22	 3.1.20	 3.1.16	 3.1.12	 3.1.4
 3.1.36	 3.1.31	 3.1.26	 3.1.22	 3.1.21	 3.1.16	 3.1.13	 3.1.8
 3.1.37	 3.1.35	 3.1.28	 3.1.22	 3.1.22	 3.1.18	 3.1.13	 3.1.10

剌	制 𧜵						
 1.1.6	 6.1.7	 7.3.5	 4.8.51	 3.3.7	 3.1.54	 3.1.43	 3.1.40
 5.6.23		 7.4.6	 5.7.4	 4.8.15	 3.1.54	 3.1.47	 3.1.42
		 7.5.6	 5.7.5	 4.8.18	 3.1.58	 3.1.48	 3.1.42
		 7.6.29	 7.2.5	 4.8.20	 3.1.58	 3.1.50	 3.1.42

則

 1.2.13	 1.2.12	 1.2.6	 1.2.3	 1.1.23	 1.1.14	 1.1.11	 1.1.8
 1.2.13	 1.2.13	 1.2.7	 1.2.4	 1.1.24	 1.1.16	 1.1.11	 1.1.9
 1.2.16	 1.2.13	 1.2.10	 1.2.4	 1.2.1	 1.1.18	 1.1.11	 1.1.9
 1.2.17	 1.2.13	 1.2.11	 1.2.5	 1.2.2	 1.1.21	 1.1.11	 1.1.9

 1.2.17	 2.2.2	 2.2.8	 2.4.5	 2.4.7	 2.4.8	 2.4.10	 2.4.16
 1.2.17	 2.2.2	 2.2.13	 2.4.6	 2.4.8	 2.4.8	 2.4.10	 2.4.16
 1.2.17	 2.2.6	 2.4.3	 2.4.6	 2.4.8	 2.4.8	 2.4.15	 2.4.17
 1.2.22	 2.2.7	 2.4.3	 2.4.7	 2.4.8	 2.4.9	 2.4.15	 2.4.17

 4.8.35	 4.8.28	 4.8.5	 4.6.6	 3.2.10	 2.5.3	 2.5.2	 2.4.17
 4.8.35	 4.8.33	 4.8.6	 4.6.6	 3.2.22	 2.5.3	 2.5.3	 2.5.1
 4.8.38	 4.8.33	 4.8.20	 4.6.10	 3.4.3	 2.5.3	 2.5.3	 2.5.1
 4.8.46	 4.8.33	 4.8.24	 4.6 附	 4.4.9	 3.1.34	 2.5.3	 2.5.1

 5.4.3	 5.3.20	 5.3.15	 5.3.10	 5.3.8	 5.2.6	 4.8.51	 4.8.46
 5.5.14	 5.3.21	 5.3.18	 5.3.10	 5.3.9	 5.3.4	 5.1.5	 4.8.48
 5.6.10	 5.3.23	 5.3.20	 5.3.12	 5.3.9	 5.3.4	 5.1.7	 4.8.48
 5.6.14	 5.4.3	 5.3.20	 5.3.13	 5.3.10	 5.3.5	 5.1.7	 4.8.50

 7.1.4	 6.8.9	 6.7.12	 6.2.22	 6.1.7	 5.8.4	 5.7.5	 5.6.16
 7.1.4	 6.9.8	 6.7.12	 6.7.4	 6.1.12	 5.8.5	 5.8.1	 5.6.16
 7.1.12	 7.1.4	 6.8.9	 6.7.4	 6.2.4	 5.8.5	 5.8.2	 5.6.16
 7.1.12	 7.1.4	 6.8.9	 6.7.7	 6.2.20	 6.1.7	 5.8.3	 5.6.16

剛　　刈

 3.3.9	 2.7.18	 7.8.2	 7.7.15	 7.6.22	 7.1.15	 7.1.14	 7.1.12
		 7.8.3 正	 7.7.15	 7.6.22	 7.6.19	 7.1.14	 7.1.13
			 7.7.18	 7.6.25	 7.6.19	 7.1.14	 7.1.14
			 7.7.18	 7.6.25	 7.6.20	 7.1.14	 7.1.14

		[宰刂]	割	[臬刂]	[豊刂]	剴	[丵豆刂]
 4.5.17	 4.5.13	 3.2.1	 2.6.3	 3.1.43	 4.6.8	 2.3.6	 5.7.10
 4.5.19	 4.5.13	 3.2.4	 5.6.13			 6.2.14	
 4.5.20	 4.5.14	 4.5.10	 6.1.1				
 4.5.21	 4.5.14	 4.5.11	 6.1.13				

4.5.22

4.5.23

4.5.23

5.6.11

力部

力

1.2.10

2.7.38

5.6.10

5.7.1

5.8.4

5.8.4

6.7.2

7.6.30

7.6.30

7.8.8

功

1.2.5

加

2.7.44

4.4.9

5.8.4

7.8.1

舵

5.3.6

		勞 褮	⿰方⿱𠂉枼	勖	夯	勇 ⿰甬戈	⿸㫃夭
 7.8.8	 4.8.34	 1.2.4	 5.2.8	 6.7.4	 1.2.1	 4.8.55	 6.2.20
	 5.6.10	 1.2.6					
	 6.7.10	 2.5.1					
	 7.8.4	 3.4.2					

勥 [illegible]	[illegible]	[illegible]		厶		云	厷
 2.5.5	 5.1.9	 7.6.27	**厶部**	 1.2.21	 4.6.6	 3.3.4	 2.1.9
 4.7.1		 7.8.9		 4.4.4	 4.8.12	 7.4.9	
 6.1.12				 4.5.19	 6.1.4	 7.5.9	
				 4.6.6			

去　參

去	⿱去止	迲			參		
 5.5.6	 4.8.43	 1.1.20	 4.5.12	 5.7.20	 5.4.1	 5.4.8	 5.7.5
 7.4.6		 2.7.19	 5.1.8	 5.5.4	 5.4.2	 5.4.10	 6.7.1
 7.5.6		 2.7.41	 5.5.3		 5.4.6	 5.4.10	
		 3.4.2	 5.6.13		 5.4.6	 5.7.1	

厶

1.2.7

2.2.9

2.2.11

2.2.13

2.2.13

2.2.14

4.5.9

4.5.16

4.8.23

5.1.6

5.2.2

5.6.14

6.2.3

又部

又

1.1.1

1.1.4

1.1.5

1.1.5

1.1.7

1.1.8

1.1.9

1.1.13

1.1.19

1.1.19

1.1.20

1.1.20

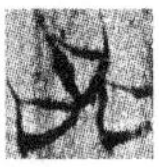

1.1.22

1.1.25

1.1.25

1.1.26

1.1.26

1.1.28

1.2.1

1.2.3

1.2.7

1.2.9

1.2.13

1.2.13

1.2.13

1.2.13

1.2.19

1.2.19

1.2.20

1.2.20

1.2.22

1.2.23

1.2.28

1.3.3

1.3.7

1.3.38

1.3.38

1.3.38

1.3.38

2.1.2

2.1.8

2.2.1

2.2.1

2.2.10

2.2.11

2.2.12

2.4.8

2.4.14

2.4.14

2.4.14

2.7.5

2.7.5

2.7.5

2.7.14

2.7.17

2.7.29

2.7.35

2.7.42

2.7.52

3.1.1

3.1.2

3.1.2

3.1.4

3.1.4

3.1.8

3.1.8

3.1.9

3.1.9

3.1.9

3.1.12

3.1.14

3.1.14

3.1.15

3.1.16

3.1.16

3.1.16

3.1.16

3.1.17

3.1.18

3.1.18

3.1.20

3.1.20

3.1.21

3.1.21

3.1.21

3.1.22

3.1.22

3.1.30

3.1.30

3.1.37

3.1.38

3.1.38

3.1.38

3.1.39

3.1.40

3.1.40

3.1.41

3.1.42

3.1.42

3.1.43

3.1.45

3.1.47

3.1.49

3.1.50

3.1.51

3.1.57

3.2.3

3.2.7

 3.3.8	 3.3.6	 3.3.3	 3.3.1	 3.3.1	 3.2.19	 3.2.13	 3.2.8
 3.3.8	 3.3.7	 3.3.5	 3.3.1	 3.3.1	 3.2 附	 3.2.18	 3.2.9
 3.3.8	 3.3.8	 3.3.5	 3.3.1	 3.3.1	 3.2 附	 3.2.19	 3.2.9
 3.3.8	 3.3.8	 3.3.6	 3.3.2	 3.3.1	 3.3.1	 3.2.19	 3.2.9

 4.5.21	 4.5.7	 4.4.9	 4.1.1	 3.3.13	 3.3.9	 3.3.9	 3.3.8
 4.5.23	 4.5.16	 4.4.10	 4.1.1	 3.3.13	 3.3.9	 3.3.9	 3.3.8
 4.6.8	 4.5.16	 4.5.3	 4.1.2	 4.1.1	 3.3.10	 3.3.9	 3.3.8
 4.6.8	 4.5.18	 4.5.5	 4.4.1	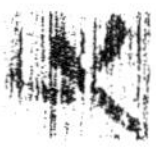 4.1.1	 3.3.11	 3.3.9	 3.3.9

4.8.40	4.8.34	4.8.28	4.8.25	4.8.21	4.8.14	4.8.9	4.6 附
4.8.41	4.8.37	4.8.28	4.8.25	4.8.23	4.8.18	4.8.10	4.8.2 正
4.8.42	4.8.38	4.8.28	4.8.26	4.8.25	4.8.21	4.8.12	4.8.3
4.8.42	4.8.40	4.8.28	4.8.28	4.8.25	4.8.21	4.8.13	4.8.8

 5.3.1	 5.2.1	 5.1.2	 4.8.57	 4.8.54	 4.8.50	 4.8.45	 4.8.43
 5.3.4	 5.2.3	 5.1.5	 4.8.59	 4.8.54	 4.8.50	 4.8.46	 4.8.43
 5.3.5	 5.2.7	 5.1.5	 4.8.60	 4.8.56	 4.8.53	 4.8.46	 4.8.44
 5.3.9	 5.2.8	 5.2.1	 4.8.60	 4.8.57	 4.8.53	 4.8.50	 4.8.45

 5.3.12	 5.4.5	 5.6.12	 5.8.1	 5.8.4	 5.8.5	 5.7.3	 6.1.9
 5.3.18	 5.4.6	 5.6.13	 5.8.1	 5.8.5	 5.8.5	 5.7.3	 6.1.13
 5.4.1	 5.6.3	 5.6.14	 5.8.2	 5.8.5	 5.8.5	 5.7.19	 6.2.8
 5.4.5	 5.6.3	 5.6.20	 5.8.2	 5.8.5	 5.8.6	 6.1.9	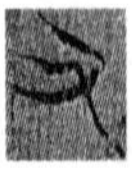 6.2.12

2.1.8	6.7.20	6.7.19	6.7.16	6.7.8	6.7.6	6.7.2	6.2.23

7.1.11	6.7.20	6.7.19	6.7.16	6.7.13	6.7.6	6.7.3	6.3.9

7.1.11	6.7.20	6.7.19	6.7.16	6.7.14	6.7.7	6.7.3	6.4.4

7.1.11	6.8.11	6.7.20	6.7.18	6.7.14	6.7.8	6.7.5	6.5.2

7.1.13

7.1.15

7.4.1

7.4.2

7.4.2

7.4.3

7.4.4

7.4.7

7.5.1

7.5.2

7.5.2

7.5.3

7.5.4

7.5.7

7.6.3 正

7.6.9

7.6.10

7.6.19

7.6.19

7.6.20

7.6.21

7.6.21

7.6.21

7.7.2

7.7.8

7.7.13

7.7.13

7.7.13

7.7.14

7.8.1

7.8.5

7.8.5

				反		友	
					替	習	
7.1.6	6.6.1	5.4.1	3.1.35	1.1.9	6.9.10	1.2.23	7.8.7
7.6.25	6.7.9	5.4.5	4.6.6	1.1.12	6.8.10	5.6.15	7.8.8
7.7.18	6.8.3	5.7.4	4.8.51	1.1.16		6.6.1	
7.8.5	6.9.3	5.7.6	5.4.1	2.7.46			

受 取

 2.7.29	 2.7.1	 1.1.2	 5.4.8	 4.8.17	 3.1.56	 3.1.1	 1.1.23
 2.7.30	 2.2.7	 1.1.6	 5.6.5	 4.8.55	 4.4.6	 3.1.26	 2.2.5 正
 2.7.42	 2.7.18	 2.2.1		 5.1.10	 4.4.6	 3.1.40	 1.3.3
 2.7.42	 2.7.28	 2.7.1		 5.4.3	 4.8.6	 3.1.53	 2.2.11

䖒　　叜　　叚

 6.7.19	 6.1.1	 3.1.54	 7.4.9	 6.1.12	 5.6.9	 4.8.36	 2.7.52
 1.1.6	 6.1.2	 6.2.14	 7.5.8	 6.7.8	 5.6.10	 4.8.65	 3.1.45
 2.7.27		 7.8.7		 6.8.8	 5.8.2	 5.4.3	 3.1.57
 3.1.37				 6.9.8	 5.8.2 背	 5.6.1	 3.4.1

𡊄

	 7.6.7	 7.8.4	 7.6.17	 5.8.5	 5.3.14	 4.8.28	 4.5.19
	 7.7.6		 7.6.19	 5.8.6	 5.7.13	 4.8.45	 4.8.14
			 7.7.12	 6.1.1	 5.7.13	 4.8.45	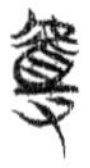 4.8.16
			 7.7.13	 6.1.2	 5.7.13	 5.3.4	 4.8.18

廴部

廷

2.7.22

3.1.48

4.4.1

4.5.17

5.4.9

5.4.9

延

6.9.8

建

2.7.22

3.1.14

5.1.1 反

5.4.4

5.7.6

6.7.18

6.8.1

6.8.1

6.8.1

6.8.1

6.9.1

6.9.1

6.9.1

6.9.1

干部

干

2.7.26

6.6.2

6.6.2

6.6.2

幵

2.7.14

工部

工

1.1.5

2.7.18

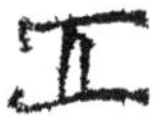
3.1.16

3.1.17

3.4.5

左

2.7.20

6.1.11

6.4.3

6.7.15

7.1.6

7.6.3 正

7.7.3

7.8.5

巩

7.8.8

3.1.47

土部

土

1.2.8

2.2.2

2.2.3

2.7.28

4.8.2 正

4.8.2 正

5.6.8

5.7.5

5.7.6

5.7.16

7.4.4

7.5.4

7.6.12

士

1.1.6

1.1.29

1.2.12

2.4.3

地 坨
墬

 2.7.8	 4.8.46	 7.1.10	 6.9.1	 6.8.7	 6.2.3	 5.4.1	 3.3.13
 2.7.9			 6.9.2	 6.8.8	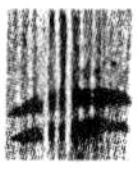 6.8.1	 5.4.1	 4.8.29
 3.3.1			 6.9.7	 6.8.9	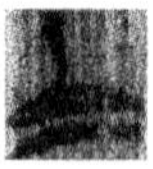 6.8.2	 5.6.9	 4.8.39
 3.3.4			 6.9.8	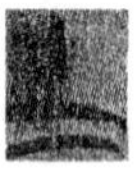 6.9.1	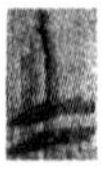 6.8.2	 5.6.10	 4.8.55

 3.3.4	 3.3.4	 3.4.2	 4.8.17
 4.8.17	 4.8.63	 5.1.7	 5.1.7
 5.2.8	 5.2.8	 5.6.4	 5.7.1
 5.7.5	 5.7.6	 5.7.17	 5.7.17
 5.7.18	 6.7.9	 6.7.10	 7.2.2
 7.3.2	 7.6.3 正	 7.6.11	 7.6.11
 7.6.17	 7.6.29	 7.7.3	 7.7.22
 7.8.8			

坐			⿰土丯	⿰土丰 封		坣	坏
 7.6.14	 5.4.10	 5.4.6	 5.4.1	 2.7.18	 6.6.4	 1.1.10	 6.6.3 正
 7.6.15		 5.4.8	 5.4.2			 1.1.11	
 7.7.10		 5.4.10	 5.4.2			 2.7.5	
 7.7.10		 5.4.10	 5.4.6			 2.7.31	

均	壯	垔	坪			坴 坴	幸 𢧵
 6.6.4	 5.6.5	 6.4.7	 1.1.2	 4.4.5	 6.5.1	 5.1.1	 4.4.3
			 1.1.4	 4.4.5	 7.6.12		 5.4.3
			 2.2.1	 5.3.23			 5.4.3
			 2.7.18	 6.4.1			

圫	坿	坭	型				
 6.8.1	 3.1.51	 3.1.2	 1.2.1	 1.2.14	 1.2.15	 2.7.4	 4.8.2 正
 6.9.1	 3.1.52		 1.2.1	 1.2.14	 1.2.15	 2.7.6	 4.8.10
			 1.2.8	 1.2.14	 2.3.1	 3.2.17	 5.2.3
			 1.2.13	 1.2.15	 2.3.2	 4.8.1	 5.2.7

城

埑

 1.1.5	 6.7.1	 2.3.2	 7.7.2	 7.6.3 正	 6.9.8	 5.7.11	 5.3.10
 1.1.6		 2.3.3	 7.7.2	 7.6.3 背	 7.6.1	 5.7.20	 5.3.20
 1.1.7		 4.8.21		 7.7.1	 7.6.1	 6.8.4	 5.3.22
 1.1.7		 4.8.54		 7.7.1	 7.6.2	 6.9.3	 5.4.4

 5.2.4	 4.8.18	 4.8.1	 4.1.3	 3.2.2	 2.4.15	 2.2.6	 1.2.14
 5.3.3	 4.8.56	 4.8.13	 4.5.3	 3.2.9	 2.7.44	 2.2.8	 1.2.17
 5.3.7	 5.2.1	 4.8.13	 4.6.7	 3.2.12	 2.7.53 背	 2.2.9	 1.2.18
 5.3.23	 5.2.1	 4.8.15	 4.6.8	 3.2.23	 2.7.53 背	 2.4.7	 2.1.8

5.4.7

5.6.10

6.2.24

6.3.1 正

6.5.1

6.5.1

6.5.2

6.5.5

6.5.5

6.8.11

6.9.11

7.1.15

7.2.4

7.2.5

7.3.5

7.6.1

7.6.1

7.6.1

7.6.3 正

7.6.3 正

7.6.21

7.6.28

7.7.1

7.7.1

7.7.1

7.7.2

7.7.2

7.7.20

7.8.3 正

⿰土余 ⿱余土	陞	⿱我土	⿰土旬	⿰土⿱宀舌	⿰土舌	壴	壴
 3.1.33	 1.2.19	 1.2.1	 4.8.35	 2.7.29	 2.7.29	 5.6.6	 3.2.5
	 1.2.19					 5.6.9	 3.2.8
							 3.2.11
							 3.2.15

⿰土官		堂	堂	堇	基 丕	埇	堅
 5.4.1	 5.4.7	 2.7.3	 5.5.8	 3.1.22	 5.7.5	 4.8.61	 3.1.50
	 6.2.17	 4.8.50		 5.7.7	 7.2.5		 4.8.43
	 7.1.2	 5.1.10		 7.1.10	 7.3.6		
		 5.3.23					

埴

6.3.3

埤

5.7.14

7.6.9

7.7.7

堋

1.2.23

3.2.19

3.1.14

6.8.10

6.9.10

垐

3.1.22

埶

1.2.15

1.3.3

3.4.1

6.6.1

6.7.2

6.7.2

6.7.3

6.7.15

6.7.18

		堯	墍	埮			執
 2.7.9	 2.7.6	 2.2.2	 4.8.44	 4.4.3	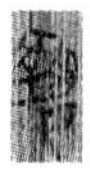 6.6.5	 3.4.1	 1.2.10
 2.7.13	 2.7.6	 2.2.5 正			 6.7.10	 4.5.15	 2.7.24
 2.7.13	 2.7.8	 2.2.6			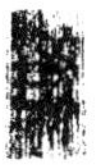 7.2.5	 5.3.3	 3.1.8
 2.7.14	 2.7.8	 2.2.6			 7.3.5	 6.1.10	 3.1.26

	堣	禹 垔					塞
 2.7.14	 6.1.7	 1.2.7	 2.7.18	 2.7.21	 2.7.25	 5.5.15	 2.1.7
 4.8.2 正		 2.2.10	 2.7.18	 2.7.22	 2.7.26	 5.5.15	 2.1.11
 5.8.1		 2.7.17	 2.7.20	 2.7.22	 4.8.65	 5.8.1	 2.1.12
 7.1.1		 2.7.17	 2.7.20	 2.7.25	 5.5.14		

墂		壢	埸		壽	塝	塼
 1.2.1	 3.1.13	 3.1.12	 3.1.2	 6.4.4	 4.1.1	 5.2.8	 4.4.4
 1.2.8		 3.1.12		 6.4.4	 6.4.1		 6.1.4
 2.1.14		 3.1.12		 7.8.4	 6.4.2		
 2.2.1		 3.1.12			 6.4.3		

3.2.3

4.8.5

4.8.12

4.8.61

4.8.63

5.2.6

5.5.11

墨

6.7.3

增

5.7.19

塊

5.8.8

壍

4.7.4

寸部

寺

1.1.2

2.3.4

2.3.5

4.7.1

專	專	專	尋	尋	⿰彐由	廾部	弁 ⿱卜兄
4.7.1	1.1.3	5.4.9	7.7.22	5.8.7	2.4.14		1.1.8
	2.7.22	6.1.7		6.1.10			1.1.22
	3.4.2	6.2.3		7.6.27			1.3.20
	4.8.44	7.6.29					2.4.17

彝　奔　弃　弁

 3.1.54	 1.2.7	 6.7.4	 5.1.7	 5.1.10	 5.1.2	 5.7.5	 4.5.6
		 6.7.5	 5.7.13	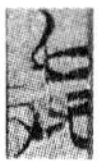 6.2.2	 5.1.5	 5.7.10	 4.5.21
		 6.7.7	 5.7.19	 6.2.14	 5.1.9		 4.6.7
			 6.3.7	 6.2.16	 5.1.10		 5.1.1

7.6.9

大部

1.1.7

1.1.9

1.1.19

1.1.22

1.3.2

2.1.2

2.1.6

2.2.1

2.2.8

2.2.9

2.2.14

2.3.3

2.3.3

2.3.4

2.3.5

2.7.5

2.7.5

2.7.7

2.7.7

2.7.8

2.7.9

2.7.9

2.7.9

2.7.17

 3.3.13	 3.3.12	 3.3.10	 3.3.4	 3.1.41	 2.7.46	 2.7.35	 2.7.19
 3.4.1	 3.3.12	 3.3.10	 3.3.5	 3.3.1	 2.7.50	 2.7.41	 2.7.28
 3.4.2	 3.3.12	 3.3.10	 3.3.7	 3.3.4	 3.1.11	 2.7.42	 2.7.30
 3.4.3	 3.3.13	 3.3.11	 3.3.9	 3.3.4	 3.1.23	 2.7.42	 2.7.30

5.7.8	5.7.3	5.7.2	5.6.2	5.4.1	4.8.51	4.8.7	3.4.4

5.7.12	5.7.3	5.7.2	5.7.1	5.5.12	4.8.65	4.8.9	4.4.9

5.7.13	5.7.3	5.7.2	5.7.1	5.5.15	5.1.7	4.8.9	4.8.3

5.7.14	5.7.7	5.7.2	5.7.1	5.6.1	5.1.7	4.8.16	4.8.4

5.7.15

5.7.15

5.7.17

5.7.17

5.7.17

5.7.18

5.7.18

5.7.18

5.7.18

5.7.18

5.7.18

5.7.19

5.7.19

5.8.1

5.8.1

5.8.2

5.8.2

5.8.3

5.8.3

6.2.26

6.7.5

6.7.8

6.7.9

6.7.10

6.7.13

6.8.1

6.8.2

6.8.6

6.8.8

6.8.8

6.9.1

6.9.1

6.9.2

6.9.5

6.9.7

6.9.8

7.2.4

7.3.4

7.4.5

7.6.3 正

7.6.3 正

7.6.7

7.6.8

7.6.11

7.6.11

7.6.12

7.6.15

7.6.17

7.6.17

7.6.17

7.6.21

7.6.21

7.6.25

7.6.29

7.6.30

7.7.3

7.7.3

7.7.6

7.7.12

7.7.12

7.7.18

7.7.22

7.7.22

7.8.3 正

大

 2.7.39	 2.6.2	 2.3.1	 1.2.19	 1.2.12	 1.2.4	 1.1.2	 7.8.5
 2.7.41	 2.6.4	 2.3.1	 2.1.9	 1.2.18	 1.2.10	 1.1.3	 7.8.8
 3.1.2	 2.6.4	 2.6.1	 2.2.1	 1.2.18	 1.2.11	 1.1.21	 7.8.8
 3.1.4	 2.7.30	 2.6.1	 2.2.7	 1.2.18	 1.2.12	 1.1.25	

3.1.4

3.1.8

3.1.12

3.1.14

3.1.18

3.1.22

3.1.22

3.1.25

3.1.25

3.1.35

3.1.35

3.1.36

3.1.41

3.1.42

3.1.42

3.1.54

3.1.54

3.1.55

3.1.58

3.1.58

3.3.1

3.3.1

3.3.1

3.3.8

3.3.11

3.4.2

4.2.4

4.4.6

4.4.6

4.4.8

4.4.9

4.5.1

4.5.1

4.5.4

4.5.10

4.5.11

4.5.13

4.5.13

4.5.14

4.5.14

4.5.16

4.5.17

4.5.18

4.5.18

4.5.19

4.5.20

4.5.21

4.5.23

4.5.23

4.5.23

4.6.10

4.8.1

4.8.2 正

4.8.8

4.8.8

4.8.14

4.8.16

4.8.25

4.8.46

5.3.2

5.3.18

5.3.19

5.3.20

5.3.21

7.7.22	7.6.26	7.1.13	7.1.11	6.9.3	6.1.1	5.7.7	5.4.4

7.8.8	7.6.29	7.2.7	7.1.12	6.9.3	6.2.13	5.7.10	5.4.8

	7.7.8	7.3.7	7.1.12	7.1.9	6.8.4	5.7.13	5.7.3

	7.7.19	7.6.10	7.1.13	7.1.11	6.8.4	5.7.13	5.7.5

夫

 3.2.23	 3.2.8	 3.2.3	 3.1.28	 3.1.1	 2.3.4	 1.3.38	 1.1.3
 3.2.23	 3.2.8	 3.2.4	 3.1.33	 3.1.9	 2.3.4	 2.2.4	 1.1.7
 3.2 附	 3.2.10	 3.2.6	 3.1.50	 3.1.16	 2.7.19	 2.2.8	 1.1.16
 3.4.4	 3.2.16 正	 3.2.8	 3.2.2	 3.1.16	 2.7.42	 2.3.3	 1.3.38

6.1.12	6.1.4	5.6.12	5.5.11	5.5.1	5.3.7	4.8.65	4.5.6

6.2.2	6.1.9	5.6.14	5.5.13	5.5.3	5.3.11	5.2.5	4.5.12

6.2.3	6.1.10	5.6.17	5.6.4	5.5.3	5.3.14	5.3.6	4.8.19

6.2.3	6.1.10	5.8.1	5.6.10	5.5.4	5.5.1	5.3.7	4.8.34

失　　央

遊

 3.4.1	 3.1.10	 1.2.10	 2.2.11	 7.7.9	 7.6.14	 6.2.20	 6.2.6
 3.4.5	 3.1.16	 2.3.1	 5.7.4	 7.7.13	 7.6.14	 6.3.6	 6.2.10
 4.8.7	 3.1.16	 2.4.8	 6.7.2		 7.6.28	 6.4.6	 6.2.11
 4.8.8	 3.3.13	 2.7.52			 7.7.9	 7.1.3	 6.2.19

奂 夾

[illegible]

4.6.8	2.7.25	6.2.3	7.6.22	7.1.11	5.7.8	5.3.10	4.8.9

	3.1.27		7.7.2	7.6.23	5.7.12	5.3.20	4.8.10

	6.1.8		7.7.15	7.6.3 正	7.1.9	5.7.2	4.8.31

			7.7.15	7.6.19	7.1.10	5.7.5	4.8.52

奉				奇 ⿱宀可	奚		
 1.1.25	 2.4.17	 6.2.26	 7.7.4	 5.4.2	 1.1.27	 4.8.13	 5.2.6
 2.2.6	 2.7.7	 7.1.3		 5.4.10	 2.1.6	 4.8.38	 5.3.13
 2.2.7	 4.6 附	 7.1.13			 4.1.2	 4.8.56	 7.6.1
 2.4.8	 5.7.14	 7.6.5			 4.8.13	 4.8.57	 7.6.1

7.6.1

7.6.1

7.6.2

7.6.2

7.6.2

7.6.2

7.6.3 正

7.6.3 正

7.6.4

7.6.4

7.6.4

7.6.5

7.6.5

7.6.6

7.6.6

7.6.7

7.6.7

7.6.7

7.6.8

7.6.8

7.6.8

7.6.8

7.6.11

7.6.12

7.6.12

7.6.12

7.6.13

7.6.18

7.6.18

7.7.1

7.7.1

7.7.1

奠　　奭

 6.4.1	 1.2.18	 7.7.9	 7.7.7 残	 7.7.5	 7.7.3	 7.7.2	 7.7.1
 6.4.2		 7.7.9	 7.7.7	 7.7.5	 7.7.3	 7.7.2	 7.7.1
 6.4.3			 7.7.8	 7.7.6	 7.7.4	 7.7.3	 7.7.2
 6.4.3			 7.7.9	 7.7.6	 7.7.5	 7.7.3	 7.7.2

6.4.4

7.2.1

7.2.1

7.2.2

7.2.3

7.2.3

7.2.3

7.2.5

7.2.6

7.3.1

7.3.2

7.3.3

7.3.3

7.3.5

7.3.6

尢部

龙

3.1.1

3.1.1

3.1.1

3.3.11

5.7.18

弋部

弋

1.2.2

1.2.3

3.2.18

4.8.14

4.8.64

5.2.1

5.2.2

5.4.10

6.7.4

7.1.7

7.6.13

式

1.2.8

⿹弋亥

5.1.10

小部

少

1.1.3

1.1.8

1.1.8

1.1.8

4.5.15	3.3.8	3.1.30	3.1.4	2.4.18	1.2.18	1.2.6	1.1.8

4.6.10	4.2.4	3.1.32	3.1.16	2.5.3	1.2.21	1.2.12	1.1.25

4.8.2 正	4.4.2	3.1.50	3.1.16	2.7.52	2.2.1	1.2.12	1.1.25

4.8.14	4.4.2	3.1.53	3.1.18	3.1.2	2.4.17	1.2.18	1.2.6

尔

 4.4.2	 2.6.4	 1.1.7	 7.6.30	 7.6.11	 5.7.5	 5.3.20	 4.8.46
 4.4.5	 2.6.4	 1.2.2	 7.7.20	 7.6.18	 6.4.3	 5.3.22	 4.8.46
 4.4.5	 3.1.24	 1.2.9	 7.6.28	 7.6.18	 6.4.4	 5.5.1	 4.8.64
 4.8.32	 4.1.3	 1.2.20		 7.7.22	 6.7.3	 5.6.5	 5.3.19

		可	口			尚	
 1.1.21	 1.1.13	 1.1.4	 2.5.1	**口部**	 4.5.10	 1.2.18	 4.8.37
 1.1.21	 1.1.13	 1.1.4	 3.1.24		 6.1.2	 2.2.12	 4.8.52
 1.1.27	 1.1.20	 1.1.5	 6.7.12			 4.5.3	 4.8.52
 1.2.2	 1.1.20	 1.1.11	 7.1.7			 4.5.7	 7.8.5

 2.2.8	 2.1.8	 2.1.5	 1.3.38	 1.2.19	 1.2.17	 1.2.16	 1.2.2
 2.3.2	 2.1.10	 2.1.6	 2.1.1	 1.3.8	 1.2.18	 1.2.16	 1.2.9
 2.3.4	 2.2.1	 2.1.6	 2.1.1	 1.3.31	 1.2.18	 1.2.16	 1.2.12
 2.3.6	 2.2.7	 2.1.7	 2.1.3	 1.3.38	 1.2.19	 1.2.16	 1.2.15

 3.2.25	 3.2.10	 3.2.8	 3.1.25	 3.1.14	 2.7.47	 2.7.26	 2.7.18
 3.3.7	 3.2.11	 3.2.9	 3.1.33	 3.1.17	 2.7.47	 2.7.27	 2.7.25
 3.3.10	 3.2.23	 3.2.10	 3.1.45	 3.1.18	 2.7.48	 2.7.39	 2.7.25
 3.4.1	 3.2.23	 3.2.10	 3.2.5	 3.1.21	 3.1.13	 2.7.46	 2.7.26

3.4.1

3.4.4

3.4.6

3.4.6

4.4.2

4.4.9

4.5.10

4.5.11

4.5.13

4.5.17

4.5.23

4.6.6

4.6.7

4.7.2

4.7.4

4.8.4

4.8.5

4.8.5

4.8.17

4.8.19

4.8.19

4.8.19

4.8.20

4.8.22

4.8.24

4.8.29

4.8.34

4.8.35

4.8.36

4.8.38

4.8.41

4.8.48

5.1.2

5.1.5

5.1.6

5.3.2

5.3.8

5.4.3

5.4.3

5.4.6

5.4.7

5.5.3

5.5.3

5.5.4

5.6.5

5.6.8

5.6.18

5.6 附

5.6 附

5.7.17

5.7.22

5.8.5

5.8.5

5.8.6

6.1.3

6.1.5

6.1.11

6.1.12

6.2.2

6.2.9

6.2.10

6.2.25

6.3.2

6.3.9

 7.1.11	 7.1.8	 6.9.7	 6.7.15	 6.7.8	 6.7.2	 6.5.2	 6.4.2
 7.2.3	 7.1.8	 7.1.1	 6.7.19	 6.7.11	 6.7.4	 6.5.5	 6.4.2
 7.3.3	 7.1.8	 7.1.6	 6.7.19	 6.7.12	 6.7.7	 6.5.5	 6.4.5
 7.4.8	 7.1.9	 7.1.6	 6.8.8	 6.7.12	 6.7.7	 6.6.6	 6.4.6

古

 1.1.20	 1.1.9	 7.8.8	 7.7.8	 7.6.26	 7.6.10	 7.5.9	 7.4.8
 1.1.24	 1.1.9		 7.7.8	 7.7.6	 7.6.10	 7.6.7	 7.4.9
 1.1.24	 1.1.16		 7.7.14	 7.7.8	 7.6.19	 7.6.10	 7.5.7
 1.2.5	 1.1.16		 7.7.19	 7.7.8	 7.6.19	 7.6.10	 7.5.8

 4.6.3	 4.5.21	 4.4.5	 3.1.35	 2.2.8	 1.3.7	 1.2.15	 1.2.6
 4.6.4	 4.6.1 正	 4.5.5	 3.2.9	 2.7.3	 2.2.1	 1.2.17	 1.2.12
 4.6.4	 4.6.2	 4.5.6	 3.4.1	 3.1.22	 2.2.1	 1.2.17	 1.2.13
 4.6.7	 4.6.2	 4.5.21	 3.4.4	 3.1.32	 2.2.6	 1.2.19	 1.2.15

4.6.10

4.7.1

4.8.7

4.8.7

4.8.7

4.8.19

4.8.28

4.8.38

4.8.44

4.8.65

5.1.3

5.1.3

5.3.3

5.3.10

5.3.11

5.3.11

5.3.13

5.3.14

5.3.17

5.3.18

5.4.5

5.7.5

5.7.10

5.7.17

5.8.4

5.8.4

5.8.4

6.1.7

6.1.10

6.1.11

6.2.5

6.2.7

6.6.3 正

6.6.5

6.6.6

6.7.20

6.8.4

6.8.11

6.8.12

6.9.11

6.9.11

7.2.3

7.2.6

7.3.3

7.3.6

7.6.5

7.6.6

7.6.10

7.6.11

7.6.12

7.6.16

7.6.19

7.6.21

7.6.24

7.6.27

7.6.30

7.7.4

7.7.5

7.7.8

7.7.11

7.7.17

7.8.7

		句	只	台			右
 2.7.18	 1.2.20	 1.1.6	 3.4.4	 1.2.5	 7.6.3 正	 6.1.11	 2.7.17
 2.7.21	 1.3.14	 1.1.20	 5.8.2 背	 3.1.49	 7.7.3	 6.7.15	 2.7.20
 2.7.28	 2.2.12	 1.1.24			 7.8.8	 7.1.6	 3.1.11
 2.7.28	 2.2.13	 1.2.20				 7.1.6	 3.1.51

台　　　　司

6.7.12	6.7.1	6.7.11	3.2.9	2.6.4	5.7.10	4.8.55	2.7.39
6.7.13	6.7.1		4.8.23	2.7.23	5.7.19	5.3.22	3.4.1
6.7.14	6.7.9		4.8.25	3.2.7	6.2.15	5.6.12	4.6 附
6.7.16	6.7.11		5.3.1	3.2.8		5.7.1	4.8.30

吉

6.7.18

6.7.18

3.1.1

3.1.2

3.1.2

3.1.3

3.1.4

3.1.4

3.1.5

3.1.5

3.1.5

3.1.7

3.1.7

3.1.9

3.1.9

3.1.9

3.1.10

3.1.11

3.1.11

3.1.12

3.1.14

3.1.16

3.1.17

3.1.18

3.1.20

3.1.22

3.1.23

3.1.23

3.1.24

3.1.25

3.1.25

3.1.25

3.1.26

3.1.26

3.1.26

3.1.28

3.1.30

3.1.31

3.1.31

3.1.32

3.1.34

3.1.36

3.1.37

3.1.37

3.1.37

3.1.40

3.1.43

3.1.46

3.1.47

3.1.49

3.1.50

3.1.50

63.1.51

3.1.51

3.1.53

3.1.54

3.1.54

3.1.57

3.1.58

3.1.58

6.7.13

7.1.14

呂

1.2.8

1.2.14

1.2.15

同

1.2.20

2.1.12

2.1.13

3.3.2

3.3.3 正

3.3.4

3.3.12

4.4.10

4.8.7

4.8.21

4.8.58

6.2.17

6.8.7

6.8.7

6.9.6

6.9.7

7.6.4

7.6.24

7.7.3

7.7.17

7.7.17

向

1.2.12

2.7.7

3.4.8

4.5.1

名　后

 6.4.5	 4.5.3	 3.3.10	 3.3.6	 2.5.5	 1.2.19	 1.2.12	 5.1.7
 7.1.6	 5.5.13	 3.3.10	 3.3.6	 2.7.27	 2.3.4		 6.6.6
 7.1.7	 5.5.14	 3.3.13	 3.3.7	 2.7.28	 2.3.5		
 7.1.8	 5.8.5	 4.5.3	 3.3.7	 3.3.5	 2.4.18		

告　否　吾　各

 2.7.52	 1.2.24	 2.3.3	 6.2.5	 5.7.12	 2.6.4	 7.6.13	 7.1.8
 3.2.1	 2.6.2	 3.1.31		 5.3.20	 2.7.5		 7.1.9
 3.4.2	 2.6.2			 6.7.6	 4.8.32		 7.1.10
 3.4.5	 2.7.22				 4.8.65		 7.2.4

 7.3.1	 6.5.2	 6.1.3	 5.4.2	 4.7.4	 4.5.7	 4.4.4	 3.4.6
 7.3.1	 6.7.15	 6.1.3	 5.4.9	 4.8.23	 4.5.9	 4.4.4	 4.4.2
 7.4.1	 7.2.1	 6.2.7	 5.6.5	 4.8.32	 4.5.17	 4.4.6	 4.4.3
 7.5.1	 7.2.1	 6.4.4	 5.6.15	 5.3.14	 4.5.19	 4.4.8	 4.4.4

7.8.1

7.8.3 正

7.8.7

善

5.1.10

含

2.2.8

3.2.16 正

3.2.20

3.2.20

3.2.25

4.4.2

4.5.9

4.5.20

4.5.22

5.1.4

5.1.8

5.2.5

5.3.8

5.3.14

5.4.5

5.4.6

5.6.21

6.3.7

6.4.5

7.2.2

7.2.2

7.2.6

7.3.2

7.3.6

君　　　　　　　　吝

 1.2.18	 1.2.5	 1.2.4	 1.2.2	 6.7.16	 3.1.1	 7.7.9	 7.4.6
 1.2.18	 1.2.6	 1.2.5	 1.2.2		 3.1.26		 7.5.6
 1.2.19	 1.2.10	 1.2.5	 1.2.3		 3.1.28		 7.6.13
 1.2.19	 1.2.12	 1.2.5	 1.2.4		 3.1.41		 7.6.13

 1.2.20	 2.1.1	 2.6.1	 2.6.3	 3.1.12	 3.2.15	 3.3.13	 4.2.1
 1.2.20	 2.1.4	 2.6.1	 2.6.4	 3.1.12	 3.2.20	 3.4.4	 4.2.1
 1.2.21	 2.1.6	 2.6.1	 2.7.10	 3.1.30	 3.2.21	 4.1.1	 4.2.2
 1.2.22	 2.2.8	 2.6.2	 3.1.8	 3.1.38	 3.2.25	 4.1.6	 4.2.4

 4.5.22	 4.5.20	 4.5.17	 4.5.11	 4.5.6	 4.4.8	 4.4.4	 4.4.1
 4.5.23	 4.5.20	 4.5.19	 4.5.12	 4.5.7	 4.4.8	 4.4.6	 4.4.2
 4.5.23	 4.5.21	 4.5.19	 4.5.13	 4.5.7	 4.4.9	 4.4.7	 4.4.2
 4.6.1 正	 4.5.21	 4.5.20	 4.5.13	 4.5.10	 4.5.4	 4.4.8	 4.4.3

 4.8.28	 4.8.20	 4.8.8	 4.8.5	 4.6.10	 4.6.7	 4.6.2	 4.6.1 正
 4.8.34	 4.8.22	 4.8.8	 4.8.5	 4.7.4	 4.6.8	 4.6.5	 4.6.1 正
 4.8.34	 4.8.22	 4.8.8	 4.8.6	 4.8.2 正	 4.6.8	 4.6.5	 4.6.2
 4.8.40	 4.8.27	 4.8.9	 4.8.7	 4.8.4	 4.6.9	 4.6.6	 4.6.2

 6.1.6	 5.7.22	 5.6.13	 5.5.12	 5.4.5	 5.4.4	 5.3.16	 4.8.47
 6.1.7	 6.1.1	 5.6.14	 5.6.11	 5.4.5	 5.4.4	 5.4.1	 4.8.63
 6.2.3	 6.1.1	 5.7.4	 5.6.11	 5.4.8	 5.4.4	 5.4.3	 5.1.2
 6.2.6	 6.1.5	 5.7.15	 5.6.12	 5.5.1	 5.4.4	 5.4.3	 5.3.2

 6.9.2	 6.8.8	 6.8.1	 6.7.13	 6.5.4	 6.4.5	 6.3.7	 6.2.24
 6.9.7	 6.9.1	 6.8.2	 6.7.14	 6.7.2	 6.4.6	 6.3.8	 6.3.6
 6.9.8	 6.9.1	 6.8.2	 6.7.20	 6.7.2	 6.5.2	 6.4.3	 6.3.6
 7.1.12	 6.9.2	 6.8.2	 6.8.1	 6.7.13	 6.5.3	 6.4.5	 6.3.6

 7.5.4	 7.5.1	 7.4.8	 7.4.4	 7.4.1	 7.3.2	 7.2.4	 7.1.12
 7.5.5	 7.5.1	 7.4.8	 7.4.5	 7.4.1	 7.3.4	 7.2.6	 7.1.12
 7.5.6	 7.5.3	 7.4.9	 7.4.6	 7.4.3	 7.3.6	 7.2.7	 7.2.1
 7.5.6	 7.5.3	 7.4.9	 7.4.7	 7.4.3	 7.3.7	 7.3.1	 7.2.2

吳　　吾

7.5.7
7.5.8
7.5.9
7.5.9
7.8.2
7.8.2
7.8.3 正
7.8.3 正
7.8.3 正
7.8.7
7.8.7
7.8.8
7.8.9
7.8.9
2.2.1
2.7.5
4.4.9
5.3.6
5.6.2
6.1.8
7.8.3 正
7.8.3 背
7.8.6
7.8.8
7.8.9
1.2.3
1.2.16
5.1.1
5.1.1

訇

5.4.7	4.4.2	3.2.8	2.7.27	2.7.25	2.7.8	1.1.23	5.1.5
5.6.11	4.7.1	3.2.26	2.7.29	2.7.25	2.7.21	1.3.2	5.1.6
6.2.3	4.8.55	4.2.3	2.7.37	2.7.26	2.7.22	1.3.8	5.1.9
7.1.7	5.3.1	4.2.4	3.1.55	2.7.26	2.7.22	2.5.1	5.2.7

			和	吳	味 萅		
 4.8.22	 4.8.19	 2.7.30	 1.1.4	 3.4.7	 6.2.26	 7.7.7	 7.6.3 正
 4.8.23	 4.8.19	 4.1.3	 1.3.38			 7.7.8	 7.6.9
 4.8.24	 4.8.20	 4.8.16	 2.2.8				 7.6.9
 4.8.33	 4.8.22	 4.8.18	 2.7.8				 7.6.10

命

 2.5.1	 2.2.7	 1.2.12	 1.1.7	 1.1.2	 7.6.27	 6.9.5	 4.8.35
 2.6.4	 2.3.3	 1.2.19	 1.1.7	 1.1.6	 7.7.2	 7.6.2	 4.8.36
 2.6.4	 2.4.15	 1.3.2	 1.1.7	 1.1.7		 7.6.8	 4.8.48
 2.7.15	 2.4.19	 2.1.8	 1.2.8	 1.1.7		 7.6.27	 6.8.6

4.6.10	4.5.4	4.4.7	4.4.3	3.4.7	3.2.11	3.1.5	2.7.28

4.6.10	4.5.11	4.4.8	4.4.4	3.4.7	3.4.1	3.1.7	2.7.29

4.8.7	4.5.22	4.4.10	4.4.4	3.4.7	3.4.7	3.1.8	2.7.30

4.8.9	4.5.23	4.5.1	4.4.5	3.4.8	3.4.7	3.2.8	2.7.44

 7.8.3 背	 7.3.5	 7.2.3	 6.1.13	 5.4.8	 5.2.1	 4.8.51	 4.8.9
 7.8.7	 7.3.5	 7.2.5	 6.5.1	 5.4.8	 5.2.3	 4.8.62	 4.8.10
	 7.4.1	 7.2.5	 6.7.1	 5.7.3	 5.2.3	 5.1.3	 4.8.31
	 7.5.1	 7.3.3	 6.7.15	 6.1.4	 5.2.7	 5.1.4	 4.8.50

咎　　　　　　周

 3.1.28	 3.1.17	 3.1.9	 3.1.7	 1.1.9	 7.8.5	 4.8.41	 1.2.21
 3.1.32	 3.1.18	 3.1.11	 3.1.7	 2.2.12	 7.8.6	 5.1.4	 3.4.5
 3.1.32	 3.1.21	 3.1.15	 3.1.8	 3.1.2	 7.8.8	 5.2.2	 4.8.1
 3.1.33	 3.1.25	 3.1.16	 3.1.9	 3.1.7		 7.8.4	 4.8.3

哉　　呣　　昱
𢦏

 4.5.13	 3.1.47	 1.2.13	 4.1.4	 3.1.54	 3.1.45	 3.1.40	 3.1.33
 6.7.7	 4.8.55		 6.7.7	 3.1.55	 3.1.47	 3.1.41	 3.1.37
			 6.7.17	 3.2.20	 3.1.48	 3.1.41	 3.1.38
			 7.8.6	 3.4.6	 3.1.51	 3.1.42	 3.1.39

員		哭	唇	忞	衮	哀	旱
 1.2.4	 1.2.1	 5.7.1	 2.7.52	 5.7.20	 6.8.9	 1.3.1	 4.8.16
 1.2.5	 1.2.2				 6.9.8	 2.3.1	
 1.2.6	 1.2.2						
 1.2.7	 1.2.3						

䖒

 1.1.13	 1.1.1	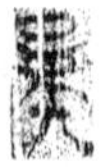 7.7.6	 1.2.22	 1.2.18	 1.2.15	 1.2.12	 1.2.8
 2.3.5	 1.1.6		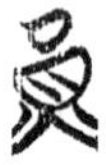 1.2.23	 1.2.20	 1.2.16	 1.2.13	 1.2.9
 2.7.47	 1.1.7		 4.8.5	 1.2.21	 1.2.17	 1.2.14	 1.2.10
 2.7.8	 1.1.9		 7.6.7	 1.2.21	 1.2.18	 1.2.15	 1.2.10

 5.6.15	 5.6.10	 5.6.4	 5.6.1	 4.5.23	 3.2.15	 3.1.38	 2.7.41
 5.6.19	 5.6.11	 5.6.8	 5.6.1	 4.7.4	 3.2.25	 3.1.39	 2.7.41
 5.6.19	 5.6.14	 5.6.8	 5.6.2	 5.1.6	 4.5.3	 3.1.42	 2.7.41
 5.6.20	 5.6.15	 5.6.8	 5.6.4	 5.4.1	 4.5.21	 3.1.55	 2.7.44

唯

 3.4.5	 3.2.21	 2.4.12	 1.3.8	 7.1.1	 6.1.11	 5.8.5	 5.6.23
 3.4.5	 3.2 附	 2.6.4	 1.3.34	 7.1.2	 6.2.14	 5.8.6	 5.8.4
 4.5.12	 3.2 附	 3.2.9	 1.3.34	 7.1.11	 6.2.19	 6.1.7	 5.8.4
 4.5.23	 3.4.1	 3.2.13	 2.3.1	 7.1.12	 7.1.1	 6.1.7	 5.8.5

啐

3.1.42	7.7.21	7.6.28	7.3.3	6.2.8	5.7.8	5.4.5	4.6.7

3.1.42	7.8.2	7.6.28	7.4.8	6.2.10	5.7.13	5.4.7	5.2.5

		7.7.20	7.5.7	6.2.12	6.1.10	5.7.5	5.3.1

		7.7.20	7.6.28	7.2.3	6.2.5	5.7.8	5.4.4

肞	喪				[illegible]		
 6.2.20	 2.1.6	 2.7.41	 5.6.4	 7.1.4	 2.1.9	 5.7.7	 3.2.23
	 2.1.7	 3.1.44	 5.6.7	 7.1.14	 2.1.13	 5.7.16	
	 2.1.11	 3.1.53	 6.2.25		 2.1.14	 5.7.16	
	 2.1.12	 4.1.1	 7.1.1		 5.7.7	 6.4.7	

善		啻	啇			喬	器
 1.1.3	 5.3.23	 3.1.38	 7.1.1	 5.8.6	 3.4.2	 2.7.1	 5.7.15
 1.1.8		 4.8.14	 5.8.4	 6.1.10	 4.8.8	 2.7.29	
 1.1.21		 4.8.51			 5.3.4	 2.7.38	
 1.1.22		 7.6.12			 5.6.6	 2.7.48	

 4.8.56	 4.8.5	 3.3.8	 3.2.15	 2.5.5	 2.2.6	 1.3.12	 1.1.23
 4.8.56	 4.8.6	 4.5.23	 3.2.24	 2.7.13	 2.2.9	 2.1.8	 1.3.3
 4.8.57	 4.8.47	 4.6.6	 3.2.24	 2.7.13	 2.4.3	 2.2.1	 1.3.3
 5.1.6	 4.8.56	 4.6.6	 3.3.8	 2.7.13	 2.4.12	 2.2.1	 1.3.3

嗣　嗇

 5.2.1	 2.2.2	 6.7.20	 5.8.3	 5.7.14	 5.6.21	 5.3.15	 5.1.8
 5.2.3	 6.7.12	 6.7.20	 6.1.11	 5.7.14	 5.7.5	 5.3.22	 5.1.8
 5.2.7		 6.7.20	 6.1.12	 5.7.21	 5.7.5	 5.6.11	 5.3.12
			 6.7.1	 5.8.1	 5.7.11	 5.6.17	 5.3.12

毀	器	噩		嘉		嗌 [illegible]	[illegible]
 2.7.17	 2.4.17	 5.6.19	 6.7.13	 3.1.17	 6.1.8	 1.1.9	 6.2.6
 5.5.9	 5.2.3			 3.1.31		 3.4.7	 6.2.16
 6.1.12	 5.2.3			 4.1.4		 4.6.8	 6.2.18
 6.6.4				 6.7.11		 5.7.8	 6.2.27

嚣

1.1.21

5.7.5

5.7.16

嚴

5.7.15

口部

四

1.1.14

1.1.22

2.1.2

2.1.7

2.1.11

2.1.12

2.1.13

2.4.5

2.7.5

2.7.5

2.7.7

2.7.9

2.7.19

2.7.20

2.7.41

3.1.1

3.1.2

3.1.5

3.1.7

3.1.10

 5.7.8	 4.5.15	 3.1.5	 3.1.53	 3.1.41	 3.1.33	 3.1.25	 3.1.14
 5.7.16	 4.5.16	 3.2.18	 3.1.54	 3.1.45	 3.1.35	 3.1.26	 3.1.16
 5.7.22	 4.7.3	 3.4.7	 3.1.57	 3.1.49	 3.1.37	 3.1.28	 3.1.21
 6.2.15	 4.8.62	 3.4.8	 3.1.58	 3.1.51	 3.1.38	 3.1.30	 3.1.22

因　囟　囚
　　　　𥁕　三

 3.3.9	 2.7.18	 1.2.23	 6.4.7	 1.2.7	 7.6.16	 6.3.4 上	 6.3.2
 3.4.1	 2.7.19	 4.8.37		 6.8.8	 7.7.11	 6.7.14	 6.3.3
 4.4.5	 3.2.26	 7.6.4		 6.9.8		 7.1.6	 6.3.3
 5.3.17	 3.3.4	 7.7.4				 7.6.15	 6.3.3

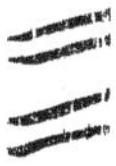

5.3.21

5.4.4

5.6.2

5.8.4

6.1.5

6.5.1

6.8.12

回

5.4.9

6.3.5

6.3.5

7.2.3

7.3.3

7.4.1

7.4.2

7.4.3

7.4.4

7.4.6

7.5.1

7.5.2

7.5.3

7.5.4

7.5.6

7.6.9

7.7.7

囟

7.2.2

7.2.4

7.3.2

7.3.4

圓 囩	國 ⿱宀或			固		困	
 2.7.7	 4.8.16	 7.6.2	 5.7.12	 4.8.13	 7.6.24	 1.1.9	 7.3.5
 3.3.9		 7.7.2	 5.8.8	 4.8.15	 7.7.17	 3.1.1	 7.4.7
			 6.3.2	 4.8.56	 7.7.17	 3.1.43	 7.5.7
			 6.3.2	 5.7.6		 7.6.24	

圖 圕

2.3.1

惹

1.2.12

5.2.6

5.4.7

5.4.7

6.7.6

6.7.14

6.7.18

7.6.17

7.7.16

巾部

帀

1.2.20

2.7.41

2.7.52

3.1.7

3.1.7

3.1.7

3.1.7

3.1.7

3.1.8

3.1.13

3.1.14

4.8.25

布

 6.1.10	 7.3.6	 7.2.7	 7.2.3	 7.1.1	 6.7.18	 5.8.5	 4.8.40
	 7.3.7	 7.3.3	 7.2.6	 7.1.2	 6.8.13	 5.8.6	 4.8.42
	 7.8.8	 7.3.3	 7.2.6	 7.1.3	 6.8.13	 5.8.7	 4.8.51
		 7.3.6	 7.2.7	 7.2.3	 7.1.1	 6.4.3	 5.2.8

帛	帝				帶 䌘	幣 㡀	
 1.1.20	 1.2.4	 4.5.11	 5.7.7	 7.1.1	 2.7.51	 1.1.20	 6.1.10
 2.3.2	 2.2.1	 5.7.2	 5.7.8	 7.2.2	 2.7.51	 2.3.2	 7.8.9
 2.3.4	 2.2.12	 5.7.6	 5.7.19	 7.3.2	 3.1.5	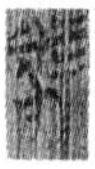 6.1.1	 5.2.4
 6.1.1	 3.4.1	 5.7.7	 5.7.22		 4.5.2	 6.1.6	

幡

1.1.29

帶帶

1.1.5

3.3.4

山部

山

1.1.8

2.3.2

2.3.4

2.3.4

2.7.18

2.7.31

3.1.17

3.2.19

4.5.3

4.5.8

4.5.8

4.8.2 正

5.7.11

5.8.2 背

6.1.8

屼

1.1.16

1.1.21

1.1.22

4.1.2

嵍

矛山

4.6.9

6.2.14

5.8.3

彳部

行

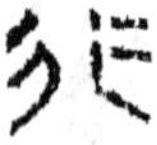
1.1.1

1.2.7

1.2.7

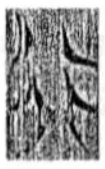
1.2.8

1.2.14

1.2.16

1.2.16

1.2.16

1.2.16

1.2.17

1.2.17

1.2.17

1.2.17

1.2.19

1.2.19

1.2.21

2.1.2

2.4.7

2.4.7

2.4.12

2.4.16
2.5.5
2.7.8
2.7.14

2.7.21
3.1.13
3.1.14
3.1.21

3.1.38
3.1.38
3.1.39
3.1.41

3.1.48
3.2.5
3.2.14
3.2.23

3.3.2
3.3.4
3.3.5
3.4.1

3.4.6
4.6.8
4.6.8
4.8.24

4.8.30
4.8.30
4.8.31
4.8.31

4.8.32
4.8.38
4.8.43
4.8.51

 6.8.6	 6.5.3	 6.2.14	 6.1.9	 5.6.12	 5.4.7	 5.3.7	 5.1.3
 6.8.6	 6.7.4	 6.2.15	 6.2.4	 5.7.6	 5.5.3	 5.3.13	 5.1.3
 6.8.9	 6.7.11	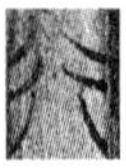 6.2.18	 6.2.4	 5.8.8	 5.5.7	 5.3.17	 5.1.3
 6.8.12	 6.7.12	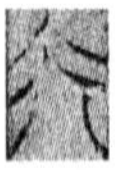 6.2.18	 6.2.5	 6.1.4	 5.6.12	 5.4.1	 5.3.3

往 徃			征	役			
 4.8.55	 6.7.13	 3.1.47	 3.1.13	 6.2.26	 7.8.4	 7.1.3	 6.8.13
		 3.1.50	 3.1.24			 7.1.6	 6.9.5
		 3.1.58	 3.1.43			 7.4.8	 6.9.6
		 6.7.5	 3.1.47			 7.5.8	 6.9.8

	後 逡	侒					進
 2.7.17	 1.1.2	 5.6.4	 5.6.19	 3.1.42	 3.1.37	 3.1.35	 3.1.20
 2.7.17	 1.3.31		 5.7.6	 3.1.44	 3.1.37	 3.1.35	 3.1.22
 2.7.33	 2.4.17		 7.8.9	 3.3.1	 3.1.40	 3.1.35	 3.1.30
 3.1.9	 2.7.12			 4.8.60	 3.1.42	 3.1.36	 3.1.34

夋

3.2.10	7.8.5	7.2.2	6.7.5	5.8.6	5.3.22	4.8.30	3.1.18

		7.3.2	7.1.6	6.1.7	5.4.5	5.1.4	3.2.4

		7.6.1	7.1.6	6.3.2	5.4.7	5.2.4	3.3.10

		7.7.1	7.1.7	6.4.6	5.8.2	5.3.1	4.8.24

			得 㝵	徑			徒
 3.1.44	 3.1.14	 2.7.18	 1.2.10	 6.7.4	 7.8.8	 5.5.10	 4.8.32
 3.1.53	 3.1.16	 2.7.29	 2.4.3			 5.5.10	 4.8.58
 4.5.8	 3.1.21	 2.7.42	 2.4.17			 7.4.4	 4.8.58
 4.4.4	 3.1.37	 2.7.52	 2.7.5			 7.5.4	 5.2.1

 2.1.10	 1.1.26	 1.1.16	 1.1.7	 6.8.5	 6.5.4	 6.1.6	 5.2.5
 2.1.12	 2.1.6	 1.1.19	 1.1.9	 6.8.5	 6.5.4	 6.1.12	 5.3.5
 2.1.13	 2.1.7	 1.1.20	 1.1.11		 6.6.4	 6.2.9	 5.4.4
 2.2.1	 2.1.7	 1.1.24	 1.1.13		 6.8.5	 6.4.6	 5.7.2

 7.6.12	 7.6.7	 7.6.2	 7.1.10	 7.1.4	 6.7.8	 5.4.5	 2.2.6
 7.6.13	 7.6.8	 7.6.2	 7.1.11	 7.1.5	 6.9.4	 6.2.9	 2.2.11
 7.6.13	 7.6.12	 7.6.2	 7.6.1	 7.1.5	 6.9.4	 6.2.9	 5.1.4
 7.6.13	 7.6.12	 7.6.3 正	 7.6.1	 7.1.10	 7.1.1	 6.7.1	 5.1.8

從

 2.7.44	 2.5.3	 2.4.5	 1.2.8	 7.7.12	 7.7.2	 7.7.1	 7.6.17
 2.7.44	 2.7.14	 2.4.8	 1.2.8	 7.7.16	 7.7.9	 7.7.2	 7.6.23
 3.1.5	 2.7.27	 2.4.10	 2.1.13	 7.7.21	 7.7.9	 7.7.2	 7.6.28
 3.1.17	 2.7.39	 2.5.1	 2.2.5 正		 7.7.9	 7.7.2	 7.7.1

 3.2.4	 3.2.12	 4.1.2	 4.4.5
 4.5.20	 4.5.22	 4.6.7	 4.6.10
 5.1.1	 5.1.7	 5.1.8	 5.3.1
 5.3.1	 5.3.23	 5.4.5	 5.4.6
 5.6.14	 5.7.18	 5.7.18	 5.7.18
 5.7.18	 5.7.18	 7.1.4	 7.1.14
 7.6.4	 7.6.9	 7.6.9	 7.6.9
 7.7.3	 7.7.7	 7.7.7	

		復	駠	駇	迕	御	辵
 7.7.17	 7.6.24	 7.1.13	 4.8.42	 4.4.6	 5.4.4	 1.1.22	 4.6.6
	 7.6.24	 7.2.4		 5.6.20		 1.2.12	 4.6.8
	 7.7.17	 7.3.4				 3.1.1	
	 7.7.17	 7.6.24				 3.1.4	

衛	衛 戋	衡	徰	𢻻	徵 𡵓	衜	徶
 1.1.27	 3.1.22	 7.4.3	 2.7.18	 3.1.54	 4.1.3	 3.1.49	 5.3.22
 2.7.7	 4.2.4	 7.5.3			 4.1.3		
 3.1.8	 6.2.17	 7.6.4					
 4.8.22	 6.7.6	 7.7.3					

4.8.25

4.8.27

4.8.28

4.8.32

4.8.33

4.8.36

4.8.38

4.8.58

4.8.58

5.4.10

彡部

3.4.1

3.4.1

3.4.2

3.4.3

3.4.7

夕部

4.5.9

5.4.1

6.1.3

6.7.15

		多		夗			外
 3.4.1	 1.1.8	 1.1.2	 5.4.1	 1.2.6	 6.1.9	 3.3.8	 2.6.3
 3.4.7	 1.1.9	 1.1.2		 1.2.6	 6.7.14	 5.1.8	 2.7.5
 3.4.7	 1.2.19	 1.1.3		 1.2.12		 5.7.3	 2.7.20
 4.3.1	 3.3.8	 1.1.6		 5.2.5		 6.1.5	 3.1.10

	夢	夙 殅					
	 3.3.2	 5.3.10	 6.4.6	 5.7.13	 5.6.15	 4.8.62	 4.3.1
	 4.5.8		 6.7.1	 6.1.7	 5.6.16	 5.1.5	 4.3.2
	 4.5.9		 6.7.19	 6.1.10	 5.6.16	 5.3.4	 4.3.2
	 4.5.10		 7.8.9	 6.2.11	 5.7.11	 5.3.11	 4.8.46

夂部

冬

1.2.6

1.3.2

2.2.12

2.7.22

4.4.7

6.4.5

复

3.1.22

夏
頣

1.1.2

1.2.4

4.5.1

4.5.4

5.8.7

虽

1.2.18

1.2.18

5.2.1

昬

2.1.1

2.1.3

2.1.5

2.1.9

广部

府 ⿱宀付	⿳宀付貝	庚		席 ⿱竹石		庫
 2.7.6	 4.7.3	 5.3.1	 6.6.2	 5.5.4	 7.1.6	 4.7.3
 5.7.15		 5.3.2		 6.1.12	 7.1.6	 5.4.9
		 5.3.11		 6.8.9	 7.6.14	
		 5.3.14		 6.9.8	 7.7.10	

廣 宔		鹰			康	叐	庶
 7.8.5	 6.8.8	 1.2.5	 6.7.4	 4.8.65	 1.2.3	 2.3.2	 1.2.20
	 6.9.8	 4.8.14	 6.7.11	 5.7.7	 1.2.15	 2.3.6	 4.5.2
	 7.6.26	 4.8.41		 5.7.11	 2.1.8	 4.7.3	 4.6.8
	 7.7.19	 4.8.42		 6.7.1	 4.8.37		 2.6.1

廟
宙

1.1.5

1.1.5

1.1.24

3.1.42

3.1.54

6.8.3

6.9.3

届

6.4.1

廛

4.1.3

5.3.3

6.7.17

垦

1.2.18

康

1.1.23

宀部

它

2.1.12

2.1.13

2.7.20

3.1.9

宅 厇					守		
 7.7.3	 6.9.7	 5.7.12	 5.4.7	 2.7.18	 6.1.8	 1.2.19	 5.4.5
 7.7.5	 7.6.3 正	 6.8.7	 5.7.7	 3.4.1	 6.1.8	 2.2.6	 7.8.8
 7.7.15	 7.6.6	 6.8.8	 5.7.8	 4.8.51		 3.4.8	
	 7.6.23	 6.9.7	 5.7.11	 5.1.10		 6.1.8	

宅

5.7.6

5.7.6

安

1.1.2

1.1.3

1.1.3

1.1.8

1.2.21

1.3.12

1.3.38

2.1.3

2.1.4

2.1.4

2.4.18

2.7.10

2.7.10

2.7.22

2.7.41

3.1.5

3.2.8

3.3.1

3.3.1

3.3.1

3.3.1

3.3.3 正

3.3.3 正

3.3.7

3.3.8

3.3.8

3.3.8

3.3.8

 3.3.9	 3.3.9	 3.3.9	 3.3.10
 4.4.5	 4.4.9	 4.4.10	 4.5.7
 4.5.7	 4.5.13	 4.6.7	 4.8.5
 4.8.8	 4.8.17	 5.1.2	 5.1.3
 5.1.4	 5.3.1	 5.3.3	 5.3.4
 5.3.12	 5.3.18	 5.4.4	 5.4.5
 5.5.2	 5.6.6	 5.6.16	 5.6.17
 5.6.20	 5.7.4	 5.8.4	 5.8.4

宆	宋						
 2.7.5	 1.2.23	 7.8.1	 7.4.9	 7.2.7	 6.3.7	 6.1.6	 6.1.3
 3.1.40	 6.1.4	 7.8.8	 7.5.6	 7.3.7	 6.7.3	 6.1.13	 6.1.3
 7.8.5			 7.5.8	 7.4.6	 7.1.6	 6.1.13	 6.1.3
			 7.5.9	 7.4.8	 7.2.7	 6.2.16	 6.1.4

		宗		㝑		宒	宎
 5.7.10	 3.2.5	 1.1.5	 5.7.4	 3.1.7	 6.7.18	 2.7.7	 3.3.5
	 3.4.4	 1.1.24		 3.1.53	 7.6.11	 3.1.7	
	 5.1.2	 2.7.46		 3.1.53	 7.7.8	 3.3.8	
	 5.1.4	 3.1.33		 5.7.4		 6.7.3	

	官		宜	宫		定	宑
 5.6.10	 2.7.3	 3.3.7	 1.3.7	 2.2.1	 6.7.19	 2.7.16	 2.2.1
 5.7.6	 3.1.16	 4.8.28	 1.3.33		 7.1.14	 3.2.12	
 5.7.6	 4.7.3		 1.3.34			 4.4.7	
 5.7.6	 4.8.25		 3.2.16 正			 5.5.6	

	室	宧	𡧍	宣			宔
 4.4.5	 4.4.1	 6.7.15	 5.3.10	 2.7.43	 5.4.8	 4.5.6	 1.3.3
 4.8.1	 4.4.1				 5.7.4	 5.3.14	 3.1.32
 5.5.11	 4.4.2				 7.4.4	 5.4.4	 3.1.51
 5.5.11	 4.4.3				 7.5.3	 5.4.5	 3.4.7

害		廷	客	宫			
 5.1.1	 1.1.8	 5.5.8	 4.5.17	 5.7.8	 4.1.1	 6.7.10	 5.7.8
 5.1.5	 1.3.31		 5.3.16	 5.7.12	 4.1.1	 6.8.1	 5.7.12
 5.4.4	 2.4.8		 5.1.7	 7.4.4	 4.1.1	 6.9.1	 5.7.12
 5.4.6	 3.2.22			 7.5.4	 4.1.1	 7.6.27	 5.7.13

家

豖　　　　害

 5.3.10	 4.5.18	 3.2.2	 2.5.1	 1.2.11	 4.8.9	 1.1.7	 5.4.8
 5.4.1	 4.8.56	 3.2.3	 3.1.8		 4.8.10	 1.1.10	 6.2.6
 5.4.1	 5.2.4	 4.5.12	 3.1.22			 3.2.20	 7.1.9
 5.4.2	 5.3.8	 4.5.18	 3.1.52			 4.5.13	

 7.3.5	 7.3.1	 7.2.5	 7.2.1	 5.8.2	 5.4.10	 5.4.7	 5.4.3
 7.3.6	 7.3.2	 7.2.6	 7.2.2	 6.7.10	 5.7.4	 5.4.8	 5.4.5
 7.3.7	 7.3.4	 7.2.7	 7.2.4	 6.7.12	 5.7.8	 5.4.9	 5.4.6
 7.6.16	 7.3.4	 7.3.1	 7.2.4	 7.2.1	 5.7.12	 5.4.10	 5.4.6

害	家	第			容	案	
 3.3.1	 6.6.5	 5.5.10	 5.2.2	 5.2.1	 1.2.9	 2.7.37	 7.6.22
 3.3.1				 5.2.1	 4.8.24		
 3.3.1				 5.2.1	 4.8.24		
 3.3.2				 5.2.2	 4.4.8		

⿱畐貝	富 ⿱宀⿱畐貝	寒	宿 ⿰亻丙	寅		寇	
 3.1.12	 1.2.11	 1.2.6	 2.7.28	 4.1.2	 3.1.37	 3.1.1	 3.3.2
 3.4.8	 1.2.22	 3.1.45	 3.1.37	 4.4.7	 4.4.2	 3.1.1	 4.7.1
 5.5.9			 5.7.1		 4.4.4	 3.1.2	
 5.6.6						 3.1.34	

寡 [illegible]	[illegible]	[illegible]	[illegible]	寞	寐 [illegible]	瞟	禀
 1.1.9	 1.1.19	 5.1.4	 2.2.11	 3.1.45	 5.3.7	 5.8.2	 4.8.3
 1.2.12			 2.2.11		 5.3.10		
 1.2.17							
 4.8.6							

實　　寢

 1.1.9	 4.8.11	 7.8.8	 7.7.1	 6.9.6	 6.8.7	 5.6.16	 5.1.6
 3.1.24			 7.7.13	 6.9.7	 6.8.7	 5.6.16	 5.1.8
 4.1.3			 7.8.7	 7.6.1	 6.8.7	 5.7.14	 5.2.2
 4.1.4			 7.8.7	 7.6.18	 6.9.6	 6.7.5	 5.5.6

䆨	𥨍	竉	𥫄	審	𥨬	賓	
 4.4.1	 5.7.8	 6.5.1	 2.2.1	 1.1.21	 5.6 附	 5.3.16	 4.7.3
 4.4.2		 6.5.3		 6.2.12		 1.1.27	 4.7.3
						 7.6.15	 5.6.23

寵	寶 寳	賲	寧	寉		彔	⿱名彔
6.1.9	4.8.56	5.7.9	7.1.8	7.1.2	彐部	1.1.9	4.8.50
			7.8.6			1.1.11	

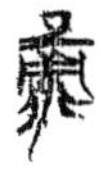

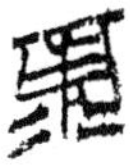

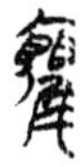

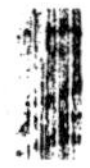

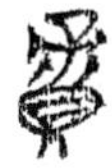

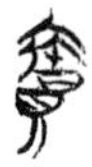

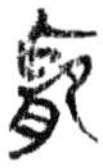

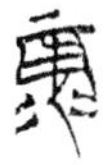

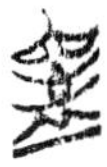

彖

4.8.21

緜

5.6.16

尸部

尹

1.2.3

1.2.3

1.2.9

2.7.37

2.7.37

4.4.3

4.4.4

4.4.4

4.4.6

4.4.6

4.4.8

4.4.9

4.5.1

4.5.2

4.5.2

4.5.2

4.5.4

4.5.4

4.5.5

4.5.7

尻 𡰥

 2.7.6	 2.7.39	 1.1.21	 6.8.6	 6.3.2	 4.5.22	 4.5.20	 4.5.8
 2.7.25	 3.1.51	 1.1.22	 6.9.5	 6.3.2	 4.5.23	 4.5.21	 4.5.19
 2.7.25	 5.8.3	 2.1.8		 6.3.4 上	 5.2.6	 4.5.21	 4.5.19
 2.7.26		 2.1.11		 6.4.3	 6.3.1 正	 4.5.21	 4.5.20

居 尾 尼

 2.7.28	 3.1.30	 5.5.11	 3.2.8	 6.6.3 正	 5.3.8	 3.1.55	 3.1.16
 4.1.5			 3.2.10	 6.8.10	 5.4.1	 4.4.5	 3.1.25
 4.8.11			 3.2.28		 6.2.14	 4.8.14	 3.1.26
 5.3.10			 5.5.10		 6.4.5	 4.8.24	 3.1.54

履	㞑	屖	𡰪	屍 殜	屈		
 2.2.12	 4.5.9	 1.1.2	 3.2.14	 3.1.7	 6.1.4	 7.8.2	 5.5.1
 7.8.8	 4.5.10	 4.8.22		 3.1.8		 7.8.5	 5.7.8
	 4.5.15						 5.7.11
							 6.4.4

己部

己

5.1.2

5.1.2

㠯

1.2.7

4.6.8

5.4.5

5.4.9

6.2.15

6.2.21

6.7.13

6.7.13

巳

1.1.4

1.1.5

1.1.5

1.1.7

1.1.27

1.3.8

1.3.31

2.5.3

2.7.18

2.7.37

2.7.28

3.1.17

3.1.22

3.1.41

3.4.2

4.5.22

弓		配	巽	[illegible] 异			
3.2.1	**弓部**	7.8.8	2.1.11	2.4.18	6.1.10	5.7.2	4.8.4
3.2.5			3.2.23	2.5.1		5.7.2	4.8.20
3.2.6			6.6.1	5.5.13		6.1.1	5.3.14
3.2.8			1.1.9	5.5.14		6.1.2	5.3.18

弗　　弔

 4.8.10	 4.4.2	 3.1.56	 1.2.23	 1.2.11	 5.2.9	 3.2.25	 3.2.9
 4.8.45	 4.5.13	 3.2.6	 1.3.38	 1.2.11	 6.7.16		 3.2.10
 4.8.45	 4.8.8	 3.2.9	 2.2.1	 1.2.16	 6.7.20		 3.2.16 背
 4.8.60	 4.8.9	 3.4.8	 2.4.14	 1.2.16			 3.2.17

 6.2.12	 6.2.5	 5.8.4	 5.7.8	 5.7.7	 5.6.9	 5.2.5	 4.8.63
 6.2.22	 6.2.5	 5.8.4	 5.7.14	 5.7.7	 5.6.10	 5.2.6	 5.1.3
 6.7.5	 6.2.5	 5.8.6	 5.7.22	 5.7.7	 5.6.17	 5.5.1	 5.2.4
 6.7.7	 6.2.9	 5.8.6	 5.8.4	 5.7.8	 5.7.6	 5.6.1	 5.2.5

强　　弱　　弦

弜　　溺

 6.6.5	 5.4.9	 5.3.9	 2.7.36	 5.2.3	 5.7.1	 7.1.14	 6.7.12
 6.7.14	 5.4.10	 5.4.1	 3.3.10		 6.7.12	 7.2.4	 6.7.20
 6.8.13	 6.6.1	 5.4.4	 5.3.5			 7.3.4	 7.1.10
 7.1.15 字残	 6.6.2	 5.4.6	 5.3.8			 7.8.3 正	 7.1.12

子部

1.2.12

1.1.27

1.1.27

1.2.1

1.2.2

1.2.3

1.2.5

1.2.6

1.2.7

1.2.8

1.2.9

1.2.10

1.2.11

1.2.14

1.2.15

1.2.16

1.2.17

1.2.18

1.2.19

1.2.19

1.2.19

1.2.20

1.2.20

1.2.21

1.2.21

1.2.21

1.2.22

1.2.22

2.6.3	2.6.1	2.3.3	2.2.9	2.2.6	2.1.9	2.1.4	1.2.23

2.6.3	2.6.1	2.3.3	2.2.9	2.2.7	2.2.1	2.1.5	2.1.1

2.6.4	2.6.1	2.3.3	2.2.13	2.2.8	2.2.1	2.1.6	2.1.1

2.7.1	2.6.2	2.6.1	2.3.1	2.2.9	2.2.5 背	2.1.7	2.1.3

3.4.4	3.2.25	3.1.50	3.1.18	3.1.12	2.7.46	2.7.17	2.7.7

3.4.5	3.2.26	3.2.1	3.1.29	3.1.12	3.1.8	2.7.17	2.7.9

4.1.1	3.2.26	3.2.3	3.1.31	3.1.16	3.1.8	2.7.33	2.7.12

4.1.4	3.2 附	3.2.20	3.1.38	3.1.16	3.1.8	2.7.46	2.7.14

4.2.1	4.2.1	4.2.2	4.2.4
4.4.1	4.4.10	4.5.7	4.5.15
4.5.19	4.5.22	4.5.22	4.6.1 正
4.6.3	4.6.3	4.6.3	4.6.3
4.6.3	4.6.5	4.6.5	4.6.6
4.6.7	4.6.7	4.6.8	4.6.8
4.6.8	4.6.9	4.6.9	4.6.10
4.7.4	4.7.4	4.7.4	4.8.4

 5.5.3	 5.4.7	 5.3.13	 5.3.2	 5.1.9	 4.8.26	 4.8.22	 4.8.7
 5.5.3	 5.5.1	 5.3.14	 5.3.2	 5.2.2	 5.1.1	 4.8.23	 4.8.9
 5.5.3	 5.5.1	 5.3.15	 5.3.11	 5.3.1	 5.1.6	 4.8.23	 4.8.9
 5.5.4	 5.5.1	 5.3.18	 5.3.11	 5.3.1	 5.1.9	 4.8.25	 4.8.17

 5.6.14	 5.6.13	 5.6.11	 5.6.5	 5.6.4	 5.5.16	 5.5.11	 5.5.11
 5.6.16	 5.6.13	 5.6.11	 5.6.6	 5.6.4	 5.6.1	 5.5.11	 5.5.11
 5.6.17	 5.6.14	 5.6.12	 5.6.8	 5.6.4	 5.6.2	 5.5.12	 5.5.11
 5.6.19	 5.6.14	 5.6.12	 5.6.9	 5.6.5	 5.6.2	 5.5.15	 5.5.11

 6.2.19	 6.2.6	 6.2.1	 6.1.12	 6.1.3	 5.8.3	 5.6.23	 5.6.19
 6.2.22	 6.2.6	 6.2.3	 6.1.13	 6.1.3	 6.1.2	 5.7.9	 5.6.19
 6.2.22	 6.2.7	 6.2.4	 6.1.13	 6.1.4	 6.1.3	 5.7.22	 5.6.20
 6.2.22	 6.2.10	 6.2.5	 6.2.1	 6.1.4	 6.1.3	 5.8.1	 5.6.22

 6.9.8	 6.9.1	 6.8.6	 6.6.1	 6.5.2	 6.3.5	 6.3.4 上	 6.2.23
 7.2.1	 6.9.2	 6.8.8	 6.6.3 背	 6.5.2	 6.3.5	 6.3.4 下	 6.2.24
 7.2.1	 6.9.5	 6.8.8	 6.8.1	 6.5.5	 6.5.1	 6.3.4 下	 6.3.1 正
 7.2.2	 6.9.7	 6.9.1	 6.8.2	 6.5.5	 6.5.2	 6.3.5	 6.3.2

孝 孕

 4.6.3	 1.1.26	 3.1.50	 7.8.4 残	 7.3.6	 7.3.2	 7.2.6	 7.2.3
 4.6.5	 2.7.13		 7.8.8	 7.3.7	 7.3.4	 7.2.7	 7.2.4
 4.6.7	 4.6.1 正		 7.8.8	 7.4.4	 7.3.5	 7.3.1	 7.2.5
 4.6.7	 4.6.3			 7.5.4	 7.3.5	 7.3.1	 7.2.5

	季	[illegible]				孚	
 5.6.2	 3.2.1	 4.6.10	 3.1.47	 3.1.40	 3.1.11	 3.1.2	 4.6.7
	 3.2.1		 3.2.20	 3.1.42	 3.1.17	 3.1.4	 6.4.6
	 3.2.2			 3.1.45	 3.1.17	 3.1.9	
	 5.3.1			 3.1.47	 3.1.33	 3.1.9	

⿱夗子 ⿱𠃌子		孫	㝃 ⿱亠子				
 3.1.2	 3.1.2	 4.8.25	 4.6.10	 5.4.4	 6.7.12	 6.8.2	 6.9.2
 3.1.2		 4.8.26	 4.8.23	 6.3.8	 6.7.12	 6.8.3	
 3.1.2			 5.2.2	 6.4.6	 6.7.18	 6.9.2	
 3.1.2			 5.4.3	 6.7.2	 6.8.2	 6.9.2	

學	孶	學 [illegible]		孤	孽	誚	
5.8.2	3.4.2	2.4.11	3.2.25	7.8.2	7.8.4	6.7.17	
	3.4.3	3.2.22	6.2.16	7.8.4		6.8.4	
	3.4.8	3.2.23	6.2.17	7.8.8		6.9.3	
		3.2.24	6.2.18	7.8.8			

女部

 1.1.4	 1.1.22	 1.2.15	 1.3.38	 2.2.13	 2.3.3	 2.6.2
 1.1.4	 1.2.1	 1.2.15	 2.1.1	 2.3.2	 2.3.4	 2.7.16
 1.1.5	 1.2.1	 1.2.15	 2.2.8	 2.3.3	 2.3.5	 2.7.17
 1.1.21	 1.2.10	 1.3.14	 2.2.10	 2.3.3	 2.3.6	 2.7.38

2.7.39

2.7.39

3.1.1

3.1.11

3.1.11

3.1.26

3.1.38

3.1.40

3.1.40

3.1.50

3.1.57

3.2.3

3.2.5

3.2.6

3.2.8

3.2.10

3.2.11

3.2.16 正

3.2.21

3.2 附

3.4.2

3.4.2

3.4.5

3.4.6

4.5.4

4.5.5

4.5.13

4.7.4

4.7.4

4.8.13

4.8.13

4.8.17

 5.7.1	 5.6.15	 5.6.8	 5.4.4	 5.2.7	 4.8.56	 4.8.33	 4.8.20
 5.7.3	 5.6.19	 5.6.8	 5.4.6	 5.3.11	 4.8.57	 4.8.35	 4.8.22
 5.7.4	 5.6.19	 5.6.10	 5.4.9	 5.3.13	 4.8.62	 4.8.36	 4.8.24
 5.8.3	 5.6.19	 5.6.11	 5.5.1	 5.3.16	 5.2.3	 4.8.38	 4.8.27

 7.7.16 残	 7.7.6	 7.6.22	 7.6.7	 6.9.10	 6.3.6	 6.2.6	 6.1.2
 7.7.18	 7.7.7	 7.6.23	 7.6.9	 7.1.2	 6.4.2	 6.2.20	 6.1.7
 7.7.19	 7.7.15	 7.6.25	 7.6.17	 7.2.2	 6.4.3	 6.2.22	 6.2.4
 7.8.4	 7.7.15	 7.6.26	 7.6.21	 7.3.2	 6.4.6	 6.3.3	 6.2.5

奴	奴	如	好	孜	孜	孜	孜
4.1.1	4.3.2	4.6.8	5.3.10	1.1.12	3.1.30	4.2.4	7.6.27
4.1.4	4.3.2	4.8.60	5.3.10	1.1.14	4.2.1	5.7.18	7.8.1
4.3.1	4.3.2		5.3.19	1.1.24	4.2.3	5.7.18	
4.3.1				1.3.12	4.2.4	6.7.4	

孚

 1.2.1
 1.2.1
 1.2.1
 1.2.2

 1.2.5
 1.2.6
 1.2.8
 1.2.9

 1.2.21
 1.2.21
 1.2.21
 1.2.22

 1.2.22
 6.2.14
 6.2.19
 6.2.26

妥

 3.2.14

姊

 4.6附

妝

 1.2.12

妹

 4.6附

	婦	婁	妾	妻			姑
 6.1.10	 1.1.29	 3.4.2	 3.1.30	 5.4.9	 5.4.9	 5.4.3	 4.6 附
	 3.1.28	 6.1.10	 7.4.4		 5.4.10	 5.4.5	 5.4.1
	 3.1.50	 7.4.4	 7.5.4		 7.8.8	 5.4.6	 5.4.1
	 4.8.34	 7.5.4				 5.4.7	 5.4.2

兹 / 丝	⿱幺召	幼				嬍 / 媺	嫤
 4.1.5	 3.2.8	 2.2.4	幺部	 6.9.3	 6.8.3	 5.3.15	 4.1.2
		 3.2.7		 6.9.3	 6.8.3	 5.7.8	
				 6.9.3	 6.8.4	 6.1.1	
				 6.9.3	 6.8.4	 6.1.9	

幾	幾	幾	幾	幾	⿱才𢆶	孳 ⿱𢆶才	幽
6.9.4	4.8.50	4.8.43	4.8.21	2.1.1	5.8.6	2.4.8	5.7.3
7.8.5	5.1.9	4.8.44	4.8.40	2.4.8		4.8.55	5.7.3
	5.3.14	4.8.44	4.8.42	3.2 附		4.8.61	7.4.9
	6.8.5	4.8.45	4.8.42	3.4.2			7.5.8

王部

1.1.1

1.1.2

1.1.5

1.1.6

1.1.7

1.1.7

1.1.8

1.1.21

1.2.1

1.2.5

1.2.15

1.2.15

1.2.17

2.1.8

2.2.7

2.2.7

2.2.9

2.2.13

2.2.13

2.7.5

2.7.42

2.7.46

2.7.46

2.7.47

2.7.47

2.7.48

2.7.52

3.1.5

 4.4.9	 4.4.8	 4.4.7	 4.4.5	 4.4.1	 3.3.13	 3.1.42	 3.1.7
 4.5.1	 4.4.8	 4.4.7	 4.4.6	 4.4.2	 4.1.4	 3.1.45	 3.1.10
 4.5.1	 4.4.8	 4.4.7	 4.4.6	 4.4.3	 4.4.1	 3.1.54	 3.1.17
 4.5.1	 4.4.9	 4.4.8	 4.4.6	 4.4.5	 4.4.1	 3.2.18	 3.1.35

4.5.1

4.5.2

4.5.2

4.5.4

4.5.5

4.5.6

4.5.7

4.5.7

4.5.8

4.5.9

4.5.9

4.5.9

4.5.10

4.5.13

4.5.13

4.5.14

4.5.15

4.5.16

4.5.17

4.5.20

4.5.21

4.5.22

4.5.23

4.8.64

4.8.64

5.1.3

5.1.4

5.1.7

5.6.17

5.6.17

5.7.1

6.1.4

6.3.1 正

6.3.1 背

6.3.3

6.3.5

6.3.5

6.3.5

6.3.5

6.3.6

6.3.6

6.3.7

6.3.8

6.3.8

6.4.1

6.4.2

6.4.2

6.4.3

6.4.3

6.4.5

6.4.5

6.4.4

6.4.4

6.4.4

6.4.6

6.4.6

6.4.6

6.5.1

6.5.1

6.5.2

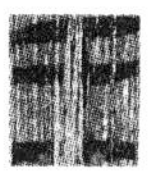
6.5.3

6.5.3

6.5.4

6.5.4

6.5.5

6.5.5

7.1.1

7.1.2

7.1.2

7.1.3

7.1.3

7.1.5

7.1.11

7.1.11

7.1.12

7.1.13

7.2.1

7.2.3

7.2.6

7.2.6

7.2.6

7.2.7

7.2.7

7.3.1

7.3.3

7.3.6

7.3.6

7.3.6

7.3.7

7.3.7

7.4.1

7.4.1

7.4.1

7.4.2

7.4.3

7.4.4

玉

 4.2.1	 7.8.8	 7.6.8	 7.5.6	 7.5.4	 7.5.1	 7.4.7	 7.4.5
 5.3.3	 7.8.8	 7.7.7	 7.5.6	 7.5.5	 7.5.1	 7.4.8	 7.4.5
 5.6.19	 7.8.9	 7.8.5	 7.5.7	 7.5.5	 7.5.2	 7.4.9	 7.4.6
 6.1.9	 7.8.9	 7.8.8	 7.5.9	 7.5.6	 7.5.3	 7.5.1	 7.4.6

		⿰王弋	玫	珪	圭	珐	班
 6.1.10	 7.4.2	 3.1.30	 6.7.13	 1.2.18	 2.3.3	 4.4.6	 3.1.22
 6.8.6	 7.5.1			 2.3.2		 4.4.7	
 6.9.5	 7.5.2			 6.1.1			
 7.4.1				 5.2.3			

⿰王晏	琴 ⿱丌金	瑟 ⿱丌⿰丌丌	琫	璧	⿰王辛	⿰貝辟	琣
 6.1.12	 1.1.14	 1.1.14	 4.8.63	 2.3.2	 6.1.1	 5.3.20	 7.1.1
		 7.4.3		 2.3.3			
		 7.5.3		 5.2.3			
				 6.7.11			

旡部

1.2.11

1.2.24

2.1.5

2.1.7

2.1.13

2.1.13

2.7.28

3.1.53

3.2.8

3.2.11

3.3.9

3.4.4

3.4.8

4.4.1

4.4.1

4.4.5

4.4.10

4.5.4

4.8.1

4.8.4

4.8.32

4.8.40

4.8.44

4.8.45

4.8.45

4.8.50

5.1.1

5.1.3

晤

3.3.5	7.7.5	7.7.1	7.6.5	7.6.1	6.7.12	6.3.1 正	5.1.4
	7.7.11	7.7.1	7.6.6	7.6.1	6.7.17	6.3.1 背	5.2.8
	7.8.9	7.7.3	7.7.1	7.6.4	7.6.1	6.7.10	5.4.10
		7.7.4	7.7.1	7.6.4	7.6.1	6.7.12	6.3.1 正

木部

木						未
 1.1.10	 1.1.19	 4.1.2	 6.5.1	 7.6.12	 1.1.19	 3.3.1
 1.1.11	 2.3.4	 5.7.1	 7.2.5	 7.6.13	 1.2.10	 3.3.1
 1.1.12	 2.3.4	 6.1.4	 7.3.5	 7.7.7	 2.7.52	 3.3.2
 1.1.18	 2.7.44	 6.1.4	 7.6.9	 7.7.9	 3.1.58	 3.3.2

本　　末

 1.1.16	 4.1.1	 7.7.13 残	 7.3.6	 6.2.6	 5.7.22	 4.8.43	 3.4.3
	 4.8.20		 7.6.3 正	 6.7.1	 6.1.9	 4.8.43	 4.4.10
			 7.6.19	 6.7.11	 6.1.12	 5.6.9	 4.5.7
			 7.7.2	 7.2.6	 6.1.12	 5.6 附	 4.5.9

束 [illegible]	材	杜	杅	料	朸	杲	杳
 4.8.54	 1.1.3	 1.1.18	 6.2.14	 3.1.45	 6.3.4 下	 4.8.20	 1.1.5
	 5.7.1	 1.1.20		 3.1.45	 6.3.6	 7.6.1	 3.2.23
	 5.7.17					 7.7.1	

東			⿱林口	林	枉	杍	茉
 5.6.18	 3.1.57	 2.7.25	 6.1.8	 2.7.31	 1.3.31	 4.3.2	 3.1.23
 6.1.10	 3.2.2	 2.7.25		 4.5.22			
 7.1.3	 4.1.1	 2.7.26					
 7.6.10	 4.8.1	 3.1.35					

枌	板	析 斨		果		枝 枳	
 2.7.24	 1.2.4	 3.2.20	 4.8.33	 3.3.10	 7.1.9	 4.7.3	 7.7.8
	 2.7.7		 4.8.42	 3.3.11		 5.6.23	 7.8.5
			 4.8.43	 3.3.11		 5.8.4	
			 6.3.1 正	 3.3.12		 6.7.15	

	柙 虖		柬	柄 槱	枋	条	松
 4.8.51	 4.8.18	 6.7.7	 2.7.8	 5.7.1	 3.3.9	 2.7.38	 4.3.2
	 4.8.31	 6.7.16	 3.2.20				
	 4.8.39		 4.5.1				
	 4.8.39		 6.7.2				

枸	榠	柅	柔	桃	栽	梼	桎

5.7.21	3.1.15	3.1.40	5.6.3	7.8.4	4.8.32	5.7.14	2.7.44

	5.7.19						

株	桀	根	梂	梪	桱	梏 桻	⿰夆木
 5.7.21	 5.8.2 背	 6.8.6	 1.1.10	 3.4.8	 6.3.1 正	 3.1.22	 5.4.9
	 5.8.2	 6.9.5	 1.1.11		 6.3.2		
			 1.1.12				

柚	桯	槿	植	巢 樔	杒	梁 粱	[口/夆]
 7.1.3	 7.1.8	 7.6.1	 1.2.2	 1.1.10	 5.7.18	 6.1.1	 2.7.44
		 7.7.1	 5.6.20	 1.1.11		 6.1.8	 5.8.7
			 6.2.25	 1.1.13		 6.1.9	
						 6.1.13	

棠

1.1.10
1.1.15
1.1.24
7.2.7
7.3.7

椎

3.4.4

楚

1.1.26
4.4.9
4.4.9
4.5.3
4.5.5
4.5.6
4.5.17
6.4.1
6.4.3
6.5.4
7.2.2
7.3.2
7.4.2
7.4.3
7.4.4
7.5.2
7.5.3
7.5.4
7.8.3 正
7.8.9

椯	概	楑	槈	榦 棹	粲	械	橙
5.7.11	6.7.10	3.1.32	2.7.14	3.1.18	6.2.3	6.4.2	3.1.35
		3.1.33	5.6.20	3.1.18			
		3.1.33		3.1.18			

樂　　樝

 5.7.7	 4.8.11	 2.1.13	 2.1.10	 2.1.4	 1.3.12	 1.1.1	 6.6.5
 5.7.11	 5.2.4	 2.2.1	 2.1.11	 2.1.4	 1.3.31	 1.1.2	
 5.7.16	 5.5.11	 2.7.30	 2.1.12	 2.1.7	 1.3.31	 1.1.14	
 6.1.11	 5.5.11	 4.6.6	 2.1.12	 2.1.8	 2.1.2	 1.1.23	

樸	棊	橞	査	樹			

6.6.5	6.2.13	5.4.7	1.1.15	5.3.18	7.4.5	6.7.11	6.2.3

				6.7.8	7.5.4	6.8.10	6.2.21

					7.5.5	7.1.6	6.7.1

						7.4.5	6.7.4

橐

2.7.9

3.1.40

3.1.41

3.1.41

權

6.7.13

機

7.1.7

檻

7.1.7

支部

支

6.1.10

犬部

犮

6.8.11

6.9.11

	猷		猒 肰	狣	狗	狂 性	犴
 3.1.14	 1.1.4	 3.3.1	 1.1.23	 5.1.8	 3.4.1	 3.2 附	 1.3.38
 3.1.25	 1.1.19		 1.2.24		 3.4.3	 6.1.9	
 3.2.18	 1.1.21		 2.4.12		 3.4.8		
 3.2.19	 1.2.24		 3.2.12		 4.1.6		

獸　獻　獄

 5.8.6	 5.1.10	 2.7.5	 7.8.9	 2.4.8	 7.1.8	 5.8.6	 3.3.9
 5.8.6	 5.3.19	 4.4.8		 2.7.30	 7.8.5	 6.2.22	 3.3.9
 7.1.4	 5.3.22	 4.8.13		 4.7.34		 6.7.11	 5.6.3
 7.1.5	 5.7.20	 4.8.18		 6.1.4		 6.7.13	 5.6.9

7.1.5
7.6.13
7.6.13
7.7.9

歹部

1.2.19
2.3.4
2.3.5
2.7.5

2.7.44
3.1.15
3.2.23
4.1.6

4.4.1
4.4.8
4.4.8
4.6.7

4.8.44
4.8.45
4.8.47
4.8.54

4.8.58
5.1.3
5.1.3
5.2.7

5.4.5
5.4.7
5.4.10
5.6.8

殜　⿱艹⿰歹力　⿱艹死

殜	殜	⿱艹⿰歹力	⿱艹⿰歹力	⿱艹死	⿱艹死	⿱艹死	⿱艹死
 4.8.65	 2.2.1	 4.8.9	 5.3.14	7.7.2	 7.6.3 正	 6.1.11	 5.7.5
 5.3.22	 2.2.8			 7.7.17	 7.6.24	 7.4.9	 5.7.18
 5.4.6	 2.4.12			 7.7.18	 7.6.25	 7.5.9	 5.8.3
 5.4.7	 2.7.5				 7.7.1	 7.6.1	 6.1.11

5.4.7

5.6.21

5.8.2

6.6.4

6.8.1

6.8.2

6.8.2

6.8.12

6.9.1

6.9.1

6.9.1

6.9.1

7.1.5

7.1.11

7.1.15

戈部

戌

7.4.1

7.4.8

7.5.1

7.5.8

戊

7.8.5

戎

3.1.38

6.7.14

戒							成
 2.5.1	 6.7.1	 5.8.5	 5.6.20	 5.4.5	 5.4.1	 4.4.1	 1.2.21
 2.7.37	 6.7.3	 6.1.4	 5.7.8	 5.4.6	 5.4.1	 4.8.40	 2.7.52
 2.7.39	 6.7.16	 6.2.1 正	 5.7.15	 5.4.9	 5.4.2	 4.8.43	 3.1.5
 3.1.10	 6.7.18	 6.2.1 背	 5.7.17	 5.4.10	 5.4.3	 4.8.46	 3.1.15

我

 4.8.39	 3.1.24	 2.1.13	 1.2.24	 1.2.11	 1.2.10	 4.8.49	 3.1.57
 4.8.39	 3.1.45	 2.3.1	 1.2.24	 1.2.11	 1.2.10	 4.8.60	 3.4.2
 4.8.39	 4.1.1	 2.3.4	 2.1.8	 1.2.21	 1.2.10	 5.7.15	 4.4.1
 4.8.39	 4.3.1	 2.3.5	 2.1.11	 1.2.21	 1.2.10	 7.1.6	 4.8.37

戔

 6.7.14	 5.7.4	 2.7.41	 1.1.4	 7.8.1	 5.8.6	 5.4.3	 4.8.40
 6.8.6	 5.7.5	 4.6.10	 2.2.9	 7.8.3 残	 6.4.5	 5.4.3	 5.1.7
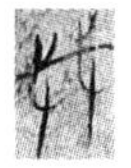 6.9.5	 5.8.6	 4.8.21	 2.7.5	 7.8.5	 6.4.6	 5.6.4	 5.4.3
 7.1.9	 6.7.6	 5.6.6	 2.7.6	 7.8.9	 7.3.4	 5.6.11	 5.4.3

或

 3.3.2	 3.1.28	 2.7.40	 2.3.4	 1.2.7	 1.1.20	 7.5.1	 7.4.1
 3.3.3 正	 3.3.1	 3.1.5	 2.3.5	 1.3.33	 1.2.1	 7.5.2	 7.4.1
 3.3.3 正	 3.3.1	 3.1.5	 2.3.5	 2.1.13	 1.2.2		 7.4.2
 3.3.5	 3.3.2	 3.1.7	 2.4.12	 2.3.4	 1.2.5		 7.5.1

 5.2.5	 4.8.55	 4.8.50	 4.8.42	 4.8.35	 4.4.10	 3.3.12	 3.3.6
 5.7.14	 4.8.59	 4.8.53	 4.8.43	 4.8.36	 4.8.14	 3.4.4	 3.3.6
 5.8.3	 4.8.64	 4.8.53	 4.8.44	 4.8.37	 4.8.14	 4.4.8	 3.3.6
 5.8.4	 5.1.10	 4.8.53	 4.8.46	 4.8.37	 4.8.23	 4.4.8	 3.3.13

戕　　威　　咸

 4.8.32	 1.2.16	 1.2.1	 7.8.2	 7.7.18	 7.6.25	 6.5.4	 6.1.3
	 1.2.23	 1.2.3	 7.8.5	 7.7.18	 7.6.25	 6.7.4	 6.1.3
		 7.6.25		 7.7.18	 7.6.25	 6.7.4	 6.1.13
		 7.7.18		 7.8.1	 7.7.4	 7.6.5	 6.3.7

戓	⿰豆戈	⿰車戈	⿰医戈	⿰言戈	⿰金戈		戚
 5.6.10	 5.6.19	 4.8.32	 2.3.3	 2.4.17	 1.2.10	 7.1.14	 5.7.10
	 6.1.3			 6.3.4下			 5.7.11
							 6.8.11
							 6.9.10

⿰其戈	戟 ⿰朿戈	⿰畏戈	臧 ⿰爿或				
4.8.51	6.8.6	6.7.16	4.8.1	4.8.22	4.8.38	4.8.44	4.8.53
	6.9.5		4.8.6	4.8.33	4.8.41	4.8.45	4.8.55
			4.8.10	4.8.35	4.8.42	4.8.49	4.8.57
			4.8.20	4.8.36	4.8.43	4.8.50	4.8.64

戰	戮 㱩		⿹戈金	⿹戈言	 ⿰爿戒		

4.8.13	7.4.9	4.2.3	4.2.1	5.2.8	5.3.20	7.3.1	6.3.1 正

	7.5.8		4.2.1		5.3.22		6.3.1 背

			4.2.2		6.1.9		6.5.3

			4.2.3				7.2.1

戰

 7.2.7	 4.8.55	 4.8.53	 4.8.50	 4.8.45	 4.8.44	 4.8.32	 4.8.18
 7.3.7	 4.8.57	 4.8.53	 4.8.51	 4.8.46	 4.8.44	 4.8.38	 4.8.19
	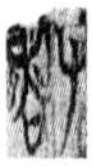 6.8.10	 4.8.53	 4.8.51	 4.8.49	 4.8.44	 4.8.40	 4.8.28
	 6.9.9	 4.8.54	 4.8.51	 4.8.50	 4.8.45	 4.8.43	 4.8.31

魊	[illegible]	[illegible]		比			
 5.7.20	 7.4.7	 7.8.6	**比部**	 3.1.9	 3.1.10	 5.3.19	
	 7.5.7			 3.1.9	 3.1.10	 5.3.22	
				 3.1.9	 3.3.10		
				 3.1.9	 4.1.4		

牙部

牙 𤘴

1.2.6

3.1.23

5.1.1

5.1.1

5.1.5

5.1.6

5.1.9

5.1.10

5.2.6

5.2.7

5.2.9

止部

止

1.2.16

1.2.17

3.1.48

正

1.2.2

1.2.6

1.2.13

1.2.14

2.1.5

2.2.1

2.4.5

2.4.7

 2.4.8	 2.5.1	 2.7.7	 3.2.5	 3.2 附	 4.5.19	 5.4.1	 5.5.6
 2.4.9	 2.5.1	 2.7.18	 3.2.8	 3.2 附	 4.8.14	 5.4.5	 5.8.8
 2.4.10	 2.5.3	 2.7.30	 3.2.12	 3.2 附	 4.8.37	 5.4.6	 6.1.5
 2.4.16	 2.7.5	 2.7.52	 3.2.17	 4.5.14	 5.4.1	 5.4.7	 6.1.12

此

 4.4.3	 2.1.7	 1.2.19	 1.1.27	 1.1.1	 7.3.2	 6.9.4	 6.1.13
 4.4.9	 2.3.3	 1.2.22	 1.2.10	 1.1.7	 7.6.10	 6.9.6	 6.8.5
 4.5.10	 2.4.9	 2.1.5	 1.2.10	 1.1.7	 7.7.8	 6.9.9	 6.8.7
 4.5.11	 3.1.53	 2.1.6	 1.2.18	 1.1.7		 7.2.2	 6.8.10

 5.6.11	 5.3.23	 5.3.2	 4.8.55	 4.8.45	 4.8.40	 4.8.3	 4.5.11
 5.8.1	 5.4.6	 5.3.4	 4.8.63	 4.8.49	 4.8.42	 4.8.10	 4.5.12
 5.8.2	 5.4.9	 5.3.13	 5.1.4	 4.8.52	 4.8.43	 4.8.22	 4.6.6
 5.8.2 背	 5.6.4	 5.3.15	 5.1.8	 4.8.53	 4.8.44	 4.8.28	 4.7.1

丞

5.8.3

5.8.4

5.8.5

6.1.12

6.2.13

6.2.5

6.2.13

6.2.17

6.2.27

6.5.5

6.8.13

7.2.6

7.3.6

7.4.3

7.4.4

7.4.6

7.4.6

7.5.3

7.5.4

7.5.5

7.5.6

7.6.20

7.6.25

7.6.28

7.7.18

7.7.20

7.8.2

2.7.19

歨							武
 4.4.2	 7.1.13	 7.1.5	 6.9.5	 6.8.5	 6.7.14	 4.8.63	 1.1.24
 4.4.2		 7.1.11	 6.9.5	 6.8.5	 6.7.16	 6.1.4	 2.2.12
 4.4.2		 7.1.11	 7.1.2	 6.9.4	 6.8.5	 6.1.9	 2.2.12
 4.5.22		 7.1.12	 7.1.3	 6.9.4	 6.8.5	 6.7.7	 2.7.52

	㐌	肯	皀	岦	金	亞	歲 戢
 4.6.6	 5.5.7	 1.2.19	 5.1.2	 2.7.7	 1.2.14	 3.1.14	 3.1.52
 4.8.21		 1.2.2				 5.8.8	 4.5.13
							 5.2.8
							 6.1.1

	荳	豊	⿱亡豆	⿱畾豆	⿱㓞豆	歸 ⿺辶帚	
 6.1.2	 7.8.1	 5.8.5	 7.6.5	 5.1.10	 5.2.8	 1.1.10	 5.2.8
 6.4.4			 7.7.5			 1.1.11	 6.4.2
						 3.1.4	
						 3.1.50	

衜		攸	弢	放	收	攻	
2.7.31	攴部	4.8.30	3.1.18	3.2.13	4.8.45	2.7.40	4.8.56
			4.6.7		4.8.47	4.7.3	4.8.56
					4.8.54	4.8.21	4.8.57
						4.8.36	5.7.16

攴	攺	改				攸	攻
 1.1.13	 4.8.3	 1.1.10	 3.1.44	 3.3.10	 5.7.5	 2.7.3	 5.7.17
		 1.1.11	 3.1.44	 4.8.27	 6.4.2		
		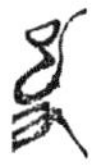 1.1.12	 3.1.47	 4.8.52	 6.4.6		
		 1.2.9	 3.1.47	 4.8.55			

敂	敀	故				政	⿰比攵
3.1.17	2.7.8	2.7.48	6.7.18	5.7.4	4.7.1	1.1.8	3.1.10
3.1.40	5.3.11	3.4.8		5.7.19	4.8.5	2.3.2	
3.1.41				6.7.13	4.8.6	2.3.3	
5.7.12				6.7.14	4.8.10	2.7.4	

敚		教 ⿱爻言			⿱爻子		
2.7.14	5.3.19	1.2.10	4.8.19	5.3.3	1.2.14	2.7.3	3.2.16 正
3.1.24	7.1.1	1.2.13	4.8.37		1.3.12	2.7.9	3.2.17
4.8.3	7.1.2	1.2.13	4.8.40		1.3.31	2.7.48	3.3.10
5.3.13		2.5.1	4.8.63		2.1.8	3.2.15	5.6.3

敺	豉			救	敕	詻	
2.2.9	6.1.2	2.7.25	7.2.7	5.3.20	5.4.1	2.4.3	6.8.13
2.3.6	6.1.2	2.7.25	7.3.6	5.7.4	5.4.1		6.8.13
6.3.3	6.1.7	2.7.26		5.7.14	5.4.8		
	7.6.11	2.7.27		7.2.6	5.4.10		

找	⿰早攵 ⿰干攵	数	戝			敗	敔
 3.2.20	 2.2.12	 3.1.33	 7.1.15	 6.7.14	 4.8.46	 2.1.2	 4.8.26
 4.8.16	 7.8.5			 7.2.7	 5.7.13	 2.1.9	 5.7.10
				 7.3.7	 6.4.1	 4.8.44	
				 7.6.19	 6.7.1	 4.8.46	

		敚	敖		散	敏 勄	敘
 4.8.20	 1.2.19	 1.1.6	 6.7.19	 4.8.7	 3.4.7	 3.4.8	 2.4.5
 4.8.63	 2.2.5 正	 1.1.14		 4.8.12	 4.8.1		 2.4.6
 5.1.5	 2.3.2	 1.1.24		 4.8.20	 4.8.2 背		 5.2.1
 5.1.6	 3.1.22	 1.2.19			 4.8.5		

敢　　啟

癹

 4.4.2	 2.7.46	 2.4.14	 2.1.1	 2.4.17	 3.1.30	 6.1.7	 5.7.15
 4.5.6	 3.2.5	 2.7.18	 2.1.3	 3.1.8		 6.1.5	 5.7.16
 4.5.7	 3.2.9	 2.7.22	 2.1.5	 4.5.9		 6.1.2	 5.7.16
 4.5.13	 3.4.3	 2.7.22	 2.4.14			 6.3.5	 5.7.16

⿰𠬪攵 ⿸尸攴

5.7.15	6.7.18	7.8.7	7.5.1	7.2.5	6.1.13	5.4.7	4.5.15

		7.8.7	7.5.8	7.3.5	6.2.20	5.5.4	4.7.2

		7.8.8	7.8.3 正	7.4.1	6.3.9	5.7.5	4.8.7

			7.8.5	7.4.8	6.4.2	6.1.13	5.3.14

⿰木枝 ⿹戈⿱林又　　敬

 4.8.43	 1.1.5	 1.1.24	 1.3.12	 3.2.21	 5.3.7	 5.7.15	 7.1.14
 5.6.1	 1.1.6	 1.2.11	 2.4.7	 4.6 附	 5.3.16	 5.7.17	 7.1.14
	 1.1.15	 1.2.12	 2.6.4	 5.2.3	 5.7.2	 6.8.9	 7.1.14
	 1.1.24	 1.2.15	 3.2.6	 5.3.3	 5.7.3	 7.1.7	 7.1.15

	敘	鼓	𢿌	𣀏	数	𣀔	
 7.6.8	 5.5.7	 1.2.21	 1.2.4	 1.2.22	 2.7.30  2.7.30	 4.8.32	

	敨	豥	敀	敦	𢿱	𣀓	斂 歛
	 7.6.18	 7.8.6	 7.8.6	 3.1.47	 4.8.13	 3.1.28	 1.2.14
	 7.6.18				 4.8.20	 3.1.29	
						 6.7.18	

 5.1.6	 4.8.51	 4.5.16	 4.4.10	 3.1.51	 3.1.18	 1.2.6	**日部**
 5.2.1	 4.8.52	 4.5.20	 4.5.1	 3.1.57	 3.1.47	 2.1.11	
 5.2.4	 5.1.1	 4.5.22	 4.5.2	 4.4.2	 3.1.47	 3.1.14	
 5.5.2	 5.1.1	 4.6.5	 4.5.16	 4.4.3	 3.1.51	 3.1.18	

曰

 1.1.22	 1.1.16	 1.1.5	 1.1.1	 7.8.9	 7.6.9	 7.2.1	 6.3.7
 1.1.22	 1.1.19	 1.1.6	 1.1.3	 7.8.9	 7.6.10	 7.3.1	 6.7.4
 1.1.27	 1.1.21	 1.1.7	 1.1.4	 7.8.9	 7.7.8	 7.4.1	 7.1.2
 1.1.27	 1.1.22	 1.1.10	 1.1.4		 7.8.7	 7.5.1	 7.1.12

1.2.1

1.2.1

1.2.2

1.2.3

1.2.5

1.2.6

1.2.6

1.2.6

1.2.7

1.2.8

1.2.9

1.2.10

1.2.11

1.2.14

1.2.14

1.2.15

1.2.16

1.2.17

1.2.19

1.2.20

1.2.21

1.2.21

1.2.22

1.2.23

1.2.23

2.1.1

2.1.1

2.1.3

2.1.3

2.1.5

2.1.5

2.1.7

 2.5.3	 2.4.16	 2.4.5	 2.3.3	 2.2.12	 2.2.8	 2.2.2	 2.1.8
 2.6.1	 2.4.17	 2.4.8	 2.3.3	 2.2.13	 2.2.8	 2.2.3	 2.1.9
 2.6.2	 2.4.18	 2.4.9	 2.3.5	 2.3.1	 2.2.9	 2.2.6	 2.2.1
 2.6.3	 2.5.1	 2.4.13	 2.4.3	 2.3.2	 2.2.9	 2.2.7	 2.2.1

 3.4.7	 3.4.1	 3.2.26	 3.2.20	 3.2.10	 3.2.6	 3.1.43	 2.7.9
 3.4.8	 3.4.2	 3.2.27	 3.2.20	 3.2.11	 3.2.8	 3.2.1	 2.7.47
 4.4.1	 3.4.2	 3.2 附	 3.2.21	 3.2.15	 3.2.8	 3.2.5	 3.1.22
 4.4.2	 3.4.3	 3.4.1	 3.2.25	 3.2.17	 3.2.9	 3.2.6	 3.1.24

 4.8.32	 4.8.21	 4.8.13	 4.8.6	 4.8.1	 4.7.2	 4.5.23	 4.4.5
 4.8.32	 4.8.22	 4.8.13	 4.8.7	 4.8.5	 4.7.4	 4.6.8	 4.4.9
 4.8.33	 4.8.22	 4.8.20	 4.8.8	 4.8.5	 4.7.4	 4.6.9	 4.5.5
 4.8.34	 4.8.24	 4.8.20	 4.8.10	 4.8.6	 4.7.4	 4.6.10	 4.5.5

 4.8.56	 4.8.54	 4.8.52	 4.8.49	 4.8.45	 4.8.42	 4.8.38	 4.8.35
 4.8.56	 4.8.55	 4.8.53	 4.8.50	 4.8.46	 4.8.43	 4.8.40	 4.8.36
 4.8.57	 4.8.56	 4.8.53	 4.8.50	 4.8.46	 4.8.43	 4.8.40	 4.8.37
 4.8.57	 4.8.56	 4.8.54	 4.8.51	 4.8.49	 4.8.44	 4.8.42	 4.8.38

 5.3.9	 5.3.4	 5.2.8	 5.1.9	 5.1.5	 5.1.2	 5.1.1	 4.8.59
 5.3.11	 5.3.6	 5.3.1	 5.2.1	 5.1.6	 5.1.5	 5.1.1	 4.8.60
 5.3.13	 5.3.6	 5.3.2	 5.2.6	 5.1.7	 5.1.5	 5.1.2	 4.8.64
 5.3.14	 5.3.8	 5.3.2	 5.2.7	 5.1.8	 5.1.5	 5.1.2	 4.8.64

 5.6.8	 5.6.4	 5.5.15	 5.5.4	 5.5.1	 5.4.8	 5.4.2	 5.3.14
 5.6.9	 5.6.5	 5.6.2	 5.5.11	 5.5.3	 5.4.9	 5.4.3	 5.3.15
 5.6.11	 5.6.6	 5.6.4	 5.5.11	 5.5.3	 5.5.1	 5.4.6	 5.3.16
 5.6.13	 5.6.7	 5.6.4	 5.5.12	 5.5.3	 5.5.1	 5.4.7	 5.3.18

 6.4.3	 6.3.5	 6.2.26	 6.2.3	 6.1.11	 5.8.5	 5.6 附	 5.6.15
 6.4.5	 6.3.6	 6.3.1 正	 6.2.6	 6.1.12	 5.8.6	 5.7.9	 5.6.16
 6.4.5	 6.3.7	 6.3.3	 6.2.19	 6.2.1	 6.1.3	 5.7.10	 5.6.22
 6.4.5	 6.4.1	 6.3.4 上	 6.2.22	 6.2.1	 6.1.4	 5.7.19	 5.6.23

 7.1.6	 7.1.1	 6.7.11	 6.7.6	 6.7.2	 6.6.1	 6.5.3	 6.4.6
 7.1.6	 7.1.1	 6.7.12	 6.7.7	 6.7.3	 6.6.3 正	 6.5.2	 6.5.2
 7.1.6	 7.1.3	 6.7.14	 6.7.8	 6.7.5	 6.6.3 背	 6.5.5	 6.5.2
 7.1.7	 7.1.6	 6.7.17	 6.7.10	 6.7.5	 6.6.5	 6.5.5	 6.5.2

 7.6.15	 7.5.2	 7.4.2	 7.2.6	 7.1.13	 7.1.11	 7.1.9	 7.1.7
 7.6.20	 7.6.2	 7.4.2	 7.3.1	 7.1.13	 7.1.11	 7.1.9	 7.1.8
 7.6.21	 7.6.8	 7.5.1	 7.3.6	 7.2.1	 7.1.11	 7.1.10	 7.1.8
 7.6.22	 7.6.14	 7.5.2	 7.4.1	 7.2.3	 7.1.12	 7.1.10	 7.1.9

旬	曲	早 㫚	旦				
 6.1.13	 5.3.23	 3.2.14	 5.4.1	 7.8.4	 7.7.19	 7.7.7	 7.6.26
	 5.6.13	 4.8.32	 5.7.1	 7.8.5	 7.7.20	 7.7.9	 7.6.27
		 4.8.32		 7.8.7	 7.8.1	 7.7.14	 7.6.28
					 7.8.1	 7.7.18	 7.7.2

昃 昗				昔	早		旨
 2.6.1	 5.8.1	 4.8.64	 3.2.18	 2.2.1	 2.3.1	 7.6.23	 1.2.17
 5.5.6	 5.8.7	 5.1.2	 4.8.2 正	 2.6.1	 2.3.1	 7.6.29	 2.4.9
 6.7.9	 7.8.3 正	 5.1.2	 4.8.3	 2.7.6		 7.7.16	 3.4.8
		 5.5.10	 4.8.6	 2.7.13		 7.7.22	 7.6.17

昌

5.7.10

5.7.18

明

1.1.25

1.2.15

2.1.6

2.1.12

2.7.17

2.7.24

3.1.17

3.1.45

3.2.18

3.3.2

3.3.5

3.3.9

3.3.13

3.3.13

3.3.13

4.5.6

4.8.5

4.8.51

4.8.52

4.8.60

4.8.64

5.7.1

5.7.3

5.8.1

5.8.1

5.8.2

5.8.4

5.8.5

昏

 3.4.8	 3.4.1	 3.2.15	 3.2.8	 3.1.34	 2.2.4	 6.7.19	 5.8.5
 4.4.8	 3.4.2	 3.2.15	 3.2.9	 3.2.2	 2.2.9		 5.8.8
 4.4.8	 3.4.2	 3.3.3 正	 3.2.11	 3.2.5	 2.2.9		 6.1.9
 4.7.2	 3.4.3	 3.4.1	 3.2.11	 3.2.6	 2.3.3		 6.2.10

4.7.4

4.7.4

5.1.1

5.1.2

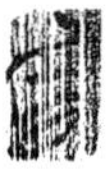
5.3.1

5.3.2

5.3.6

5.3.9

5.3.9

5.3.11

5.3.18

5.6.11

6.1.4

6.1.12

6.3.1 正

7.8.8

7.8.9

易

3.1.55

3.4.2

6.2.8

6.2.12

6.2.15

春

6.3.1 正

6.7.10

是　　昧

是	是	是	是	是	是	是	昧
2.7.7	2.7.1	2.7.1	2.4.18	2.2.13	2.2.10	1.2.2	4.6.8
2.7.9	2.7.3	2.7.1	2.6.1	2.2.13	2.2.10	1.3.12	
2.7.14	2.7.6	2.7.1	2.6.4	2.3.3	2.2.12	2.1.8	
2.7.17	2.7.7	2.7.1	2.7.1	2.4.17	2.2.12	2.2.1	

2.7.25

2.7.25

2.7.26

2.7.38

2.7.39

2.7.39

2.7.39

2.7.40

2.7.41

2.7.41

2.7.41

2.7.42

2.7.44

2.7.44

2.7.46

2.7.47

2.7.52

3.1.40

3.1.56

3.1.57

3.2.1

3.2.2

3.2.9

3.3.2

3.3.2

3.4.1

4.2.1

4.2.3

4.2.3

4.2.4

4.2.4

4.6.1 正

 5.7.6	 5.7.4	 5.7.3	 5.5.6	 5.3.10	 5.1.2	 4.8.26	 4.6.1 正
 5.7.7	 5.7.6	 5.7.3	 5.7.1	 5.3.11	 5.2.1	 4.8.28	 4.6.9
 5.7.7	 5.7.6	 5.7.3	 5.7.1	 5.4.6	 5.2.8	 4.8.41	 4.8.7
 5.7.8	 5.7.6	 5.7.4	 5.7.2	 5.5.3	 5.3.3	 4.8.44	 4.8.19

 7.6.18	 6.7.20	 6.7.1	 6.1.12	 6.1.3	 5.7.20	 5.7.14	 5.7.8
 7.6.19	 6.8.12	 6.7.5	 6.2.4	 6.1.3	 5.7.22	 5.7.16	 5.7.9
 7.6.21	 7.6.12	 6.7.6	 6.2.5	 6.1.10	 6.1.2	 5.7.16	 5.7.13
 7.7.11	 7.6.16	 6.7.6	 6.4.7	 6.1.10	 6.1.2	 5.7.16	 5.7.13

⿱日毋	晦 ⿰日毋	星	冒			昜	
 5.8.8	 3.3.9	 3.2.19	 4.8.60	 6.9.4	 5.8.8	 5.7.3	 7.8.2
		 5.1.1	 6.7.2	 7.6.2	 6.4.3	 5.7.3	 7.8.2
			 6.7.11	 7.7.1	 6.7.4	 5.7.9	
					 6.8.5	 5.8.7	

	晉					皆	時
 5.4.3	 1.2.6	 7.6.7	 5.7.16	 5.2.7	 2.7.6	 1.1.10	 2.7.48
 6.1.4	 4.5.10		 5.7.16	 5.7.1	 2.7.36	 1.1.11	 2.7.48
 7.2.6	 5.2.8		 5.7.16	 5.7.1	 4.6.8	 1.1.25	 2.7.49
 7.2.6	 5.2.8		 5.7.17	 5.7.15	 4.8.20	 2.7.3	 6.8.12

會　曹　曼

 4.8.20	 4.5.23	 4.5.5	 2.1.1	 5.6.4	 6.1.12	 7.8.6	 7.2.7
 4.8.24	 4.7.4	 4.5.10	 2.3.1	 5.6.17			 7.3.6
 4.8.34	 4.8.7	 4.5.11	 2.3.3				 7.3.6
 4.8.35	 4.8.13	 4.5.13	 3.2.6				 7.3.7

 7.1.11	 6.4.5	 6.1.4	 5.3.19	 4.8.57	 4.8.50	 4.8.43	 4.8.36
 7.1.12	 6.4.6	 6.3.8	 5.5.1	 4.8.60	 4.8.53	 4.8.45	 4.8.38
 7.1.13	 6.5.2	 6.4.2	 6.1.2	 4.8.64	 4.8.54	 4.8.46	 4.8.40
 7.2.3	 6.5.5	 6.4.2	 6.1.3	 5.2.7	 4.8.56	 4.8.49	 4.8.42

暳		昏	暑	晝	曼	晨 唇	
 6.7.11	 7.8.9	 1.2.6	 6.5.1	 4.8.10	 4.4.1	 3.2.19	 7.2.3
		 2.7.22	 6.5.3	 5.7.19	 4.8.10	 6.3.9	 7.3.3
		 6.2.10			 6.7.7		 7.3.3
		 6.2.16			 7.1.2		 7.8.7

						晶	⿰目果
 3.1.40	 3.1.35	 3.1.26	 3.1.18	 3.1.10	 3.1.6	 3.1.1	 6.7.12
 3.1.45	 3.1.37	 3.1.28	 3.1.18	 3.1.14	 3.1.7	 3.1.2	
 3.1.47	 3.1.37	 3.1.30	 3.1.22	 3.1.16	 3.1.7	 3.1.4	
 3.1.47	 3.1.38	 3.1.32	 3.1.24	 3.1.18	 3.1.9	 3.1.5	

智

𣉻

 2.7.49	 2.3.2	 1.3.34	 1.1.29	 1.1.25	 1.1.10	 3.1.53	 3.1.48
 2.7.52	 2.4.8	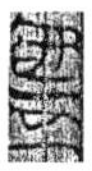 1.3.35	 1.1.29	 1.1.27	 1.1.11	 3.1.54	 3.1.50
 3.2.6	 2.4.12	 2.1.2	 1.3.2	 1.1.28	 1.1.11	 3.1.58	 3.1.51
 3.2.9	 2.7.49	 2.3.2	 1.3.2	 1.1.28	 1.1.13		 3.1.52

 3.2.10	 3.2.10	 3.4.3	 4.4.5
 4.8.4	 4.5.2	 4.8.28	 4.8.34
 5.1.8	 5.2.6	 5.3.1	 5.5.4
 5.5.9	 5.6.4	 5.6.10	 5.7.17
 5.7.17	 5.7.17	 5.8.1	 5.8.4
 5.8.4	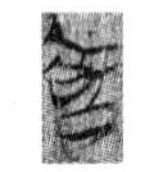 6.2.5	 6.2.10	 6.2.15
 6.2.22	 6.3.6	 6.5.1	 6.5.4
 6.6.6	 7.1.1	 7.1.10	 7.6.3 正

⿱壬皿		⿱壬日					
 1.2.2	 6.3.6	 3.3.5	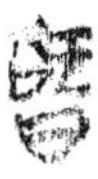 7.7.17	 7.7.7	 7.6.26	 7.6.15	 7.6.5
 1.2.3	 6.5.4	 4.5.2	 7.7.17	 7.7.11	 7.6.30	 7.6.16	 7.6.5
 1.2.19		 4.5.18	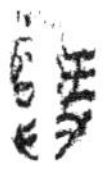 7.7.19	 7.7.11	 7.7.3	 7.6.18	 7.6.8
		 4.5.22	 7.7.22	 7.7.13	 7.7.5	 7.6.24	 7.6.13

會	曾	普 暜	朁	冕 兗	𣅜	𣆤	暲
 1.1.23	 5.3.21	 3.1.44	 4.4.9	 2.7.52	 7.2.5	 7.8.4	 7.6.5
 2.7.19					 7.3.5		 7.6.11
 2.7.30							 7.7.11
 2.7.52							

4.8.23

4.8.38

5.7.17

習

6.1.10

㬎 㬎

1.1.6

1.1.6

2.5.1

4.8.38

4.8.40

5.8.8

暴

2.4.18

5.8.1

5.8.3

6.1.12

水部

水

1.1.29

2.3.4

2.3.5

5.7.16

7.6.2

7.6.10

7.6.12

7.6.24

	求					江	汙
 7.7.2	 1.2.10	 2.7.37	 3.3.3 正	 5.6.12	 7.1.8	 7.8.5	 5.7.12
 7.7.8	 1.3.31	 2.4.18	 3.3.3 正	 5.6.12			
 7.7.17	 2.7.10	 3.1.16	 3.3.13	 6.2.7			
	 2.7.29	 3.1.24	 5.5.6	 6.2.27			

汲	池	汈	㳟			沕	没 叟
 3.1.45	 4.8.6	 4.2.1	 3.1.44	 3.1.44	 3.1.45	 3.1.9	 4.8.9
 5.1.2	 5.7.12		 3.1.44	 3.1.44	 3.1.45		 5.7.3
 5.1.5			 3.1.44	 3.1.44	 3.1.45		 5.7.17
			 3.1.44	 3.1.45			 5.8.2

泗		河		沽	決	沁	
 2.7.37	 6.5.3	 1.1.29	 6.7.6	 2.3.5	 2.7.24	 6.7.16	 5.8.3
		 2.7.24	 6.7.19	 2.7.26			
		 2.7.27		 5.2.5			
		 3.2.2		 5.6.16			

泊	洲	泣	泯	泛	波	洓	洒

4.5.1	5.7.16	4.5.14	6.7.19	4.4.1	2.7.40	2.2.7	2.4.8

4.8.54							

6.7.7							

		涉	洍	洨	粱	洛	⿰氵死
 3.1.54	 3.1.18	 1.1.29	 3.1.24	 3.1.11	 6.1.2	 2.7.26	 2.7.26
 3.1.58	 3.1.22	 3.1.2				 6.8.6	
 3.1.58	 3.1.25	 3.1.4				 6.9.5	
 4.5.9	 3.1.25	 3.1.12					

海 [illegible]	涂 涻	浮		浴		浧	
 2.1.7	 2.7.25	 5.2.3	 3.1.44	 1.1.26	 7.6.10	 3.3.4	 4.5.11
 2.1.12			 4.1.4	 2.7.27	 7.6.29	 6.1.9	 5.3.7
 2.7.5			 5.6.2	 2.7.28	 7.7.8	 6.7.8	 7.2.6
 2.7.5				 2.7.31	 7.7.22	 7.1.11	 7.3.6

淫	流 淕						
 5.6.8	 7.7.2	 7.6.3 背	 7.6.1	 1.3.38	 7.7.11	 2.7.41	 2.7.9
	 7.7.2	 7.6.10	 7.6.1	 2.7.24	 7.8.5	 3.2.18	 2.7.19
	 7.7.8	 7.7.1	 7.6.2	 6.2.24		 7.6.15	 2.7.20
		 7.7.1	 7.6.3 正	 6.7.6		 7.6.16	 2.7.25

淮	湯	淒	渚		清	㳄	淆
 2.7.25	 2.7.25	 2.7.31	 4.2.2	 6.1.6	 1.1.5	 5.3.4	 5.1.4
		 3.1.58		 7.6.12	 1.1.21		
		 4.8.43		 7.7.9	 2.7.1		
					 3.3.4		

湯	湯	測	淲	深	深	淫	涂
 2.7.42	 2.7.37	 7.6.20	 4.4.1	 5.2.6	 1.1.2	 1.2.4	 6.7.4
 5.8.1	 2.7.39			 5.7.11	 4.1.4		 6.7.4
 6.1.6	 2.7.40			 5.8.8	 4.5.8		
	 2.7.41			 6.7.20	 4.5.8		

淥	沈 湆	滅	滿	湝	游		淵 囦
 3.1.45	 5.8.7	 7.6.20	 5.3.4	 2.7.24	 5.7.21	 5.5.3	 3.4.4
						 5.6.20	 5.5.1
						 7.6.15	 5.5.1
						 7.7.10	 5.5.2

滅	溺	渫	滮	滄		溪	滔
 3.3.2	 2.7.36	 2.7.25	 6.7.6	 4.5.1	 7.4.9	 2.7.31	 5.7.7
	 5.4.10	 3.2.19			 7.5.9	 4.5.3	
	 7.1.8	 3.2.20				 4.5.8	
	 7.1.8					 4.5.8	

⿰氵⿰力⿱亠早	漢	⿱剮水	滐	潤 ⿲自水自	澫	⿱斬水	漸
4.5.1	6.7.20	3.1.45	7.6.14	3.1.50	4.2.3	3.1.50	3.1.50
4.5.11			7.7.9	5.7.12	4.4.5	3.1.50	3.1.50
4.5.12					4.4.5		
4.5.12					5.1.6		

			瀍	澳	澤	⿰氵瑟 ⿱⿰兀兀水	
7.8.9	6.6.1	5.1.4	3.3.5	2.7.21	2.7.13	2.7.24	4.5.18
	6.7.14	5.3.15	3.3.11		2.7.24		
	6.8.4	5.7.19	3.3.13		3.4.6		
	6.9.3	5.8.1	5.1.3		4.8.2 正		

灘

1.1.10

1.1.11

牛部

牛

3.1.22

3.1.30

3.1.47

3.1.57

牪

4.8.37

4.8.37

4.8.38

牧

4.1.3

4.7.1

7.8.5

牲

3.1.42

⿱我牛

5.2.3

 4.6.7	 3.2.15	 3.2.7	 2.7.9	 2.3.2	 1.1.12	 7.4.9	**手部**
 4.6.10	 3.3.4	 3.2.9	 3.1.7	 2.3.3	 2.1.8	 7.5.9	
 4.6.10	 3.4.1	 3.2.9	 3.1.17	 2.3.6	 2.1.9		
 4.8.5	 4.4.3	 3.2.10	 3.1.56	 2.4.18	 2.2.8		

 7.4.2	 6.8.10	 5.7.17	 5.7.5	 5.4.7	 5.4.4	 5.1.9	 4.8.10
 7.4.8	 6.9.9	 6.1.12	 5.7.17	 5.5.7	 5.4.6	 5.3.1	 4.8.23
 7.4.9	 7.1.1	 6.7.10	 5.7.17	 5.5.8	 5.4.6	 5.3.2	 4.8.23
 7.5.2	 7.1.2	 6.7.13	 5.7.17	 5.7.5	 5.4.7	 5.3.22	 5.1.6

拜				折	拡		
 3.4.8	 6.8.10	 5.8.2 背	 2.4.7	 1.1.18	 3.1.51	 7.8.5	 7.5.8
 5.1.9	 6.8.10	 5.8.6	 3.1.51	 1.1.20		 7.8.6	 7.5.9
 6.2.15	 7.1.3	 6.1.7	 5.6.23	 1.2.14			 7.6.4
 6.2.15		 6.7.14	 5.7.8	 2.4.5			 7.7.3

擇 𢍰	操		捸	掩 数	措 散	拇	
 6.7.7	 7.6.19	 7.7.22	 7.6.19	 7.2.5	 5.7.6	 3.1.26	 6.3.8
	 7.6.19	 7.7.22	 7.6.29	 7.3.5		 3.1.27	
	 7.7.14		 7.6.29			 3.1.37	
			 7.7.14				

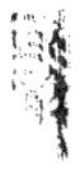

擠 敵

7.8.5

攀

4.4.7

毛部

毛

2.7.24

毳

2.7.49

气部

气

3.1.44

氣 氝

2.1.10

2.1.12

3.3.1

3.3.2

3.3.2

3.3.2

3.3.4

3.3.4

3.3.4

3.3.9

6.8.8

6.9.7

7.6.27

7.6.27

⿱慨火

2.1.10

斤部

斤

5.3.7

新

2.7.13

4.3.1

4.3.2

4.8.16

4.8.35

5.5.3

5.7.4

5.7.6

		斷 剸	斯		新		
	 6.6.3	 4.1.3	 1.1.12	 1.1.27	 5.3.10	 6.4.2	 5.7.17
	 6.9.8	 4.4.2	 5.8.6	 5.5.4	 5.6.8	 7.6.24	 5.7.17
		 4.8.62	 5.5.9	 4.3.1	 5.6.10	 7.7.17	 6.1.3
		 5.7.10		 5.6.11			 6.1.8

爪部	爰	⿱爫𡈼	爭	爯			為
	6.2.9	6.2.17	6.3.5	2.2.8	4.8.9	6.7.2	1.1.5
		5.8.7		2.2.9	4.8.10		1.1.5
				4.8.9	5.3.15		1.1.21
				4.8.9	5.5.6		1.1.24

 2.7.17	 2.7.13	 2.7.7	 2.3.4	 2.1.12	 1.3.34	 1.2.6	 1.2.2
 2.7.22	 2.7.14	 2.7.9	 2.3.4	 2.2.1	 1.3.35	 1.2.18	 1.2.2
 2.7.28	 2.7.16	 2.7.9	 2.3.4	 2.2.13	 1.3.35	 1.3.8	 1.2.5
 2.7.28	 2.7.17	 2.7.12	 2.3.5	 2.3.1	 1.3.38	 1.3.34	 1.2.5

 4.4.4	 4.2.4	 3.3.11	 3.2.8	 3.1.45	 2.7.42	 2.7.31	 2.7.29
 4.4.4	 4.4.1	 3.3.11	 3.2.12	 3.2.1	 2.7.42	 2.7.31	 2.7.30
 4.4.8	 4.4.3	 3.4.3	 3.3.2	 3.2.5	 2.7.44	 2.7.33	 2.7.30
 4.5.6	 4.4.4	 4.2.1	 3.3.7	 3.2.5	 3.1.1	 2.7.38	 2.7.31

 4.8.62	 4.8.35	 4.8.30	 4.8.22	 4.6.10	 4.6.3	 4.5.22	 4.5.7
 5.1.1	 4.8.36	 4.8.31	 4.8.22	 4.8.1	 4.6.4	 4.6.1 正	 4.5.12
 5.1.1	 4.8.47	 4.8.32	 4.8.23	 4.8.18	 4.6.4	 4.6.2	 4.5.13
 5.1.6	 4.8.58	 4.8.33	 4.8.24	 4.8.20	 4.6.10	 4.6.2	 4.5.17

5.1.8

5.1.8

5.1.9

5.1.10

5.2.1

5.2.2

5.2.2

5.2.4

5.2.6

5.2.6

5.2.8

5.2.8

5.3.13

5.3.14

5.3.18

5.4.1

5.4.3

5.4.4

5.4.5

5.4.6

5.5.1

5.5.13

5.6.11

5.6.12

5.6.12

5.6.18

5.7.2

5.7.10

5.7.10

5.7.11

5.7.12

5.7.13

 6.7.18	 6.5.5	 6.4.1	 6.3.5	 6.1.11	 6.1.5	 5.8.2	 5.7.14
 6.8.3	 6.6.2	 6.4.5	 6.3.6	 6.2.13	 6.1.8	 5.8.4	 5.7.14
 6.8.3	 6.6.2	 6.5.2	 6.3.7	 6.2.14	 6.1.8	 6.1.3	 5.7.15
 6.8.3	 6.6.2	 6.5.2	 6.3.8	 6.2.15	 6.1.9	 6.1.4	 5.8.1

 7.6.4	 7.5.5	 7.4.5	 7.3.5	 7.2.3	 7.1.5	 6.9.3	 6.8.4
 7.6.4	 7.5.5	 7.4.6	 7.3.3	 7.2.5	 7.1.15	 6.9.3	 6.8.12
 7.6.5	 7.5.6	 7.4.7	 7.4.1	 7.3.2	 7.2.2	 6.9.3	 6.8.12
 7.6.7	 7.5.6	 7.5.1	 7.4.5	 7.3.3	 7.2.3	 6.9.11	 6.8.12

舜

 2.2.8	 2.2.6	 2.2.2	 7.8.4	 7.7.6	 7.6.29	 7.6.17	 7.6.11
 2.2.8	 2.2.6	 2.2.4	 7.8.8	 7.7.17	 7.7.3	 7.6.18	 7.6.11
 2.7.12	 2.2.7	 2.2.5 正	 7.8.9	 7.7.17	 7.7.4	 7.6.24	 7.6.11
 2.7.14	 2.2.7	 2.2.6		 7.7.22	 7.7.4	 7.6.24	 7.6.12

爵 ⿰少斗

父

爵	爵	爵	爵	父部	父	父	父
 2.7.14	 4.8.2 正	 7.1.1	 1.2.15	**父部**	 1.1.9	 2.1.12	 3.1.18
 2.7.17	 5.5.12				 2.1.1	 2.2.9	 3.4.5
 2.7.17	 5.5.14				 2.1.1	 2.7.13	 4.3.2
 2.7.30	 5.8.1				 2.1.3	 3.1.18	 4.4.3

4.4.4

4.6.2

4.6.3

4.6.3

4.6.5

4.6.5

4.6.6

4.6.6

4.6.6

4.6.7

4.6.8

4.6.9

4.8.22

4.8.35

4.8.42

5.3.15

5.4.1

5.4.1

5.4.2

5.4.3

5.4.5

5.4.6

5.4.7

5.4.9

5.4.10

5.6.7

5.6.8

5.7.11

6.5.1

7.1.1

7.1.1

7.1.2

7.1.3

7.8.6

釜

7.8.5

月部

月

1.1.8

2.1.11

4.1.1

5.2.1

5.2.1

7.2.3

7.3.3

7.6.10

7.6.25

7.7.8

7.7.18

有

5.7.6

5.7.13

5.7.13

5.7.20

肤

3.1.4

3.1.33

3.1.38

3.1.41

肰

 5.7.5	 5.5.3	 5.3.14	 4.8.55	 4.8.5	 2.7.39	 1.3.14	 1.1.16
 6.1.2	 5.5.11	 5.3.15	 5.1.5	 4.8.6	 4.5.13	 1.3.38	 1.1.20
	 5.6.12	 5.3.15	 5.2.5	 4.8.7	 4.6.10	 2.2.13	 1.1.24
	 5.6.14	 5.3.23	 5.2.6	 4.8.9	 4.6 附	 2.7.18	 1.1.24

胃	胋		肥	肩 㪅	肣	肴	⿱叕肰
 1.1.7	 6.1.10	 5.3.8	 2.7.49	 5.5.7	 2.7.5	 6.1.9	 5.3.21
 1.3.7		 5.3.11	 3.1.31	 6.8.7			
 2.1.1		 5.3.11	 5.3.1	 6.9.6			
 2.1.3		 5.3.18	 5.3.6				

 4.8.26	 4.5.20	 3.4.8	 3.4.7	 3.3.6	 3.3.6	 2.2.7	 2.1.3
 5.3.2	 4.5.23	 4.5.11	 3.4.7	 3.3.7	 3.3.6	 2.3.1	 2.1.5
 5.3.4	 4.6.9	 4.5.14	 3.4.7	 3.3.7	 3.3.6	 2.3.3	 2.1.5
 5.4.6	 4.7.2	 4.5.17	 3.4.8	 3.4.7	 3.3.6	 3.1.56	 2.1.7

 6.8.12	 5.8.5	 5.7.8	 5.7.6	 5.7.4	 5.7.3	 5.7.1	 5.5.4
 7.4.6	 6.1.13	 5.7.9	 5.7.7	 5.7.5	 5.7.3	 5.7.1	 5.6.4
 7.4.6	 6.7.10	 5.7.16	 5.7.7	 5.7.6	 5.7.4	 5.7.2	 5.6.11
 7.5.6	 6.7.10	 5.7.16	 5.7.8	 5.7.6	 5.7.4	 5.7.3	 5.6 附

	能	脂	胎	脊	胄		
 1.2.4	 1.1.3	 7.1.9	 4.8.6	 4.8.11	 1.2.11	 7.7.20	 7.5.6
 1.2.18	 1.1.12					 7.8.4	 7.6.18
 1.2.21	 1.1.13						 7.6.18
 1.2.21	 1.2.4						 7.6.28

 1.3.2	 2.6.3	 2.7.44	 4.5.14	 4.6.2	 4.6.4	 4.8.36	 5.3.18
 1.3.2	 2.7.9	 3.3.11	 4.6.1 正	 4.6.3	 4.6.4	 4.8.36	 5.3.22
 2.2.1	 2.7.29	 3.4.8	 4.6.1 正	 4.6.3	 4.8.4	 5.1.8	 5.4.3
 2.2.10	 2.7.44	 4.5.12	 4.6.2	 4.6.4	 4.8.28	 5.3.11	 5.4.4

 7.6.26	 7.6.18	 7.4.7	 6.7.6	 6.2.25	 5.7.15	 5.6.11	 5.4.4
 7.7.13	 7.6.18	 7.4.7	 6.7.8	 6.4.3	 5.8.4	 5.6.14	 5.5.1
 7.7.13	 7.6.22	 7.5.7	 6.7.17	 6.4.3	 5.8.4	 5.6.17	 5.5.3
 7.7.15	 7.6.22	 7.5.7	 6.7.20	 6.7.5	 6.2.4	 5.7.15	 5.5.9

夼	覔		覭	望	朕	朕	
 1.2.2	 6.1.2	 7.1.12	 5.3.4	 1.1.22	 3.2.16 正	 3.4.1	 7.7.19
		 7.1.13	 6.4.7	 5.7.1		 3.4.3	 7.8.5
			 7.1.11	 6.7.20		 3.4.8	
			 7.1.11	 7.8.2		 6.7.10	

脊

3.1.26

3.1.26

期
昇

6.8.11

6.9.11

7.8.9

7.8.9

腈

6.8.3

6.8.3

6.8.3

6.8.4

6.9.3

6.9.3

6.9.3

6.9.3

⿱兓月

6.7.19

朝

2.6.1

2.7.5

3.1.6

5.6.14

6.7.15

6.8.9

7.1.13

⿰月頁

5.3.1

5.3.23

6.7.17

		脽	𣎆		豚	腹	腸
 4.4.10	 4.4.7	 4.4.6	 6.2.7	 3.1.31	 3.1.30	 4.6.7	 1.1.25
 4.4.10	 4.4.8	 4.4.6			 3.1.30		
	 4.4.9	 4.4.6			 3.1.30		
	 4.4.9	 4.4.7			 3.1.31		

勝 ⿰乘力

2.5.3	4.8.41	7.1.4	7.1.13	7.1.14	7.7.19
3.1.30	4.8.46	7.1.4	7.1.14	7.1.14	7.7.19
4.8.33	4.8.49	7.1.4	7.1.14	7.6.26	
4.8.33	4.8.52	7.1.4	7.1.14	7.6.26	

䐤

5.3.18
5.5.3
5.5.3

膚

2.3.4
2.3.4
2.7.1
4.5.3

月壴

6.7.12

月韋

5.6.19

月襄

3.4.7

3.4.8

氏部

氏

1.1.4

1.1.5

1.1.5

1.1.16

1.1.22

1.1.27

1.1.27

1.2.19

3.4.7

3.4.7

3.4.7

3.4.7

3.4.8

3.4.8

4.1.3

4.8.64

民　　氏

 1.2.6	 1.2.4	 1.1.24	 1.1.4	 2.7.53	 7.7.17	 6.3.7	 5.3.3
 1.2.6	 1.2.5	 1.2.1	 1.1.4			 6.3.8	 5.3.11
 1.2.6	 1.2.5	 1.2.2	 1.1.16			 6.6.6	 5.8.5
 1.2.8	 1.2.5	 1.2.4	 1.1.20			 7.6.24	 5.8.7

2.5.2	2.3.5	2.2.7	2.1.1	1.2.16	1.2.13	1.2.12	1.2.9

2.5.2	2.3.6	2.2.12	2.1.3	1.2.17	1.2.13	1.2.13	1.2.9

2.7.6	2.4.6	2.3.2	2.1.12	2.1.1	1.2.13	1.2.13	1.2.9

2.7.6	2.4.9	2.3.5	2.2.3	2.1.1	1.2.14	1.2.13	1.2.10

 4.8.35	 4.8.20	 4.8.2 正	 3.2.22	 3.2.10	 2.7.44	 2.7.28	 2.7.8
 4.8.35	 4.8.20	 4.8.5	 4.6.10	 3.2.11	 2.7.48	 2.7.29	 2.7.19
 4.8.37	 4.8.22	 4.8.6	 4.6 附	 3.2.15	 2.7.48	 2.7.29	 2.7.20
 4.8.49	 4.8.28	 4.8.12	 4.7.2	 3.2.19	 3.2.8	 2.7.43	 2.7.22

 5.7.6	 5.7.1	 5.3.21	 5.3.18	 5.3.9	 5.3.2	 4.8.63	 4.8.52
 5.7.15	 5.7.5	 5.3.23	 5.3.18	 5.3.11	 5.3.3	 5.2.4	 4.8.56
 5.7.16	 5.7.6	 5.6.1	 5.3.19	 5.3.13	 5.3.3	 5.3.1	 4.8.61
 5.7.16	 5.7.6	 5.6.2	 5.3.20	 5.3.15	 5.3.4	 5.3.1	 4.8.63

6.7.20	6.7.14	6.7.9	6.6.6	6.2.23	6.2.14	6.1.5	5.7.16

6.7.20	6.7.14	6.7.11	6.7.1	6.2.27	6.2.15	6.2.12	5.7.20

6.8.8	6.7.18	6.7.11	6.7.4	6.4.7	6.2.17	6.2.12	5.7.22

6.8.9	6.7.19	6.7.13	6.7.5	6.6.4	6.2.18	6.2.13	5.7.22

乐

6.9.7

6.9.8

7.1.6

7.1.15

7.4.6

7.4.7

7.4.7

7.5.6

7.5.7

7.5.7

7.6.2

7.6.29

7.7.2

7.8.5

3.1.11

6.7.6

6.7.11

欠部

故

4.8.54

4.8.55

軟

2.2.11

欲

 5.7.20	 5.5.3	 5.4.4	 5.2.5	 4.8.13	 3.4.2	 2.7.30	 2.3.4
 7.1.13	 5.5.8	 5.4.6	 5.2.7	 4.8.53	 4.5.3	 3.1.14	 2.3.5
 7.1.14	 5.5.9	 5.4.7	 5.3.20	 5.2.4	 4.7.1	 3.1.55	 2.7.12
 7.1.14	 5.7.12	 5.5.3	 5.4.4	 5.2.5	 4.8.2 正	 3.3.4	 2.7.17

⿰龺欠	欽	⿰壴欠	欽				
 5.3.19	 3.1.41	 5.6.11	 5.5.6	 3.1.26	 2.2.12	 7.5.6	 7.1.14
 6.7.20		 5.6.17	 6.1.8	 3.1.27	 3.1.26	 7.6.7	 7.2.1
		 5.6.18	 6.8.8	 3.1.27	 3.1.26	 7.6.23	 7.3.1
			 6.9.7	 5.3.19	 3.1.26	 7.7.15	 7.4.7

歙

5.7.7

5.7.12

5.8.6

6.7.8

殳部

杸

5.7.14

殺

2.7.6

3.1.57

4.5.7

4.5.7

5.3.10

5.3.21

5.7.12

5.7.14

5.8.2

6.4.3

6.8.5

6.8.5

6.9.4

6.9.5

7.2.1

7.2.2

7.3.1

7.3.2

文			毀	毄			穀
 1.1.2	文部	 5.8.6	 2.4.18	 2.7.22	 7.3.1	 6.3.7	 2.7.28
 1.1.7		 6.4.2	 4.4.5	 3.1.1		 6.3.8	 4.5.8
 1.1.7		 6.8.12	 4.8.10	 5.6.1		 6.7.3	 4.5.9
 1.1.21		 6.9.11	 5.3.22			 7.2.1	 6.2.14

叏

	 1.1.6	 1.1.1	 6.9.5	 6.8.5	 6.1.4	 2.7.46	 1.1.22
	 1.1.8	 1.1.3		 6.9.4	 6.8.5	 2.7.47	 1.1.24
		 1.1.5		 6.9.4	 6.8.5	 2.7.48	 1.2.1
		 1.1.6		 6.9.4	 6.8.5	 4.1.1	 1.2.17

於　　　　　　　　　　　　　　方

方部

方						於
 1.2.22	 2.1.11	 2.7.21	 3.1.9	 5.7.8	 6.6.4	 1.1.6
 1.3.33	 2.7.6	 2.7.31	 4.5.13	 5.7.14	 6.6.6	 1.1.9
 1.3.33	 2.7.7	 2.7.31	 5.1.7	 5.7.16	 6.7.2	 1.1.10
 2.1.2	 2.7.20	 2.7.31	 5.6.13	 6.2.11	 6.7.7	 1.1.10

 2.7.6	 2.3.5	 2.3.1	 2.2.10	 2.1.2	 1.3.2	 1.2.2	 1.1.12
 2.7.7	 2.6.2	 2.3.4	 2.2.11	 2.1.7	 1.3.2	 1.2.17	 1.1.12
 2.7.7	 2.6.3	 2.3.4	 2.2.11	 2.2.2	 1.3.14	 1.2.17	 1.1.22
 2.7.14	 2.6.3	 2.3.5	 2.2.12	 2.2.9	 2.1.1	 1.2.17	 1.1.22

 3.3.7	 3.3.5	 2.7.52	 2.7.46	 2.7.42	 2.7.40	 2.7.28	 2.7.14
 3.3.8	 3.3.5	 3.2.4	 2.7.47	 2.7.43	 2.7.41	 2.7.31	 2.7.25
 3.4.1	 3.3.5	 3.3.5	 2.7.50	 2.7.44	 2.7.41	 2.7.31	 2.7.25
 3.4.4	 3.3.6	 3.3.5	 2.7.52	 2.7.44	 2.7.41	 2.7.39	 2.7.28

 4.8.2 正	 4.6.10	 4.5.20	 4.5.4	 4.5.2	 4.4.8	 4.4.5	 3.4.4
 4.8.2 正	 4.7.3	 4.5.22	 4.5.17	 4.5.3	 4.4.9	 4.4.5	 4.4.1
 4.8.3	 4.7.3	 4.6.7	 4.5.18	 4.5.3	 4.4.9	 4.4.7	 4.4.2
 4.8.3	 4.7.4	 4.6.8	 4.5.20	 4.5.3	 4.5.1	 4.4.8	 4.4.3

4.8.5

4.8.6

4.8.7

4.8.8

4.8.12

4.8.16

4.8.19

4.8.19

4.8.19

4.8.20

4.8.21

4.8.22

4.8.22

4.8.23

4.8.24

4.8.35

4.8.35

4.8.37

4.8.47

4.8.50

4.8.51

4.8.63

4.8.65

5.1.2

5.1.5

5.1.6

5.1.6

5.1.6

5.1.9

5.3.1

5.3.1

5.3.3

 6.1.4	 6.1.1	 5.7.8	 5.5.14	 5.5.1	 5.4.8	 5.4.5	 5.3.9
 6.1.4	 6.1.1	 5.7.18	 5.7.4	 5.5.3	 5.4.9	 5.4.5	 5.3.18
 6.1.5	 6.1.1	 5.8.2 背	 5.7.6	 5.5.3	 5.4.9	 5.4.6	 5.4.1
 6.1.7	 6.1.2	 5.8.2 背	 5.7.6	 5.5.11	 5.5.1	 5.4.6	 5.4.3

 6.1.10	 6.1.12	 6.2.3	 6.2.12	 6.2.13	 6.2.27	 6.3.4 下	 6.4.1
 6.4.1	 6.4.6	 6.5.1	 6.5.3	 6.5.5	 6.6.4	 6.6.5	 6.7.2
 6.7.3	 6.7.3	 6.7.12	 6.7.12	 6.7.13	 6.7.13	 6.7.11	 6.7.14
 6.7.15	 6.8.3	 6.8.4	 6.8.13	 6.8.13	 6.9.3	 6.9.4	 7.1.1

 7.1.5	 7.1.8	 7.1.11	 7.2.5	 7.4.1	 7.5.3	 7.6.15	 7.6.16
 7.1.6	 7.1.9	 7.1.11	 7.2.7	 7.4.3	 7.5.9	 7.6.15	 7.6.20
 7.1.8	 7.1.9	 7.2.2	 7.3.2	 7.4.9	 7.6.5	 7.6.15	 7.6.23
 7.1.8	 7.1.10	 7.2.4	 7.3.7	 7.5.1	 7.6.6	 7.6.15	 7.6.25

族　　　　旅
　　　　　遊　　烏

 2.7.41	 3.1.53	 3.1.53	 5.6.4	 7.8.4	 7.7.18	 7.7.10	 7.6.25
 5.4.1	 3.1.53	 3.1.53		 7.8.7	 7.7.18	 7.7.11	 7.7.4
 5.4.2		 3.1.53			 7.8.3 正	 7.7.14	 7.7.5
		 3.1.53			 7.8.3 正	 7.7.16	 7.7.10

旟	旗 羿				火	炎	災 𤆎
 5.7.5	 2.7.20	 5.1.10	 2.7.20	**火部**	 7.6.2	 7.2.2	 3.1.21
 6.5.1	 2.7.20	 7.8.7			 7.7.2	 7.2.5	 3.1.56
	 2.7.21	 2.4.15				 7.3.2	
	 2.7.21	 2.7.20					

焚

3.1.53

3.3.4

5.7.10

5.8.2

5.8.8

6.7.9

無

2.7.6

2.7.18

2.7.18

2.7.29

2.7.43

3.3.1

3.3.6

3.3.6

3.3.6

3.3.6

3.3.6

3.3.7

3.3.7

3.3.7

3.3.8

3.3.11

3.3.11

3.3.12

3.3.13

3.3.13

3.3.12

3.3.12

4.5.3

5.6.13

焚	然	燕 騪	[illegible]	焦 [illegible]	煮		
5.4.9	7.6.27	1.1.10	6.5.3	2.3.4	2.7.3	5.7.9	5.7.1
		1.1.16	6.5.4			5.7.18	5.7.4
		2.2.11				6.3.1 正	5.7.7
						6.7.17	5.7.7

炭
灰

2.7.44

矆

4.5.16

斗部

斗
抖

6.8.6

6.9.5

3.1.51

户部

户

3.1.5

7.1.7

床

3.1.52

戻

4.6.10

6.7.2

6.7.3

 3.2.25	 3.2.20	 3.1.55	 2.4.14	 1.3.3	 1.2.10	 1.2.4	 1.1.20
 3.3.3 正	 3.2.23	 3.2.10	 2.4.14	 2.1.3	 1.2.17	 1.2.8	 1.1.24
 3.3.4	 3.2.23	 3.2.10	 3.1.37	 2.1.4	 1.2.17	 1.2.8	 1.1.27
 3.3.5	 3.2.24	 3.2.16 正	 3.1.53	 2.4.10	 1.3.3	 1.2.10	 1.2.4

 5.3.23	 5.2.2	 4.8.59	 4.8.57	 4.8.23	 4.8.17	 4.5.11	 3.3.12
 5.4.9	 5.2.2	 4.8.62	 4.8.57	 4.8.28	 4.8.18	 4.6.6	 3.4.3
 5.5.9	 5.2.2	 4.8.63	 4.8.58	 4.8.34	 4.8.18	 4.6.6	 4.4.9
 5.5.9	 5.2.4	 5.2.1	 4.8.58	 4.8.52	 4.8.22	 4.7.1	 4.5.8

 7.6.27	 6.8.13	 6.4.6	 6.2.16	 5.8.5	 5.7.20	 5.7.8	 5.6.1
 7.6.29	 7.1.7	 6.7.15	 6.2.17	 6.1.2	 5.8.1	 5.7.12	 5.6.13
 7.7.11	 7.6.16	 6.7.15	 6.2.25	 6.2.15	 5.8.1	 5.7.13	 5.6.13
 7.7.22	 7.6.22	 6.8.13	 6.4.2	 6.2.15	 5.8.5	 5.7.19	 5.7.6

7.8.6

心部

1.1.4

1.1.4

1.1.22

1.2.5

1.2.5

1.2.13

1.3.38

3.1.45

3.1.48

3.1.49

3.4.1

3.4.6

3.4.6

4.2.3

4.8.18

5.3.18

6.3.8

6.3.9

6.7.1

6.7.6

6.7.7

6.7.9

6.7.13

6.7.13

必

 4.5.10	 3.4.5	 2.3.5	 1.1.27	 1.1.16	 7.8.6	 7.7.19	 7.6.26
 4.5.18	 3.4.5	 2.4.12	 2.1.2	 1.1.20		 7.7.19	 7.6.26
 4.5.22	 3.4.5	 2.4.18	 2.1.2	 1.1.24		 7.7.19	 7.6.26
 4.6.8	 4.4.2	 2.7.22	 2.3.4	 1.1.24		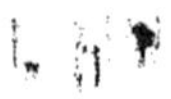 7.7.19	 7.6.26

 5.4.5	 5.3.13	 4.8.60	 4.8.41	 4.8.29	 4.8.25	 4.8.18	 4.6.10
 5.6.4	 5.3.15	 5.2.3	 4.8.52	 4.8.34	 4.8.25	 4.8.18	 4.6.10
 5.7.4	 5.3.16	 5.2.3	 4.8.53	 4.8.39	 4.8.25	 4.8.20	 4.8.8
 5.7.7	 5.3.22	 5.2.6	 4.8.56	 4.8.39	 4.8.26	 4.8.23	 4.8.17

忈

5.7.16	7.7.7	7.4.9	7.3.3	7.1.7	6.6.5	5.8.4	5.7.13
 5.7.20	 7.8.5	 7.5.8	 7.3.4	 7.2.3	 6.8.4	 6.1.11	 5.7.15
	 7.8.9	 7.5.9	 7.3.7	 7.2.4	 6.9.4	 6.3.8	 5.7.16
		 7.6.9	 7.4.8	 7.2.7	 7.1.6	 6.4.5	 5.7.17

忌

2.2.1

志

1.1.1

1.1.8

1.1.19

1.1.20

1.1.26

1.2.6

1.2.19

2.1.3

2.1.3

2.1.7

2.1.10

2.1.13

3.1.27

4.8.55

4.8.59

4.8.61

5.4.5

5.8.8

6.6.1

6.6.5

6.7.18

7.1.6

7.1.10

7.1.13

7.1.14

7.1.14

7.1.14

7.8.3 正

	态	忣	忘				
7.8.5	5.2.6	5.6.5	1.1.6	3.1.21	4.7.1	6.1.6	7.6.26
	5.2.8		3.1.20	3.1.39	4.8.54	6.2.6	7.7.19
			3.1.20	3.4.1	5.2.2	6.7.2	
			3.1.21	4.6 附	5.7.9	6.7.9	

忝	忧	⿱丕心		⿱不心	忍	忞	忌
 1.1.27	 6.7.4	 6.2.13	 4.5.21	 1.1.14	 3.3.1	 5.1.6	 6.7.15
 1.2.13			 5.2.4	 1.1.19	 6.1.7	 6.8.6	
 1.3.34				 3.2.26		 6.9.5	
 1.3.34				 3.4.4			

忻	念	忩		忠	忲		
 2.7.25	 5.8.7	 7.1.9	 6.2.3	 1.1.26	 4.8.56	 4.6.1 正	 2.3.2
 5.7.1			 6.6.1	 1.2.11		 4.8.12	 2.3.3
 7.6.19			 6.8.13	 3.2.21		 4.8.17	 2.7.1
				 3.2.22			 3.2.23

思		怲 悟	忥	忄夭		怹	宅心
 1.1.2	 7.3.3	 2.4.8	 1.1.9	 6.1.3	 4.8.23	 3.2.7	 7.6.12
 1.1.10		 7.2.1			 4.8.63	 3.2.10	
 1.1.11		 7.2.3			 5.7.5	 3.2.19	
 1.1.16		 7.3.2			 7.8.3 正	 3.2.20	

7.6.17	6.7.15	5.7.1	4.8.55	4.8.54	4.8.31	3.3.5	1.3.35

7.7.6	7.2.5	5.7.14	5.4.1	4.8.54	4.8.36	4.1.1	2.7.20

7.7.10	7.6.7	6.1.8	5.4.1	4.8.55	4.8.38	4.1.5	3.1.55

7.7.12	7.6.15	6.7.1	5.4.5	4.8.55	4.8.52	4.8.30	3.2.3

		⿱毋心	⿱丞心	急	怍	怕 息	
 3.1.32	 3.1.19	 1.1.26	 1.3.38	 7.2.2	 6.7.7	 4.4.9	 7.8.9
 3.1.33	 3.1.26	 1.2.12	 3.2.15	 7.3.2			
 3.1.38	 3.1.27	 3.1.14	 3.4.7				
 3.1.43	 3.1.28	 3.1.14					

恥	恭 ⿱龔心	怶					
 1.1.8	 7.2.2	 5.7.4	 7.8.9	 5.7.13	 4.2.4	 3.2.5	 3.1.43
 1.1.9	 7.3.2		 6.2.25	 5.7.20	 4.8.13	 3.2.9	 3.1.49
 2.5.3				 6.7.17	 4.8.61	 3.4.6	 3.1.54
 5.3.3				 7.1.6	 5.5.1	 4.2.3	 3.1.54

恒
亙

5.7.13

6.8.7

6.8.8

6.9.7

1.1.13

1.2.23

3.1.2

3.1.15

3.1.28

3.1.28

3.1.29

3.3.1

3.3.2

3.3.2

3.3.3 正

3.3.3 背

3.3.9

3.4.1

4.8.48

5.3.22

5.6.5

5.7.17

6.2.15

6.7.16

6.7.8

⿱亙心

3.3.12

6.7.14

⿸疒心		恙	⿱年心	恩		恐 ⿱工心	⿱巠土
 3.3.10	 7.3.4	 3.3.7	 1.1.8	 5.4.9	 6.2.22	 3.2.26	 3.3.12
		 5.7.3			 6.2.22	 3.4.8	 6.8.7
		 5.7.11			 7.1.5	 4.8.5	 6.9.7
		 7.2.4				 6.1.7	

[illegible]	悄	悁 悄	菍	惁	忢	[illegible]	怠
 1.1.18	 1.1.27	 1.1.19	 1.3.1	 5.7.11	 1.1.26	 7.1.14	 7.1.3
	 2.4.5	 4.8.17	 7.2.3			 7.1.14	 7.1.4
	 2.5.2		 7.3.3				

⿱宀⿱直心	⿱求心	⿱㠯心	⿰亻⿱它心	⿱我心	⿰彳⿱氏心	⿱癶心	悔

1.1.3	7.6.23	6.4.3	3.2.13	4.5.2	5.6.12	3.2.13	6.7.12

	7.7.15			4.8.33			

惡				情			忽
 1.2.1	 7.2.3	 1.3.2	 1.1.22	 1.1.1	 6.4.2	 4.8.45	 2.4.9
 1.2.4	 7.3.3	 1.3.14	 1.2.2	 1.1.10		 4.8.52	 3.2.26
 1.2.22	 7.6.15	 1.3.35	 1.3.2	 1.1.16		 5.3.18	 4.8.33
 1.2.23	 7.7.17	 6.1.4	 1.3.2	 1.1.18		 5.7.2	 4.8.41

悳		惠		惑		悠	吾
 1.1.6	 1.1.2	 6.7.5	 1.2.21	 3.2.10	 1.2.3	 7.6.26	 3.1.32
 1.1.6	 1.1.2	 6.7.8	 2.5.1	 5.8.6	 1.2.4	 7.7.19	
 1.1.7	 1.1.5	 6.7.14	 2.7.39	 6.2.27	 1.2.22		
 1.1.9	 1.1.5	 6.7.16	 6.4.7		 3.2.7		

 5.3.7	 5.3.2	 3.4.4	 3.1.28	 2.4.5	 2.2.8	 1.2.21	 1.1.24
 5.7.1	 5.3.4	 4.8.3	 3.2.11	 2.7.1	 2.3.1	 2.2.2	 1.2.3
 5.7.22	 5.3.4	 4.8.21	 3.2.13	 3.1.5	 2.3.2	 2.2.6	 1.2.7
 6.1.9	 5.3.6	 5.3.2	 3.2.17	 3.1.28	 2.3.3	 2.2.6	 1.2.13

惕　悲　悳

 2.4.17	 1.3.19	 1.3.1	 6.2.21	 6.9.8	 6.7.13	 6.7.3	 6.2.24
 3.4.6	 2.6.4	 2.1.11			 6.8.5	 6.7.4	 6.6.3 正
 4.8.46		 1.3.18			 6.8.5	 6.7.8	 6.6.4
 4.8.46		 1.3.19			 6.8.12	 6.7.9	 6.7.2

惓	㤩	惛	𢘓	悖	惟	恩	
 1.1.4	 6.7.8	 6.1.6	 6.1.4	 3.1.48	 5.8.7	 6.4.2	 5.7.5
 1.1.29					 6.7.6		 5.7.15
 1.3.31					 7.1.7		 7.1.10
 1.3.35							 7.1.10

惖			惻	慍 恩	⿱⿰車乇心	惎	
 7.1.8	 7.6.25	 6.7.3	 2.7.6	 6.1.5	 2.4.16	 2.7.3	 3.2.17
	 7.6.26	 6.7.9	 3.4.7			 2.7.37	 4.7.1
	 7.7.18	 7.2.4	 5.4.10				
	 7.7.19	 7.3.4	 5.8.2				

愚

3.2.26

愄

2.4.8

7.2.4

7.3.4

7.8.5

[illegible]

5.2.3

愋

2.4.5

愈

3.1.5

3.1.15

3.1.16

3.4.7

4.5.2

4.8.2 正

6.1.11

6.7.4

7.6.5

7.7.11

急

2.5.1

4.8.34

5.7.2

	慎 訢	𢡱	慨	𢘇	愇	𢞂	急
 3.2.23	 1.2.9	 6.7.2	 6.7.11	 3.2.20	 2.1.10	 2.1.4	 6.9.9
 3.2.25	 2.7.1				 3.1.11	 5.6.4	 6.8.10
 3.2.20	 2.7.39						
 6.2.21	 3.2.23						

⿱於心

	⿰言⿱斤系	訢		訢	⿱⿰⿱幺言斤心		⿱訢心
 2.2.12	 7.1.7	 1.3.16	 6.7.7	 1.2.16	 1.1.28	 5.7.22	 4.8.48
		 5.3.19	 6.7.12	 1.2.17		 7.8.1	 4.8.60
		 6.6.1		 3.4.2			 5.7.12
		 6.6.3 背		 5.6.11			 5.7.20

憂 𢝊	慼	愧	𢞉	戀	慈 𢆶心	寇	寒
 1.1.16	 7.2.4	 5.3.9	 5.2.6	 4.6.4	 3.2.7	 5.3.22	 3.1.45
 1.3.31	 7.3.4	 5.3.21		 4.6.5	 3.2.8		
 2.4.16							
 2.5.3							

慽	慧	夏	𢝊				

1.1.4	1.3.38	3.4.7	3.1.28	7.8.6	5.7.4	4.6.6	3.1.41

		3.4.7	3.2.26		5.7.7	5.1.5	3.4.7
							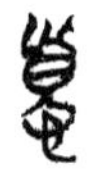
		3.4.7			5.7.14	5.1.9	4.4.10

					5.7.16	5.2.5	4.6.6

偯	慾	𢢔	㤙	慮	𢟪	慮	慝
 5.2.5	 3.3.3 正	 3.1.4	 3.3.13	 1.2.17	 5.7.2	 5.7.15	 6.7.1
	 3.3.5			 3.4.6			
				 5.4.7			
				 7.1.7			

惰 [illegible]	[illegible]	憙			[illegible]	憚 [illegible]	蕙
 3.2.18	 3.1.12	 1.1.18	 2.6.3	 5.7.6	 6.7.4	 4.8.34	 4.5.16
		 1.1.21	 2.6.3	 5.7.7			 6.1.6
		 1.1.22	 4.8.55	 6.8.6			
		 1.3.1	 4.8.61	 6.9.5			

憧	憎	憮	憐 (吅/忞)	慶	懇	(新/心)	(雁/心)
 3.2.4	 5.7.2	 6.7.2	 4.6.6	 1.2.8	 3.1.51	 7.8.4	 4.8.2 正
	 5.7.19		 4.8.5	 3.1.51	 3.1.53		
					 3.2.2		
					 3.2.7		

懖	⿰忄疌	⿱羽䙴	緩	⿰忄帛	懷	懽 ⿱萑心	⿱⿱亼隹心

2.5.3	3.1.4	3.1.24	3.2.13	6.7.7	6.7.6	3.2.22	4.7.3

		3.1.24	3.2.17				

		3.1.25					

憸	儉	懼	愳	戁			牀
 2.5.1	 4.7.3	 5.7.4	 2.5.3	 3.2.12	 4.6 附	爿部	 5.3.9
 2.7.6		 6.4.1	 5.4.8	 3.2.20	 5.6.4		 5.7.10
 4.8.60		 6.4.3	 7.1.5	 3.2.21	 6.2.26		
 4.8.61				 3.4.2			

⿰爿未	⿰爿盾	⿰爿言	⿰爿帚	⿰爿賓	牆 ⿰爿章		毋
 5.6.22	 6.8.7	 3.1.7	 6.8.11	 6.7.13	 1.1.28	**毋部**	 1.2.12
	 6.9.6		 6.9.10	 6.7.13	 5.7.19		 1.2.12
					 7.6.27		 1.2.12
							 1.3.31

 5.5.2	 5.3.17	 4.8.5	 4.6.6	 3.4.8	 2.7.13	 2.1.12	 2.1.1
 5.5.6	 5.4.5	 4.8.37	 4.6.7	 4.3.2	 2.7.20	 2.5.2	 2.1.1
 5.5.6	 5.4.7	 5.2.3	 4.6.8	 4.6.6	 3.4.2	 2.6.1	 2.1.2
 5.5.6	 5.4.9	 5.2.7	 4.6.9	 4.6.6	 3.4.8	 2.6.1	 2.1.3

母

2.3.2	2.2.10	7.2.4	7.1.8	5.6.8	5.5.7	5.5.7	5.5.6

2.3.3	2.2.12	7.2.5	7.1.9	6.1.7	5.6.3	5.5.7	5.5.7

2.3.3	2.2.13	7.3.5	7.1.10	6.2.13	5.6.3	5.5.7	5.5.7

2.3.4	2.3.1	7.8.7	7.1.10	7.1.6	5.6.7	5.5.7	5.5.7

 4.8.34	 4.8.25	 4.8.20	 4.7.1	 4.5.12	 4.4.4	 3.4.8	 3.1.14
 4.8.35	 4.8.27	 4.8.21	 4.8.17	 4.5.13	 4.4.8	 4.1.2	 3.1.18
 4.8.35	 4.8.29	 4.8.22	 4.8.17	 4.5.15	 4.4.9	 4.1.6	 3.1.44
 4.8.37	 4.8.31	 4.8.25	 4.8.20	 4.6附	 4.5.11	 4.4.3	 3.2.18

 5.7.10	 5.7.10	 5.7.5	 5.7.2	 5.3.21	 5.3.11	 4.8.60	 4.8.37
 5.7.10	 5.7.10	 5.7.9	 5.7.4	 5.3.22	 5.3.19	 4.8.63	 4.8.52
 5.7.10	 5.7.10	 5.7.9	 5.7.4	 5.7.1	 5.3.19	 4.8.64	 4.8.52
 5.7.10	 5.7.10	 5.7.10	 5.7.4	 5.7.1	 5.3.19	 5.3.7	 4.8.58

社　　每

 2.7.20	示部	 7.6.15	 6.7.2	 5.7.12	 5.7.11	 5.7.11	 5.7.10
 4.6.8		 7.7.10	 6.7.14	 5.7.15	 5.7.11	 5.7.11	 5.7.10
 4.8.37		 7.8.8	 7.7.15	 5.7.15	 5.7.11	 5.7.11	 5.7.10
 6.7.4			 7.6.23	 5.7.19	 5.7.12	 5.7.11	 5.7.11

祀		⿸尸示	材	⿰礻圭	⿰土示	社	
 3.1.43	 6.9.3	 7.6.2	 5.7.2	 5.8.2 背	 5.4.3	 2.2.6	 6.7.17
 4.6.8		 7.6.16	 5.7.9	 7.8.5		 4.5.18	 6.8.9
 5.7.7		 6.4.1	 5.7.14			 7.8.2	 6.9.9
 5.7.8		 6.8.3					

	神		祖	⿱祈⿰口立	祈	⿰礻升	
 4.5.6	 2.7.40	 3.4.7	 3.4.1	 7.1.2	 7.1.12	 4.4.1	 5.7.9
 4.8.63	 3.3.4	 5.1.2	 3.4.1	 7.1.2			 5.7.13
 5.1.7	 4.5.6	 5.1.2	 3.4.2				
 5.7.2	 4.5.6	 6.1.10	 3.4.3				

祝

 6.1.7	 6.1.4	 4.1.1	 7.6.24	 7.6.5	 6.4.1	 5.8.1	 5.7.4
 6.1.7	 6.1.5	 4.6.8	 7.7.4	 7.6.8	 7.2.3	 5.8.2	 5.7.8
 6.1.8	 6.1.5	 6.1.2	 7.7.17	 7.6.12	 7.2.4	 5.8.4	 5.7.9
	 6.1.7	 6.1.2	 7.7.17	 7.6.24	 7.3.4	 6.1.12	 5.7.20

祭

3.1.43

3.1.57

3.2.6

4.5.3

4.5.4

4.5.5

4.5.7

4.5.7

5.1.2

5.1.3

5.1.3

5.1.4

5.1.4

5.2.7

5.2.7

5.7.13

6.1.12

6.1.13

6.1.13

7.4.5

7.5.5

7.6.7

7.7.6

格

4.4.1

4.4.1

⿱句示

5.7.3

崇

1.1.9

1.2.9

3.4.1

4.5.5

4.5.6

4.5.21

4.8.24

4.8.50

5.3.20

5.7.1

5.7.2

5.7.5

5.7.5

5.7.5

5.7.10

6.3.1 正

福

1.1.12

3.1.45

3.1.57

3.4.5

5.1.4

5.7.5

5.7.14

6.1.6

6.2.15

6.7.2

7.1.10

7.8.8

7.8.8

⿰礻盧	⿰礻青	⿰礻容	⿱隹示	⿱化示	⿰礻骨	⿰礻化	禍

6.1.8	3.1.5	4.4.5	5.2.3	7.1.8	5.7.13	5.1.8	4.4.9

	3.1.20			7.1.9	5.7.14		

	3.1.21			7.1.9	6.4.1		

	3.1.56			7.2.4	6.7.9		

甘部

甘

1.1.10

1.1.13

1.1.15

1.1.24

4.8.53

4.8.53

石部

石

1.3.3

2.3.4

2.3.4

3.1.14

砧

1.2.18

1.2.18

砥

4.8.39

4.8.39

硤

6.7.8

碩	磨 ⿱石林	礪			⿱礪土		目
 3.1.36	 1.2.18	 3.1.5	 3.1.30	 3.1.49	 3.1.22	**目部**	 2.1.6
 4.1.1		 3.1.18	 3.1.33	 3.1.50	 4.8.39		 5.5.2
		 3.1.25	 3.1.38	 3.1.53	 4.8.39		 5.5.6
		 3.1.30	 3.1.41	 3.1.57			 5.8.5

⿱相又		相					
 5.6.18	 4.5.9	 5.6.12	 4.2.1	 2.6.1	 2.1.4	 7.4.7	 6.7.1
	 4.5.10	 6.1.11	 4.2.4	 3.2.16 正	 2.1.11	 7.5.5	 6.8.7
	 4.5.15	 6.7.4	 5.1.10	 3.2.22	 2.2.1	 7.5.6	 6.9.7
	 4.7.2	 7.8.5	 5.3.22	 3.3.4	 2.4.17		 7.4.5

省	眊	眡	眛	眚			
 4.4.3	 3.4.3	 1.2.1	 6.7.19	 1.1.16	 1.2.6	 1.3.2	 1.3.33
				 1.1.21	 1.2.7	 1.3.3	 1.3.33
				 1.1.24	 1.2.7	 1.3.3	 2.2.6
				 1.2.3	 1.3.1	 1.3.7	 2.4.6

罠	臭	睪	邑				
6.2.26	1.2.21	5.4.10	6.2.13	7.6.8	5.3.3	4.5.12	2.6.3
	6.2.14	7.4.8		7.6.28	5.3.5	4.5.14	2.7.48
		7.5.8		7.7.20	5.8.2	4.8.27	2.7.50
					7.1.15	5.2.5	3.4.7

瞑

2.7.37

瞙

3.1.48

瞻
⿰見詹

6.4.7

⿰睿爰

3.1.54

3.1.54

3.1.54

3.1.54

3.1.55

3.1.55

3.1.55

田部

田

1.1.25

2.2.2

2.7.18

5.2.3

6.8.5

6.9.4

7.4.3

7.5.2

畜	畋	禺	畏	畎	男	由	甲
 2.1.14	 3.1.8	 5.7.4	 2.7.50	 2.2.8	 2.7.16	 4.4.10	 3.1.18
 3.1.20	 5.1.10		 4.8.48	 6.6.5	 5.7.3	 4.8.24	 3.1.18
 3.1.30			 5.7.4	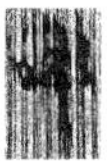 6.6.5	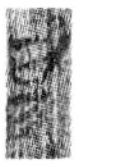 6.9.9	 6.4.1	
 4.6.3			 6.7.15				

釆	番			異	留		
 1.2.15	 6.1.9	 6.7.14	 4.8.7	 2.1.13	 4.4.1	 5.4.4	 4.6.3
	 6.7.18	 7.6.4	 4.8.8	 3.3.3 正			 4.6.5
	 7.6.15	 7.7.3	 6.2.17	 3.3.3 正			 4.8.21
	 7.7.10		 6.7.6	 3.3.4			 5.4.3

备	邍	奮 畓	疆	畺	畫	畋	晦 畮
 1.1.21	 3.1.9	 1.3.38	 4.5.16	 1.1.9	 2.2.10	 5.2.3	 2.2.8
 1.1.22		 5.7.1	 4.8.17				 2.7.52
			 7.6.6				
			 7.7.5				

⿰田嶲

3.1.17

⿰畀幸

7.6.19

7.7.13

7.7.13

皿部

盂

5.3.6

盈
⿰氵⿱王皿

5.7.8

6.7.17

盍

6.1.2

6.1.3

6.1.11

6.5.3

6.5.4

6.7.5

6.7.8

6.7.16

7.1.2

7.8.9

	𥃊	昷	[illegible]	盟	[illegible]	盅	盛
 7.7.4	 1.1.7	 2.2.2	 5.3.10	 2.2.7	 4.8.11	 3.1.18	 1.1.2
	 5.7.1		 6.4.4	 5.1.7	 5.7.13	 3.1.18	
	 7.6.5				 6.5.3	 3.1.18	
	 7.6.8					 3.1.18	

⿱⿰酉夆皿	⿱⿰酉去皿	⿱蜀皿	盤	盥 鋻	監		盜
 6.5.3	 6.5.3	 5.2.3	 4.8.50	 7.1.8	 2.2.11	 5.4.5	 1.2.11
 6.5.4	 6.5.4	 5.2.5	 4.8.51		 5.7.12		 3.1.9
		 6.8.8	 4.8.53		 6.1.13		 3.3.3 正
		 6.9.7			 6.1.13		 5.3.6

畫 ⿱聿⿱一田	盬 ⿱鹵皿	⿰氵⿱鹵皿	生部	生			
 1.2.12	 2.7.3	 5.2.5		 1.2.19	 2.2.10	 3.3.2	 3.3.3 正
 1.2.12				 1.3.2	 2.7.24	 3.3.2	 3.3.3 正
				 1.3.8	 2.7.33	 3.3.2	 3.3.3 正
				 2.1.4	 3.2.23	 3.3.2	 3.3.3 正

 6.2.23	 5.6.2	 4.8.54	 3.3.9	 3.3.5	 3.3.4	 3.3.4	 3.3.3 正
 6.7.1	 5.6.8	 5.1.7	 3.3.12	 3.3.6	 3.3.4	 3.3.4	 3.3.3 正
 6.7.18	 5.8.5	 5.1.8	 4.1.3	 3.3.6	 3.3.4	 3.3.4	 3.3.3 正
 6.8.5	 6.1.9	 5.2.3	 4.8.47	 3.3.6	 3.3.5	 3.3.4	 3.3.3 正

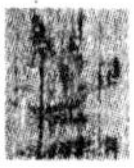

産

 6.9.5	 7.6.2	 7.6.12	 7.6.21	 7.7.5	 7.8.6	 5.5.11
 7.1.7	 7.6.5	 7.6.13	 7.7.1	 7.7.7		
 7.1.7	 7.6.6	 7.6.21	 7.7.2	 7.7.9		
 7.6.1	 7.6.9	 7.6.21	 7.7.4	 7.7.18		

矢部

矢 屰

1.1.22

2.7.18

3.1.37

6.7.12

7.6.12

矣

1.1.2

1.1.2

1.1.3

1.1.3

1.1.5

1.1.6

1.1.7

1.1.9

1.1.11

1.1.14

1.1.15

1.1.27

2.1.3

2.1.5

2.1.7

2.1.8

2.1.9

2.1.9

2.1.9

2.2.7

2.2.8

2.2.9

3.2.20

3.4.4

4.7.2

4.8.1

4.8.7

4.8.33

4.8.40

4.8.44

4.8.44

4.8.52

4.8.65

5.1.7

5.2.6

5.2.6

5.3.11

5.3.13

5.3.15

5.3.23

5.8.2

5.8.3

6.1.1

6.1.6

6.2.1

6.2.9

6.2.24

6.7.7

7.4.8

7.5.8

7.8.9

⿰矢介	⿰矢介	⿱日矢	矰		禾	秀	秉
 3.1.14	 7.6.5	 5.7.11	 5.7.20	**禾部**	 2.1.13	 2.7.34	 1.1.5
	 7.7.4				 7.6.20	 5.5.7	 1.1.6
					 2.7.7		 1.2.5
							 5.7.12

	禝	稷	梁 禾刅	秦	采	秋 稂	
 5.4.3	 2.2.6	 1.1.24	 5.2.1	 1.1.29	 2.2.8	 5.2.7	 6.7.2
 7.8.2	 2.7.28	 2.2.12	 5.2.1			 6.7.10	
 7.8.5	 2.7.28	 2.2.13				 6.3.1 正	
	 4.5.18	 6.7.8					

穆	種	穫	穖		白		
 1.2.17	 6.5.2	 3.1.20	 4.8.1	**白部**	 1.1.26	 4.1.4	 7.4.2
 4.1.1		 4.8.20	 4.8.7		 1.2.1	 4.8.32	 7.5.1
		 5.3.12	 4.8.64		 1.2.18	 5.6.19	 7.5.2
			 4.8.64		 3.4.6	 7.4.1	 7.6.18

百

 5.2.4	 5.1.3	 4.8.1	 4.5.12	 2.7.27	 1.2.7	 1.1.13	 7.6.18
 5.3.3	 5.1.8	 4.8.27	 4.5.14	 2.7.28	 2.2.6	 1.2.3	 7.7.13
 5.3.5	 5.2.1	 4.8.36	 4.7.3	 2.7.50	 2.4.6	 1.2.6	 7.8.6
 5.3.17	 5.2.3	 4.8.36	 4.8.1	 3.4.7	 2.7.7	 1.2.7	

皇

 2.1.2	 7.7.15	 7.6.25	 7.6.8	 7.4.3	 6.9.6	 5.7.12	 5.4.1
 2.1.6	 7.7.18	 7.6.28	 7.6.16	 7.4.4	 7.1.4	 5.7.15	 5.4.1
 5.7.7	 7.7.20	 7.7.11	 7.6.22	 7.5.3	 7.1.11	 5.8.2	 5.4.5
 5.7.7		 7.7.15	 7.6.23	 7.5.4	 7.1.15	 6.8.7	 5.4.9

皆

 4.8.53	 4.5.19	 4.2.4	 4.2.2	 2.7.20	 1.1.8	 6.3.4 下	 5.7.8
 4.8.56	 4.8.14	 4.5.15	 4.2.3	 3.2.24	 1.1.10	 6.3.4 下	 5.7.10
 4.8.60	 4.8.32	 4.5.16	 4.2.3	 3.2.25	 2.7.1	 6.3.5	 6.1.12
 4.8.60	 4.8.52	 4.5.17	 4.2.4	 4.2.2	 2.7.10	 7.1.7	 6.2.22

				瘧		⿸疒内	病 ⿸疒方
 4.8.62	 5.3.5	 6.1.10	 7.8.9	 2.2.1	疒部	 6.1.10	 4.5.2
 5.1.9	 5.3.17	 6.1.10	 1.3.8	 2.2.9			 4.5.2
 5.2.1	 5.6.14	 7.2.6		 4.4.10			 4.5.5
 5.2.5	 5.6.18	 7.3.6		 6.2.17			 4.5.8

瘔	瘚	瘙	瘤			疾	

6.1.10	4.5.18	6.1.1	4.5.18	7.8.1	4.6.8	1.3.35	4.5.22

		6.1.9	7.8.1		4.8.44	3.1.15	

		6.1.13			5.4.6	3.1.21	

					6.4.4	3.1.30	

㾇	瘧	瘟	瘙	瘦		立	
 5.7.13	 6.1.1	 6.1.1	 4.5.5	 4.5.20	立部	 1.1.24	 1.2.13
	 6.1.2	 6.1.2	 4.5.8			 1.1.27	 2.7.7
	 6.1.2 背		 4.5.20			 1.2.2	 2.7.7
						 1.2.7	 2.7.9

 6.8.2	 6.6.1	 5.7.10	 5.4.7	 4.8.24	 3.2.24	 2.7.37	 2.7.13
 6.8.2	 6.6.1	 6.2.15	 5.4.7	 5.3.8	 4.5.1	 2.7.40	 2.7.28
 6.8.6	 6.7.18	 6.2.21	 5.4.9	 5.4.4	 4.6.1 正	 3.2.23	 2.7.29
 6.9.2	 6.7.19	 6.3.5	 5.4.10	 5.4.6	 4.6.8	 3.2.24	 2.7.30

章　　竝　　卲

6.7.18	1.2.6	1.1.14	3.1.45	2.7.24	7.6.3 正	7.1.3	6.9.2
6.7.19	2.5.2	1.1.25	7.6.4	6.6.3 正	7.7.3	7.1.10	6.9.2
	3.1.41	1.2.1	7.7.3	7.8.9	7.7.3	7.2.4	6.9.6
	3.1.51	1.2.1				7.6.3 正	7.1.2

童

1.1.10

2.2.2

5.3.5

6.2.15

6.4.1

7.8.1

競

1.1.6

2.7.25

4.8.41

5.1.1 反

6.1.1

6.1.2 背

6.5.1

穴部

穼

5.3.11

穽

2.5.1

3.2.10

窔

6.8.12

窮

6.2.24

7.6.20

7.7.14

窺
規

2.7.10

6.2.15

竈
竂

7.8.1

疋部

疋

1.1.10

1.1.10

1.1.11

2.7.1

3.1.38

3.1.41

4.1.1

5.8.3

6.7.2

6.7.3

壹

5.8.5

6.3.9

6.6.1

疏

綖

7.2.5

7.3.5

疑

矣

1.2.23

6.2.8

6.2.15

㤅

1.1.14

2.5.3

3.3.10

6.6.6

㥞

1.2.2

1.2.3

1.2.22

皮部

皮

1.2.10

3.1.56

3.4.1

4.5.10

5.8.6

6.6.3 正

癶部

發

2.6.4

4..5.16

5.5.7

5.8.7

6.1.5

6.7.11

⿰止止

5.1.3

登

3.4.4

6.1.8

癸

7.6.23

7.7.15

矛部

⿱矛人

2.6.4

3.3.8

5.8.5

務 矛

5.3.1

5.3.2

耒部

耕 ⿰耒爭

3.1.20

4.5.23

4.5.23

老部

老

2.6.1

3.2.3

3.2.7

3.2.8

3.4.1

3.4.3

3.4.8

4.4.3

4.4.8

5.2.3

5.6.5

5.6.20

7.6.5

7.7.4

者　　　　考

1.3.7	1.2.22	1.2.1	1.1.10	1.1.8	1.1.1	5.6 附	1.1.8
1.3.8	1.3.2	1.2.6	1.1.11	1.1.9	1.1.3	6.7.12	4.6.8
1.3.31	1.3.2	1.2.9	1.1.18	1.1.9	1.1.4	6.7.15	4.6.8
1.3.35	1.3.7	1.2.13	1.1.24	1.1.9	1.1.5		4.6.9

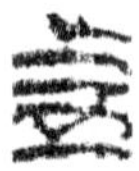

 2.7.44	 2.7.24	 2.7.10	 2.6.1	 2.2.13	 2.2.5 正	 2.1.4	 1.3.35
 2.7.49	 2.7.38	 2.7.18	 2.7.3	 2.2.13	 2.2.8	 2.1.4	 1.3.38
 2.7.50	 2.7.44	 2.7.19	 2.7.3	 2.3.1	 2.2.9	 2.1.4	 1.3.38
 2.7.57	 2.7.44	 2.7.22	 2.7.5	 2.4.9	 2.2.11	 2.2.1	 2.1.3

 4.6.1 正	 4.5.12	 4.5.3	 3.3.13	 3.3.10	 3.2 附	 3.2.19	 3.2.6
 4.6.2	 4.5.16	 4.5.3	 3.4.7	 3.3.10	 3.3.1	 3.2.20	 3.2.10
 4.6.2	 4.5.23	 4.5.11	 3.4.7	 3.3.10	 3.3.3 正	 3.2.21	 3.2.11
 4.6.2	 4.6.1 正	 4.5.12	 3.4.7	 3.3.11	 3.3.8	 3.2.22	 3.2.16 正

 4.8.61	 4.8.56	 4.8.47	 4.8.45	 4.8.19	 4.6.4	 4.6.3	 4.6.2
 4.8.61	 4.8.56	 4.8.49	 4.8.47	 4.8.28	 4.6.4	 4.6.3	 4.6.2
 4.8.64	 4.8.57	 4.8.55	 4.8.47	 4.8.37	 4.6.4	 4.6.3	 4.6.3
 4.8.65	 4.8.59	 4.8.55	 4.8.47	 4.8.45	 4.7.4	 4.6.4	 4.6.3

 5.6.14	 5.6.5	 5.4.5	 5.3.23	 5.3.7	 5.1.8	 5.1.7	 5.1.3
 5.6.18	 5.6.6	 5.4.9	 5.4.3	 5.3.7	 5.2.2	 5.1.7	 5.1.3
 5.6.18	 5.6.6	 5.5.10	 5.4.4	 5.3.15	 5.3.1	 5.1.7	 5.1.3
 5.6附	 5.6.9	 5.6.5	 5.4.4	 5.3.17	 5.3.6	 5.1.8	 5.1.4

 6.9.6	 6.8.3	 6.2.12	 6.1.9	 6.1.6	 5.8.3	 5.8.1	 5.7.2
 7.1.15	 6.8.7	 6.2.16	 6.2.1	 6.1.7	 5.8.4	 5.8.2	 5.7.2
 7.1.15	 6.8.13	 6.2.16	 6.2.8	 6.1.8	 6.1.2	 5.8.3	 5.7.13
 7.2.2	 6.9.2	 6.2.21	 6.2.11	 6.1.8	 6.1.5	 5.8.3	 5.7.21

7.3.2

7.4.8

7.4.9

7.5.8

7.5.9

耈

5.2.3

耇

5.6.5

耆

1.2.6

耳部

耳

2.1.6

5.5.2

7.4.6

7.5.6

7.6.10

7.6.13

聖

 5.4.8	 4.8.34	 4.6.10	 2.7.31	 2.6.4	 2.1.12	 2.1.7	 1.1.3
 5.5.2	 4.8.35	 4.6.10	 2.7.33	 2.7.12	 2.1.12	 2.1.8	 1.2.11
 5.5.2	 5.2.1	 4.8.10	 4.5.10	 2.7.18	 2.1.13	 2.1.10	 1.3.3
 5.5.6	 5.2.2	 4.8.11	 4.5.19	 2.7.30	 2.6.1	 2.1.11	 2.1.6

聚

 2.4.6	 7.7.8	 7.6.16	 7.5.3	 6.2.6	 6.1.7	 5.8.1	 5.6.4
 4.5.8	 7.7.11	 7.6.16	 7.5.3	 7.1.12	 6.1.9	 5.8.3	 5.6.19
 4.8.23	 7.7.11	 7.6.19	 7.6.10	 7.4.3	 6.2.4	 6.1.4	 5.7.13
 4.8.54	 7.7.13	 7.6.27	 7.6.13	 7.4.3	 6.2.4	 6.1.5	 5.7.15

5.7.15

6.2.26

6.8.10

聶

6.7.12

7.8.6

聽
耶

1.2.11

1.3.14

臣部

臣

1.2.2

1.2.4

1.2.11

2.7.46

3.1.30

3.1.35

3.2.3

3.4.1

4.4.8

4.4.8

4.4.9

4.5.15

4.5.23

4.6.1 正

4.6.1 正

4.6.2

 6.4.5	 6.3.6	 5.4.6	 5.1.2	 4.8.28	 4.8.13	 4.8.5	 4.6.2
 6.4.5	 6.3.7	 5.7.4	 5.1.7	 4.8.40	 4.8.14	 4.8.7	 4.6.2
 6.5.2	 6.3.8	 6.1.10	 5.2.5	 4.8.42	 4.8.18	 4.8.8	 4.6.5
 6.7.13	 6.3.8	 6.3.6	 5.4.5	 4.8.64	 4.8.21	 4.8.8	 4.6.5

臤

 5.5.12	 5.3.18	 4.8.9	 3.2.9	 2.7.17	 2.7.1	 1.1.10	 7.1.12
 5.5.14	 5.3.21	 4.8.9	 3.2.10	 2.7.39	 2.7.10	 1.2.10	 7.8.7
 5.5.15	 5.3.22	 4.8.36	 3.2.19	 2.7.37	 2.7.12	 2.2.6	 7.8.9
 5.6.5	 5.5.11	 5.3.10	 3.4.8	 3.2.7	 2.7.13	 2.2.8	

5.6.15

堅
臤

6.6.1

臨

4.5.1

5.3.4

5.6.9

5.7.22

6.6.6

6.8.11

6.8.11

6.8.11

6.9.10

6.9.10

6.9.11

5.6.9

4.5.14

西部

西

2.7.31

3.1.17

3.1.35

3.1.37

3.1.57

4.8.1

5.6.18

6.1.10

7.1.3

4.1.2

而部

1.1.2

1.1.2

1.1.2

1.1.3

1.1.4

1.1.9

1.1.10

1.1.19

1.1.20

1.1.20

1.1.22

1.1.23

1.1.25

1.1.26

1.1.28

1.1.28

 2.2.6	 2.1.7	 2.1.6	 1.2.23	 1.2.19	 1.2.15	 1.2.2	 1.1.29
 2.2.8	 2.1.10	 2.1.6	 1.2.23	 1.2.19	 1.2.17	 1.2.8	 1.1.29
 2.2.8	 2.2.1	 2.1.6	 1.3.8	 1.2.19	 1.2.17	 1.2.10	 1.2.1
 2.2.8	 2.2.5 正	 2.1.7	 2.1.1	 1.2.22	 1.2.18	 1.2.11	 1.2.2

 2.7.12	 2.7.6	 2.7.3	 2.4.18	 2.4.14	 2.2.11	 2.2.10	 2.2.9
 2.7.13	 2.7.7	 2.7.5	 2.5.1	 2.4.14	 2.2.12	 2.2.10	 2.2.9
 2.7.14	 2.7.9	 2.7.6	 2.7.1	 2.4.17	 2.3.3	 2.2.11	 2.2.9
 2.7.14	 2.7.9	 2.7.6	 2.7.1	 2.4.18	 2.4.8	 2.2.11	 2.2.10

 2.7.16	 2.7.17	 2.7.19	 2.7.19
 2.7.30	 2.7.34	 2.7.37	 2.7.39
 2.7.39	 2.7.39	 2.7.39	 2.7.40
 2.7.42	 2.7.42	 2.7.43	 2.7.43
 2.7.43	 2.7.44	 2.7.44	 2.7.48
 2.7.48	 2.7.50	 2.7.52	 3.1.17
 3.1.20	 3.1.22	 3.1.50	 3.2.8
 3.2.10	 3.2.10	 3.2.13	 3.2.26

 4.6.6	 4.5.17	 4.5.12	 4.5.5	 4.5.1	 3.4.1	 3.3.11	 3.3.2
 4.6.7	 4.5.17	 4.5.14	 4.5.9	 4.5.2	 3.4.1	 3.3.13	 3.3.4
 4.6 附	 4.5.20	 4.5.14	 4.5.11	 4.5.3	 4.4.7	 3.3.12	 3.3.4
 4.7.4	 4.6.6	 4.5.14	 4.5.12	 4.5.4	 4.4.7	 3.2.16	 3.3.5

 4.8.64	 4.8.54	 4.8.27	 4.8.17	 4.8.12	 4.8.9	 4.8.6	 4.8.2 正
 5.1.2	 4.8.54	 4.8.27	 4.8.21	 4.8.13	 4.8.9	 4.8.7	 4.8.3
 5.1.6	 4.8.54	 4.8.37	 4.8.21	 4.8.14	 4.8.10	 4.8.7	 4.8.3
 5.1.8	 4.8.62	 4.8.45	 4.8.23	 3.2.16	 4.8.12	 4.8.8	 4.8.5

 5.4.5	 5.4.3	 5.3.21	 5.3.15	 5.3.4	 5.2.7	 5.2.5	 5.1.9
 5.4.5	 5.4.4	 5.3.23	 5.3.17	 5.3.5	 5.2.7	 5.2.6	 5.1.10
 5.4.9	 5.4.4	 5.4.3	 5.3.18	 5.3.12	 5.3.3	 5.2.6	 5.2.1
 5.5.1	 5.4.4	 5.4.3	 5.3.19	 5.3.13	 5.3.3	 5.2.7	 5.2.1

 5.7.3	 5.6 附	 5.6.20	 5.6.9	 5.6.5	 5.6.1	 5.5.3	 5.5.1
 5.7.3	 5.7.1	 5.6.20	 5.6.9	 5.6.6	 5.6.1	 5.5.4	 5.5.2
 5.7.5	 5.7.2	 5.6.21	 5.6.9	 5.6.6	 5.6.2	 5.5.7	 5.5.2
 5.7.11	 5.7.2	 5.6.21	 5.6.15	 5.6.6	 5.6.4	 5.5.9	 5.5.2

6.2.27	6.2.16	6.2.8	6.1.4	5.8.6	5.8.3	5.7.15	5.7.13

6.4.2	6.2.21	6.2.9	6.1.6	5.8.8	5.8.3	5.7.17	5.7.14

6.6.4	6.2.24	6.2.9	6.1.9	5.8.8	5.8.3	5.7.19	5.7.14

6.6.4	6.2.26	6.2.10	6.2.3	6.1.3	5.8.4	5.8.2 背	5.7.15

6.7.4

6.7.5

6.7.7

6.7.7

6.7.8

6.7.9

6.7.10

6.7.10

6.7.10

6.7.11

6.7.11

6.7.12

6.7.13

6.7.14

6.7.15

6.7.15

6.7.15

6.7.16

6.7.17

6.7.17

6.7.19

6.7.19

6.7.19

6.7.19

6.7.20

6.7.20

6.8.5

6.8.5

6.8.12

6.8.12

6.8.12

6.8.12

6.9.4

6.9.4

6.9.11

7.1.1

7.1.2

7.1.3

7.1.3

7.1.3

7.1.7

7.1.10

7.1.10

7.1.11

7.1.13

7.1.15

7.1.15

7.2.1

7.2.2

7.2.4

7.2.5

7.3.1

7.3.2

7.3.5

7.4.1

7.4.1

7.4.2

7.4.4

7.4.5

7.4.5

7.4.7

7.5.1

7.5.1

7.5.2

 7.6.20	 7.6.17	 7.6.14	 7.6.12	 7.6.4	 7.6.2	 7.6.1	 7.5.4
 7.6.22	 7.6.17	 7.6.15	 7.6.13	 7.6.10	 7.6.2	 7.6.1	 7.5.4
 7.6.23	 7.6.17	 7.6.15	 7.6.13	 7.6.12	 7.6.3 正	 7.6.1	 7.5.5
 7.6.23	 7.6.20	 7.6.15	 7.6.13	 7.6.12	 7.6.3 正	 7.6.2	 7.5.7

 7.7.14	 7.7.10	 7.7.9	 7.7.2	 7.7.1	 7.6.29	 7.6.24	 7.6.24
 7.7.15	 7.7.12	 7.7.9	 7.7.2	 7.7.2	 7.6.29	 7.6.27	 7.6.24
 7.7.15	 7.7.12	 7.7.9	 7.7.4	 7.7.2	 7.7.1	 7.6.27	 7.6.24
 7.7.16	 7.7.14	 7.7.9	 7.7.8	 7.7.2	 7.7.1	 7.6.28	 7.6.24

耑

 7.7.10	 7.1.6	 7.1.2	 6.1.7	 2.7.47	 7.8.2	 7.7.17	 7.7.17
 7.7.14	 7.6.14	 7.1.6	 6.8.11	 3.3.9	 7.8.5	 7.7.17	 7.7.17
 7.7.18	 7.6.20	 7.1.6	 6.9.11	 4.8.30		 7.7.21	 7.7.17
	 7.6.25	 7.1.6	 7.1.1	 5.3.19		 7.8.1	 7.7.17

至部

1.1.2

1.1.5

1.1.18

1.2.7

1.3.35

2.1.2

2.1.2

2.1.3

2.1.3

2.1.3

2.1.4

2.1.4

2.1.4

2.1.4

2.1.5

2.1.5

2.5.5

2.7.19

3.1.2

3.1.2

3.1.37

3.1.37

3.1.44

3.2.6

3.2.16 正

3.2.23

4.4.2

4.4.5

 7.6.14	 6.6.6	 6.1.11	 5.7.3	 5.4.6	 5.2.7	 4.6.7	 4.4.7
 7.6.14	 7.6.4	 6.1.12	 5.7.20	 5.4.10	 5.2.7	 4.8.64	 4.4.9
 7.6.15	 7.6.9	 6.2.2	 5.8.4	 5.6.5	 5.2.8	 5.1.6	 4.5.1
 7.6.16	 7.6.9	 6.3.7	 5.8.4	 5.6.20	 5.2.8	 5.2.7	 4.5.4

臺

7.6.25

7.7.3

7.7.7

7.7.7

7.7.9

7.7.9

7.7.11

7.7.18

7.8.8

2.2.11

虍部

虎

2.1.2

2.1.3

2.1.5

3.1.25

4.1.4

4.2.2

5.7.18

虡

6.7.14

虛

 4.4.10	 4.1.2	 2.3.5	 2.3.3	 1.1.23	 1.1.22	 1.1.21	 1.1.6
 4.5.5	 4.1.6	 2.7.41	 2.3.4	 1.1.24	 1.1.22	 1.1.21	 1.1.6
 4.5.8	 4.4.5	 3.2.26	 2.3.4	 1.1.27	 1.1.22	 1.1.21	 1.1.16
 4.7.4	 4.4.10	 3.2.26	 2.3.5	 2.3.1	 1.1.22	 1.1.21	 1.1.20

 5.6.9	 5.6.6	 5.5.3	 5.4.7	 5.4.4	 5.1.8	 4.8.59	 4.7.4
 5.6.14	 5.6.6	 5.5.3	 5.4.7	 5.4.5	 5.3.11	 4.8.64	 4.8.10
 5.6.21	 5.6.7	 5.5.3	 5.4.7	 5.4.5	 5.4.2	 4.8.64	 4.8.13
 5.6.22	 5.6.9	 5.5.11	 5.5.1	 5.4.5	 5.4.4	 5.1.6	 4.8.51

 7.6.6	 7.6.3 正	 7.2.3	 6.2.22	 6.1.12	 6.1.2	 6.1.1	 5.8.4
 7.6.7	 7.6.4	 7.3.3	 6.3.1 正	 6.1.12	 6.1.2	 6.1.1	 5.8.4
 7.6.7	 7.6.4	 7.4.2	 6.4.2	 6.2.10	 6.1.2	 6.1.1	 5.8.4
 7.6.7	 7.6.6	 7.5.2	 6.5.2	 6.2.22	 6.1.3	 6.1.1	 5.8.4

虖　　虘

 4.8.20	 2.7.25	 1.1.12	 1.2.14	 7.7.13	 7.7.5	 7.7.3	 7.6.7
 4.8.40	 2.7.26	 1.1.13		 7.7.13	 7.7.6	 7.7.3	 7.6.8
 4.8.42	 2.7.46	 2.7.7			 7.7.6	 7.7.4	 7.6.18
 4.8.43	 2.7.52	 2.7.14			 7.7.6(残)	 7.7.5	 7.6.28

坒	虞		虛				
 6.1.9	 5.6.20	 3.3.10	 3.3.1	 6.3.6 上	 5.3.11	 4.8.50	 4.8.44
	 6.1.1	 5.7.8	 3.3.1		 6.3.3	 4.8.53	 4.8.46
	 6.1.13	 5.7.10	 3.3.1		 6.3.3	 4.8.54	 4.8.49
		 5.7.11	 3.3.2		 6.3.4 上	 4.8.60	 4.8.50

虢	⿸虍黑	⿸虍膚		蚘	蚩	蚤	⿱可䖵
 1.2.9	 1.2.4	 6.7.6	**虫部**	 5.8.7	 5.8.7	 6.1.10	 2.7.19
 6.7.5							 6.1.6

蜜 ⿱宀⿱必日	⿱宀⿱夆日	蚩	⿰虫忝	融 ⿰鬲䖵	蠅 ⿱黽䖵	⿱君䖵	⿱侃䖵
 1.1.28	 2.7.46	 6.7.5	 1.1.11	 3.1.25	 1.1.28	 5.2.8	 3.1.50
 2.1.8			 1.1.15	 5.8.5			
 5.3.19			 1.1.15	 5.8.7			

蠥	蠶	网部	罔	罡	罪 辠		
 5.1.7	 4.1.3		 6.7.11	 5.7.22	 2.7.48	 4.4.7	 4.8.27
					 3.2.7	 4.4.8	 4.8.37
					 3.2.8	 4.4.9	 5.1.2
					 3.2.10	 4.8.21	 5.3.20

羃　　　　罰　　　　蜀

羃		罰			蜀		
 5.7.12	 5.3.22	 1.2.15	 6.2.15	 3.3.3 正	 1.1.16	 6.1.7	 5.3.20
		 2.7.4		 5.5.9	 3.1.38	 6.2.3	 5.3.21
		 4.8.21		 5.5.9	 3.1.40	 6.2.4	 5.3.22
		 5.3.20		 6.2.15	 3.2 附	 6.7.15	 5.3.22

羅

3.1.56

4.5.1

6.8.4

6.9.4

肉部

肉

5.6.8

6.2.26

缶部

缶

3.1.9

缾

3.1.44

䍺

1.1.9

舌部

舌
䀠

3.1.27

6.7.10

舍

1.1.27

7.8.6

舒
𦧇

3.1.49

竹部

竺

2.7.9

竽

7.4.3

7.5.3

竿

5.7.21

6.7.11

節	筱	筮 箁	等	等	笑	笑 芺	芥
 1.3.12	 6.6.5	 3.1.9	 5.3.7	 4.8.41	 4.5.19	 6.3.7	 4.5.2
 4.8.44				 5.3.14	 5.7.11	 6.4.4	
 5.4.6					 5.8.2	 6.4.6	
 58.6.4						 3.1.42	

篙	管 筦					箸	
 2.2.13	 5.3.4	 7.6.16	 7.1.3	 7.1.2	 5.4.6	 1.3.8	 5.7.3
 2.7.46		 7.7.11	 7.1.13	 7.1.2	 5.4.7	 5.2.3	 5.7.3
 4.5.13			 7.1.13	 7.1.3	 5.4.10	 5.3.6	 6.7.1
 4.5.16			 7.1.15	 7.1.3	 5.5.16	 5.3.6	 6.7.11

⿱竹執　　⿱竹車

 4.5.15	 7.1.4	 7.7.9	 7.7.3	 7.6.11	 7.6.11	 7.6.4	 4.8.4
	 7.1.5	 7.7.9	 7.7.4	 477.6.12	 7.6.11	 7.6.4	 5.5.11
		 7.8.8	 7.7.4	 7.6.14	 7.6.11	 7.6.5	 5.5.12
			 7.7.5	 7.6.14	 7.6.11	 7.6.5	 5.5.15

篧

4.8.21

4.8.37

4.8.50

箽

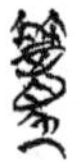

5.2.3

⿱竹舍

4.8.52

⿱竹果

4.5.15

⿱竹意

1.3.33

⿱竹壴

2.7.38

⿱竹敢

5.2.4

⿱竹膚

2.7.25

籚	籤 箋	臼部	𦦁	𦦙	舊		𦥸
 5.1.3	 5.5.10		 5.3.18	 6.8.12	 2.2.9	 6.2.18	 5.4.7
				 6.9.11	 3.1.5	 6.2.22	
					 3.1.44		
					 3.2.8		

 3.1.33	 7.8.5			
自部				
 1.1.7	 1.2.20	 1.2.21	 1.3.2	
 2.5.1	 2.7.9	 2.7.19	 2.7.42	
 3.1.9	 3.1.11	 3.1.24	 3.1.32	
 3.1.41	 3.2.18	 3.3.1	 3.3.1	
 3.3.2	 3.3.2	 3.3.2	 3.3.3 正	
 3.3.7	 3.3.11	 3.3.11	 3.4.7	

	 7.8.9	 7.6.6	 6.7.9	 6.7.3	 4.8.63	 4.4.8	 3.4.7
		 7.6.18	 6.7.9	 6.7.6	 5.4.9	 4.5.1	 4.2.1
		 7.7.5	 6.7.9	 6.7.7	 6.1.10	 4.8.22	 4.2.4
		 7.7.13	 6.7.11	 6.7.8	 6.1.11	 4.8.34	 4.4.4

血部

3.1.2

3.1.55

2.4.8

2.7.42

5.3.10

5.3.22

5.4.3

5.4.4

5.4.8

5.4.10

5.5.6

5.6.10

6.1.8

6.2.15

6.2.25

6.7.9

6.7.15

6.7.17

6.7.17

6.7.17

6.7.18

6.8.10

7.6.20

7.6.29

7.7.14

舟 ⿰舟乇 色 衣

舟部

1.1.26

6.3.3

6.3.4上

色部

1.1.10

1.1.14

4.5.16

4.5.17

5.2.5

5.5.5

5.6附

5.8.8

衣部

1.1.10

1.1.16

1.2.1

1.2.9

被	袒	衿	衽	衰			

4.4.6	5.7.9	5.7.9	4.4.7	1.1.3	6.5.2	5.7.8	1.2.20

4.4.6				1.1.8		5.7.9	2.4.7

4.4.7				5.2.2		6.2.7	3.1.57

4.4.7						6.2.19	4.4.10

褱	⿴衣戚	⿰衤金	⿰衤尚	衾	裏	⿰衤呆	衺
 1.1.7	 5.4.6	 4.4.7	 3.1.44	 5.4.6	 3.4.2	 4.4.7	 3.3.3 正
 1.2.21	 5.4.7			 5.4.7			 3.3.3 正
 3.1.53							
 5.7.4							

褫	[illegible]	[illegible]	褻	羊部	羊	羕	
 3.1.6	 4.5.4	 5.6.15	 4.7.3		 3.1.38	 2.2.1	 2.2.9
	 4.5.4	 5.6.21	 4.8.11		 5.3.10	 2.2.5 背	 2.2.13
	 4.5.5	 5.6.21				 2.2.6	
	 4.5.5					 2.2.8	

羕

2.7.13

3.1.9

3.1.47

3.1.48

義

3.4.1

4.5.23

1.1.22

1.2.3

1.2.16

1.2.17

1.2.20

1.2.23

1.3.2

1.3.2

2.7.9

4.8.36

5.3.7

5.4.4

5.4.7

5.5.1

5.5.2

5.5.2

5.5.2

5.8.1

6.6.4

6.8.3

6.8.3

6.8.4

6.8.6

6.8.8

彝　　章　　羣

	 1.3.14	 3.1.49	 4.8.23	 1.3.7	 7.1.4	 6.9.7	 6.9.2
			 5.1.2	 2.7.41		 7.1.4	 6.9.3
			 5.1.10	 3.1.54		 7.1.4	 6.9.3
			 6.7.7	 4.8.21		 7.1.4	 6.9.6

聿部

聿

3.1.7

𦘒

2.1.9

2.7.49

3.2.25

4.8.8

4.8.32

4.8.56

7.4.6

7.5.6

肅

1.1.5

米部

精

6.6.1

糏

6.7.14

糧	糧	艮部	艮	艮	良	良	良
5.2.3	6.7.8		3.1.48	3.1.49	3.1.22	4.5.19	6.1.3
5.1.4			3.1.48	3.1.49	3.4.4	4.8.54	6.7.3
5.1.4			3.1.48		4.1.3	4.8.55	6.7.12
			3.1.49		4.4.9	6.1.2	6.7.15

7.2.5

7.3.5

艸部

卉

2.2.5 正

5.7.1

7.6.12

7.6.13

芋

1.1.9

4.2.2

5.1.9

5.7.8

芒

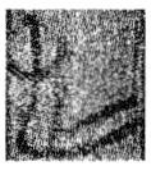
3.1.32

3.1.38

6.4.5

6.8.4

6.8.4

6.8.12

6.9.4

6.9.4

6.9.11

7.2.1

7.3.1

7.8.3 正

7.8.5

芬	芺	芾	芫	芙	⿱艹女	芑	艺
 3.1.23	 2.2.12	 3.1.51	 5.5.10	 6.6.5	 2.5.3	 2.7.42	 3.1.41
		 3.1.51			 6.4.1		

					若	茇	芸
 6.1.13	 4.6.7	 4.2.2	 3.4.2	 3.3.2	 2.2.8	 3.1.51	 3.1.39
 6.4.5	 5.7.13	 4.5.9	 4.2.1	 3.3.11	 3.1.42		
 6.4.6	 5.8.5	 4.5.10	 4.2.1	 3.4.2	 3.2.8		
 6.7.11	 6.1.3	 4.5.13	 4.2.2	 3.4.2	 3.2.17		

英

6.7.12

6.7.13

7.6.17

7.6.18

7.7.12

7.7.13

7.8.2

4.2.1

4.2.2

茋

1.1.18

1.1.19

3.1.41

茅

2.2.5 正

6.6.5

6.7.16

荳

5.6.5

荅

2.7.1

5.7.17

5.8.5

華

3.2.23

莉	莪	莧					莫

2.2.3	1.1.9	3.1.39	6.7.10	5.7.22	4.8.50	4.3.1	3.1.30

	1.1.26		6.7.17	6.2.25	5.4.4	4.3.2	3.1.38

			7.4.5	6.6.2	5.6.4	4.3.2	3.3.2

			7.5.5	6.7.8	5.6.8	4.3.2	4.3.1

萻	葛		萬	蕩	葉	萎	菜

6.1.9	3.1.43	7.1.15	2.7.10	4.1.3	6.7.15	2.7.14	3.1.21

	4.1.1	7.4.9	2.7.43				

	5.3.8	7.5.8	4.2.4				

		7.6.29	5.8.2				

蓄	蒥	蒿	蒼	蓏	葺	蓁	蒝

6.7.8	1.2.21	3.1.2	2.7.22	2.7.26	4.8.48	2.7.31	2.1.2

		4.5.15	4.7.3				

莖	薣	蔑	蔞	蔽	蔈	葴 莪	葦
 3.1.51	 4.8.13	 1.1.9	 2.7.25	 1.2.17	 1.2.9	 5.7.3	 4.1.3
	 4.8.22	 4.8.2 背					 4.3.1
	 4.8.64	 5.8.6					
		 6.1.7					

蕝 [illegible]	蕁	蕤	蔓	藘	薦	薛	萬

1.2.12	1.1.2	4.4.5	4.8.56	5.7.13	2.2.12	7.6.9	1.1.16

				5.7.13		7.7.7	

萬	藏 藏	薾	薵	華	藇	薺	䕎
1.1.16	3.1.38	7.4.9	6.5.5	6.1.8	4.2.3	1.1.28	5.7.6
	3.1.40	7.5.9	6.5.5				
	3.1.54		6.5.5				

藥	蘅 萸	薂	薑		羽		羿
 1.3.8	 6.1.8	 4.8.13	 3.1.43	**羽部**	 4.1.4	 5.5.11	 4.5.15
 2.4.16		 4.8.22			 4.1.4		
 2.5.3					 4.1.4		
 3.1.21					 4.1.4		

習	翏	⿱羽居	翯	⿱羽能	⿱羽憲
 1.3.7	 1.1.26	 7.6.10	 5.4.8	 5.3.1	 5.2.6
 1.3.7	 6.1.10	 7.7.8	 5.4.9		
 3.3.10			 5.4.9		
			 5.4.10		

糸部

約
 2.7.50
 5.6.6
 6.1.8
 6.1.10

	索	紋	紽		絽	紀	級
 7.2.5	 1.2.15	 4.2.1	 5.3.3	 6.7.19	 2.2.7	 4.8.16	 5.1.1
 7.3.5	 2.4.47	 4.2.3			 3.4.5	 4.8.26	 5.2.9
	 2.7.52	 4.2.4			 3.4.5		
	 3.4.6				 6.7.6		

	終	組 縵		繣	緇	紳	紋
 3.1.4	 1.2.17	 5.6.15	 6.3.7	 4.8.21	 4.8.36	 1.1.2	 5.2.7
 3.1.5	 2.7.6		 6.3.8	 6.3.5	 6.3.4 下		
 3.1.5	 3.1.2		 6.5.1	 6.3.5	 6.3.8		
 3.1.9	 3.1.4			 6.3.6			

絕 結 繫

𢇍

 5.7.16	 1.1.22	 3.1.57	 7.7.14	 7.6.18	 5.6.11	 3.1.50	 3.1.14
 6.2.15	 1.2.13		 7.7.18	 7.6.25	 5.6.16	 3.1.57	 3.1.18
 1.1.27	 2.7.1		 3.2.24	 7.7.3	 6.7.20	 3.4.2	 3.1.39
 1.1.29	 7.6.21			 7.7.13	 7.6.3 正	 3.4.3	 3.1.42

經	綔	絲	絴	䋲	絭		幽
 3.1.24	 7.8.2	 1.2.15	 7.2.5	 6.7.16	 5.8.7	 7.8.1	 1.2.22
 3.1.25			 7.3.5				 1.2.22
 3.4.2							 3.4.8
 4.6.10							 4.5.14

			絧	緐 絣	綌	絙 絚	
5.4.4	4.8.36	2.5.3	2.2.1	1.2.10	6.7.18	3.1.28	5.4.7
5.5.11	5.4.1	2.7.43	2.4.16	6.7.19	6.7.20	3.1.28	6.7.1
5.5.11	5.4.3	4.5.19	2.5.1				7.1.15
5.5.15	5.4.4	4.8.36	2.5.3				

緇 紂	緑	緍	綸	緊	緌	⿰糹詞	
 1.2.1	 1.1.10	 1.2.15	 3.4.2	 4.8.39	 3.1.38	 3.3.8	 5.5.16
	 1.1.16		 6.7.6	 4.8.39	 3.1.41		 6.8.5
							 6.9.5

練	緾	⿰糸耑	緩	⿰糸盈 ⿰糸呈	緥 繽	縸	縛
7.6.15	1.2.10	5.2.3	2.7.1	2.7.28	7.8.2	6.7.14	6.1.8
						6.7.20	

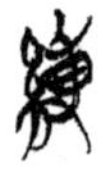

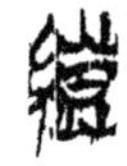

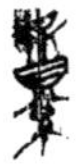

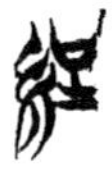

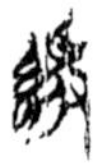

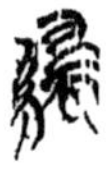

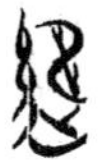

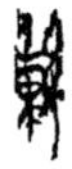

縷	緯		縈	緢	⿰糸⿰𠂤人	繹	縣

3.1.45	3.4.2	6.1.9	4.6.8	3.1.5	5.1.10	4.8.16	6.8.6

			5.7.14				6.9.6

			5.7.15				

			6.7.1				

繲	繫	繵	糹厓			繇	縱

3.1.37	3.1.40	6.7.2	6.1.8	6.2.6	5.4.9	3.1.25	5.2.4

3.1.37				6.4.1	5.4.9	4.8.20	

				6.4.2	5.6.10	4.8.42	

				6.7.7	5.6.17	5.3.13	

儽	⿰糸畾 纍	⿰糸違	纆	繼	⿰糸適	縩	繒
 2.7.44	 6.6.5	 6.7.16	 4.4.2	 6.7.6  6.7.14	 6.7.4	 3.4.8	 6.7.15

纆	緯	纏	⿰糸蟲	⿰糸暴		走	赴 辻
 5.2.3	 4.8.33	 4.8.18	 5.7.14	 3.4.2	**走部**	 3.1.54	 4.4.3
 5.2.3		 4.8.51				 7.8.1	 4.4.4
						 7.8.9	 6.2.22

赴	起 记					⿺走亘	⿺辶亘
6.7.10	2.7.41	4.8.55	5.7.18	6.7.15	7.6.15	6.2.2	3.2.1
	4.5.17	5.1.9	6.1.12	6.7.18	7.6.20	6.2.6	6.1.12
	4.6.8	5.3.15	6.3.8	7.2.3	7.6.25	6.2.22	
	4.8.64	5.7.14	6.5.2	7.2.6	7.7.18		

趣

4.4.6

⿺走⿱罒又

4.1.2

4.1.4

⿺走巢

1.3.35

⿺走畱

6.7.14

車部

車

1.1.21

1.2.20

2.7.14

3.1.22

3.1.22

3.1.32

4.4.6

4.4.6

4.4.10

4.8.24

4.8.31

4.8.55

軍

4.8.58	6.3.3	4.5.17	4.8.25	4.8.36	4.8.40	4.8.50	7.3.7

4.8.58		4.5.18	4.8.25	4.8.37	4.8.42	4.8.60	7.6.10

5.2.1		4.7.3	4.8.26	4.8.39	4.8.43	4.8.60	7.7.8

5.7.21		4.8.22	4.8.28	4.8.40	4.8.46	7.2.7	

	載	[車它]	[車勿]			軷	軒
 6.3.3	 1.1.20	 1.1.21	 4.8.63	 7.5.2	 7.4.1	 2.5.3	 4.5.18
	 3.1.33			 7.5.2	 7.4.2	 5.6.10	 5.6.20
	 3.3.9				 7.4.2	 6.1.4	 7.8.5
	 4.8.31				 7.5.1	 6.7.2	

䡂		輮	輪	輂	軍	輕 翌	軗

4.8.2 正	5.3.12	2.7.14	3.1.58	6.2.17	6.2.3	1.2.15	4.8.46

	5.7.12	2.7.57			6.2.4	1.2.22	

		3.1.37			6.2.22		

		5.2.6					

韓	⿰韋執	⿰韋曼	⿰韋敝 ⿱髟韋	韤		⿰豆勺	豊
					**豆部**		
6.7.8	4.5.18	7.8.5	1.2.20	5.2.4		6.2.20	1.1.5

6.7.17				6.7.14			1.1.12

							1.1.25

							1.2.13

 6.9.3	 6.8.3	 5.7.5	 5.3.16	 4.1.2	 2.1.12	 2.1.6	 1.3.8
 7.2.4	 6.8.3	 5.7.12	 5.3.17	 4.6.1 正	 2.1.13	 2.1.7	 2.1.2
 7.3.4	 6.8.4	 6.2.20	 5.5.1	 4.6.1 背	 2.1.13	 2.1.11	 2.1.4
 7.6.1	 6.9.2	 6.2.21	 5.7.3	 4.6 附	 2.4.3	 2.1.11	 2.1.4

豐

7.6.3 正

7.6.6

7.6.27

7.7.1

7.7.2

7.7.5

7.8.6

2.7.48

3.1.51

3.1.51

3.1.51

酉部

酉

4.1.2

5.6.8

6.2.26

酋

2.7.1

酌

3.1.57

酓

3.1.50

5.6.8

酖
醓

6.3.1 正

6.3.2

6.3.2

6.3.4 上

尊
⿱龹酉

6.8.10

醬
⿰爿酉

1.1.4

1.1.4

2.1.8

2.3.4

2.3.4

2.3.5

2.3.5

3.4.1

4.1.2

4.4.1

4.4.1

4.4.1

4.4.2

4.4.2

4.4.3

4.4.4

4.4.6

4.4.6

4.5.4

4.5.9

4.5.10

4.5.11

4.5.17

4.5.17

4.5.19

4.5.19

4.5.22

4.5.22

4.8.1

4.8.23

4.8.25

4.8.25

4.8.31

4.8.32

4.8.32

4.8.39

4.8.40

4.8.40

4.8.51

4.8.51

4.8.60

5.1.5

5.1.5

5.2.2

5.2.5

5.7.2

5.7.2

5.7.14

5.7.14

6.1.2

6.1.11

6.2.7

6.3.6

6.3.7

6.5.2

醒

5.4.8

2.6.1

辰部

辱

2.4.6

4.4.3

6.4.5

7.8.7

7.8.9

農

蕽

5.7.15

豕部

豕

3.1.23

3.1.33

3.1.40

			豫	豢		象	豜
 5.4.9	 4.8.50	 4.8.19	 1.1.4	 2.7.28	 6.9.2	 5.8.6	 3.1.44
 6.7.1	 5.4.1	 4.8.22	 3.1.24		 6.9.2	 6.8.2	
	 5.4.1	 4.8.23	 3.2.10		 6.9.2	 6.8.2	
	 5.4.5	 4.8.43	 4.8.19		4.1.1	 6.8.2	

辵部

近	迗	⿺辶圭		⿺辶及		⿺辶乃
1.3.2	4.5.2	5.6.5	6.7.1	4.8.52	7.3.7	7.2.7
1.3.2			6.7.10	5.2.1	7.3.7	7.2.7
1.3.34				5.8.2		7.3.3
3.2.20				5.8.3		7.3.6

进	⿺辶今	⿺辶弗	述				⿺辶石

5.3.15	6.6.6	5.1.10	1.3.8	2.7.44	3.4.6	6.3.4 下	4.4.1

		5.2.5	1.3.8	2.7.44	5.3.4	6.3.6	4.4.5

			2.7.37	2.7.44	5.3.8		4.5.16

			2.7.42	3.3.12	5.7.15		6.5.1

⿺辶巨	⿺辶句	⿺辶羊	迩	迮	迧	⿺辶至	
 3.1.14	 5.1.10	 4.5.14	 1.2.22	 5.1.3	 1.2.20	 5.7.5	 6.5.3
	 5.2.2		 7.6.9	 5.1.3		 5.7.6	
	 5.2.2		 7.7.7				
	 5.2.2						

迡	迸	⿺辶寺	⿺辶戈	⿺辶酉	迵		⿺辶网
 2.1.8	 7.6.14	 2.6.2	 6.2.11	 2.1.8	 2.7.5	 2.7.26	 3.2.25
	 7.7.9				 2.7.27	 2.7.26	
					 2.7.25		
					 2.7.25		

迷	送	迻			逃	适	选
 2.7.37	 5.3.5	 4.5.12	 6.7.11	 5.4.5	 2.7.41	 5.4.7	 3.1.18
 6.2.22	 6.6.5			 6.2.5	 2.7.42		
				 6.2.12	 4.4.6		
				 6.2.21	 4.4.7		

	速	連			退		逆
 7.8.1	 4.5.2	 3.1.35	 6.7.19	 5.5.2	 1.1.3	 7.8.4	 5.3.17
 7.8.7	 4.5.5	 4.5.15		 6.1.3	 4.7.4		 5.7.6
	 4.8.44	 4.8.32		 6.1.9	 4.8.58		 6.6.1
	 5.3.22	 7.1.9		 6.1.12	 5.4.8		 7.1.15

⿺辶取	⿺辶尾	迖		逐	逕	⿺辶羊	逗

5.8.5	4.4.5	7.6.7	7.7.6	2.4.3	6.1.12	4.8.27	4.5.15

		7.6.8	7.7.7	5.3.19		4.8.32	4.5.16

				3.1.43		4.8.42	

				5.1.10			

達	遈	逌				進	逞
1.1.19	4.8.18	4.8.60	7.2.7	6.2.9	4.8.24	2.6.1	5.2.4
2.1.2	4.8.42		7.3.6	6.2.9	4.8.40	4.4.2	
5.7.4			7.3.7	6.7.19	5.1.9	4.5.11	
6.7.10				7.2.6	6.1.4	4.5.14	

遉　　　　　　　　過　　　　　　　　遇

⿱化止　　　　⿺辶化

 1.3.31	 6.5.1	 5.6.17	 1.2.11	 4.4.6	 3.1.38	 2.3.3	 6.7.19
 2.5.3	 3.1.56	 5.7.5	 4.1.2		 3.1.51	 3.1.32	 7.6.16
 2.7.28		 5.7.8	 4.8.52		 3.1.56	 3.1.33	 7.7.11
 3.1.5		 5.7.8	 4.8.60		 4.4.6	 3.1.34	

 6.7.12	 5.6.5	 4.8.53	 4.8.51	 4.8.29	 3.3.5	 3.1.50	 3.1.19
	 5.7.7	 4.8.54	 4.8.52	 4.8.46	 3.3.9	 3.2.22	 3.1.20
	 5.7.21	 4.8.55	 4.8.52	 4.8.50	 3.3.9	 3.3.3 正	 3.1.32
	 6.4.4	 5.2.8	 4.8.53	 4.8.50	 3.3.12	 3.3.5	 3.1.37

逾	逸		道				
	[illegible]	[illegible]					
 6.3.4 上	 5.7.4	 3.1.58	 1.1.23	 1.3.8	 2.4.17	 2.7.46	 3.3.9
 6.3.4 上	 5.7.11		 1.3.2	 1.3.8	 2.7.8	 3.1.17	 3.4.1
 7.1.2			 1.3.7	 1.3.12	 2.7.42	 3.2.3	 3.4.8
			 1.3.8	 2.2.7	 2.7.44	 3.2.11	 4.1.3

 6.2.4	 5.7.12	 5.3.10	 4.8.64	 4.8.53	 4.8.46	 4.8.9	 4.7.4
 6.2.5	 5.7.14	 5.4.1	 5.1.6	 4.8.54	 4.8.50	 4.8.10	 4.7.4
 6.2.4	 5.7.17	 5.4.7	 5.1.9	 4.8.55	 4.8.53	 4.8.38	 4.8.6
 6.2.7	 6.2.2	 5.6.14	 5.3.4	 4.8.64	 4.8.53	 4.8.40	 4.8.8

衍

 1.2.17	 7.8.9	 7.7.6	 7.1.12	 7.1.11	 7.1.1	 6.6.6	 6.2.17
		 7.7.10	 7.6.7	 7.1.12	 7.1.3	 6.7.19	 6.2.23
		 7.8.3 正	 7.6.14	 7.1.12	 7.1.9	 6.8.10	 6.2.27
		 7.8.4	 7.6.22	 7.1.12	 7.1.11	 6.9.9	 6.6.1

		遠	遉	違		游	遂
 5.3.19	 3.4.6	 1.1.2	 3.1.24	 5.7.8	 5.6.4	 2.2.7	 5.7.22
 5.4.7	 4.1.3	 1.2.22	 3.1.25		 7.1.8	 2.2.11	 5.8.2
 6.2.12	 4.6 附	 2.2.5 正	 7.2.4			 2.2.12	
 6.7.3	 5.1.7	 2.7.19	 7.3.4			 5.5.6	

⿺辶聖	遜	⿺辶青	遒	⿺辶㬎 ⿺辶兹	運		
 5.2.2	 4.5.14	 5.4.5	 4.1.4	 6.7.10	 2.7.1	 7.6.13	 6.7.3
 5.2.2		 5.4.7			 2.7.9	 7.6.23	 7.1.7
						 7.7.7	 7.6.9
						 7.7.15	 7.6.11

⿺辶恖	適	⿺辶窖	遏	遺	遂	達	遲
 1.1.11	 5.3.19	 2.5.1	 3.1.32	 4.1.3	 5.8.3	 2.3.3	 7.8.7
 1.1.13				 5.3.9		 5.5.2	
 1.1.27						 5.5.2	
 6.7.4							

還				遑	⿺辶樂 ⿺辶𢆶	[illegible]	
4.8.12	6.8.7	6.9.7	7.3.6	5.7.4	4.6.6	2.7.7	5.6.13
6.7.10	6.8.7	7.2.6	7.3.6			4.8.9	
6.7.11	6.9.6	7.2.6	7.3.7			4.8.44	
6.8.7	6.9.6	7.2.7				4.8.51	

邊 鄾

7.2.1

7.3.1

4.8.13

4.8.17

貝部

貝

4.2.4

貞

3.1.2

3.1.5

3.1.5

3.1.7

3.1.8

3.1.9

3.1.14

3.1.15

3.1.16

3.1.16

3.1.16

3.1.17

3.1.18

3.1.20

3.1.21

3.1.22

3.1.22

3.1.24

3.1.24

3.1.25

鼎

 6.7.3	 7.5.3	 4.5.1	 3.1.53	 3.1.47	 3.1.37	 3.1.28	 3.1.26
 6.7.5		 7.4.3	 3.1.53	 3.1.48	 3.1.40	 3.1.28	 3.1.26
		 7.4.4	 3.1.58	 3.1.50	 3.1.42	 3.1.29	 3.1.28
		 7.5.3	 3.1.58	 3.1.53	 3.1.47	 3.1.30	 3.1.28

責		貧	貪	貨	責 賗	貢	負 偩
 6.6.3 正	 5.7.11	 1.2.22	 6.1.6	 4.8.17	 1.1.9	 5.7.18	 3.1.33
		 3.4.5		 6.7.8			 3.1.37
		 4.8.3		 6.7.13			 4.8.21
		 5.6.6					

貴　䝂

 7.6.28	 5.8.1	 5.5.9	 4.8.29	 4.6.10	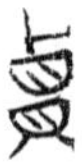 1.2.11	 1.1.6	 6.7.13
 7.7.20	 7.1.10	 5.5.9	 5.2.6	 4.8.21	 1.2.22	 1.1.21	
 7.7.20	 7.6.28	 5.5.9	 5.3.20	 4.8.24	 2.7.5	 1.1.24	
 7.7.21	 7.6.28	 5.6.6	 5.4.3	 4.8.24	 4.6.1 正	 1.1.24	

蕡 贅		賕	資	賈	賊	⿰貝它	⿰貝今
 3.1.12	 5.7.13	 5.3.15	 4.8.17	 6.7.13	 3.4.7	 2.7.6  6.6.4	 6.3.2

	賜			賞	賢 堅	賤	賡
 5.6.22	 2.3.3	 5.8.2	 4.8.54	 4.8.21	 2.4.3	 1.2.10	 2.4.16
	 2.7.33	 5.8.3	 4.8.61	 4.8.27			 3.3.7
	 3.1.5	 7.8.5	 4.8.62	 4.8.35			
	 3.1.7		 5.8.1	 4.8.45			

賦	賢	賜	賽	賹	贅		
 2.7.18	 2.7.39	 6.2.23 残	 2.7.6	 1.1.11	 4.5.2	 4.5.8	 4.5.21
			 2.7.29	 1.1.21	 4.5.4	 4.5.19	 5.5.10
			 7.8.6		 4.5.4	 4.5.21	
					 4.5.5	 4.5.21	

⿰貝僉 ⿰貝會			贛	⿱臧貝	⿰貝壽	⿰貝童	贈
 2.5.2	 5.5.15	 4.8.53	 2.3.3	 1.1.21	 6.7.13	 7.8.9	 1.1.27
	 5.6.1	 5.5.11	 2.3.3	 4.8.32			
	 5.6.8	 5.5.11	 4.7.4				
	 6.7.7	 5.5.12	 4.7.4				

見部

 1.1.16	 1.3.1	 2.4.16	 1.3.6	 2.6.3	 3.1.1	 3.1.33
 1.1.16	 2.2.6	 2.6.2	 2.4.11	 2.7.12	 3.1.4	 3.1.35
 1.1.23	 2.2.12	 2.7.19	 2.6.3	 2.7.17	 3.1.32	 3.1.36
 1.1.24	 2.2.12	 2.7.32	 2.6.3	 2.7.33	 3.1.32	 3.1.40

6.7.19	6.1.12	5.6.16	5.4.1	4.8.30	4.4.10	4.4.8	3.1.42

6.8.12	6.1.13	5.6.16	5.6.6	4.8.54	4.7.4	4.4.8	3.1.51
			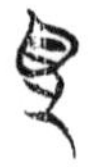				
6.8.12	6.3.5	5.8.5	5.6.9	5.1.7	4.8.1	4.4.9	3.1.51

7.1.7	6.4.4	5.8.6	5.6.9	5.2.5	4.8.24	4.4.10	3.1.54

視　　眊　　見

 3.1.25	 1.2.21	 1.2.10	 1.2.14	 4.8.33	 7.7.11	 7.6.6	 7.4.1
 4.4.3	 2.1.7	 1.2.11				 7.6.16	 7.4.2
 4.4.7	 2.4.7	 1.2.11				 7.6.19	 7.5.1
 4.4.8	 2.7.9	 1.2.20				 7.7.5	 7.5.1

覭	覓						
 5.5.6	 1.2.23	 7.1.2	 6.9.6	 6.7.5	 6.2.5	 5.7.6	 5.5.2
		 7.1.7	 6.9.6	 6.7.7	 6.2.13	 5.7.15	 5.5.2
		 7.6.23	 6.9.7	 6.8.7	 6.2.20	 6.2.5	 5.5.6
		 7.7.15	 6.9.11	 6.8.7	 6.7.1	 6.2.5	 5.5.6

躃	親 親	䙹	賊	睇	脂	眯	眺
 4.8.27	 2.7.24	 4.8.31	 5.6.16	 4.1.4	 1.2.21	 5.3.15	 2.7.6
 4.8.33						 6.7.17	
 4.8.33							
 4.8.33							

皐	慗	矚	覿	觀			
 1.2.10	 2.6.3	 5.1.10	 3.1.52	 2.2.11	 5.2.1	 6.2.12	 7.5.5
 1.2.11				 3.1.24	 5.2.1	 6.8.12	
 1.2.13				 3.1.24	 5.2.2	 6.9.11	
 1.2.19				 4.8.34	 6.1.9	 7.4.5	

舊

4.6.10

里部

里

2.7.7

2.7.26

4.5.13

5.1.4

6.8.1

6.9.1

7.6.9

7.6.15

7.6.16

7.6.16

7.7.7

7.7.11

7.7.11

重
砫

1.2.22

3.2.8

3.3.4

4.8.30

4.8.45

5.3.18

䝬

4.8.54

野
埜

2.7.28

2.7.28

2.7.41

4.1.1

4.1.4

4.5.16

6.7.11

量

2.7.38

6.1.1

6.8.7

6.9.6

足部

足

1.2.11

2.2.9

2.7.38

3.1.48

3.2.15

4.8.15

4.8.15

4.8.16

4.8.34

4.8.49

5.3.11

5.3.19

			路 洛	踐 遂	遂	跪	
 5.5.7	 5.7.17	 7.7.7	 2.3.3	 7.8.8	 5.1.6	 2.7.14	 7.1.9
 5.6.13	 5.8.5		 5.2.1		 6.4.5	 6.3.8	
 5.7.17	 6.2.20		 5.6.19		 6.6.6	 6.8.6	
 5.7.17	 7.6.9		 6.4.4			 6.9.5	

⿱⺈⿸厂止	遞 ⿺辶跪
4.8.63	4.5.18
5.3.20	5.5.1

邑部

邑			邦 ⿰邑丰	
2.7.18	3.1.44	7.8.1	1.1.3	2.1.14
3.1.4	5.5.11	7.8.8	1.1.4	2.2.1
3.1.10	5.7.12	7.8.9	1.2.1	2.3.1
3.1.21	7.8.1		1.2.11	2.3.1

2.5.1

2.6.4

2.7.13

3.1.8

3.1.13

4.4.1

4.4.9

4.4.9

4.4.10

4.5.3

4.5.5

4.5.6

4.5.12

4.5.16

4.5.17

4.5.18

4.5.18

4.5.18

4.7.2

4.7.4

4.7.4

4.8.1

4.8.2 正

4.8.5

4.8.6

4.8.10

4.8.14

4.8.14

4.8.14

4.8.19

4.8.20

4.8.22

5.7.5	5.5.11	5.3.21	5.3.11	5.2.8	5.2.4	4.8.41	4.8.28

5.7.5	5.6.21	5.3.22	5.3.12	5.3.5	5.2.4	4.8.42	4.8.29

5.7.6	5.7.4	5.3.23	5.3.15	5.3.8	5.2.6	4.8.56	4.8.29

5.7.6	5.7.5	5.4.3	5.3.18	5.3.10	5.2.7	5.1.8	4.8.37

 6.9.4	 6.9.2	 6.8.9	 6.8.4	 6.8.1	 6.4.3	 5.8.7	 5.7.8
 6.9.7	 6.9.2	 6.8.12	 6.8.4	 6.8.1	 6.4.5	 6.1.4	 5.7.8
 9.9.8	 6.9.4	 6.9.1	 6.8.5	 6.8.2	 6.4.6	 6.1.8	 5.7.13
 6.9.11	 6.9.4	 6.9.1	 6.8.8	 6.8.2	 6.5.4	 6.4.1	 5.8.2

郢	⿰里阝	⿰只阝					
 4.4.9	 6.1.10	 4.1.5	 7.8.8	 7.6.30	 7.5.2	 7.3.2	 7.2.1
 4.5.13				 7.7.11	 7.5.6	 7.3.3	 7.2.2
				 7.7.22	 7.6.16	 7.4.2	 7.2.3
				 7.8.6	 7.6.22	 7.4.6	 7.3.2

			鄉	鄝	鄀 踳	都	郙
 4.5.7	 3.1.30	 3.1.20	 3.1.2	 2.7.26	 4.1.1	 4.8.37	 2.7.16
 4.8.2 正	 3.1.42	 3.1.23	 3.1.12			 5.7.12	
 5.7.4	 3.1.53	 3.1.26	 3.1.16			 6.4.2	
 6.8.7	 3.1.54	 3.1.28	 3.1.18				

⿱⿰米翟邑		⿰叕阝	⿰⿱壴邑戈	⿱殹邑		⿰吅邑	
	⿱吅各	⿱吅又			⿴行止	⿴行巾	
 5.1.3	 3.1.13	 4.8.6	 4.8.42	 5.2.1	 2.3.3	 1.2.1	 6.9.7
	 3.1.42	 6.3.2			 3.1.32		
	 3.1.57						
	 3.1.57						

身部

1.2.19

3.1.48

3.4.1

3.4.6

4.4.9

4.5.6

4.5.7

4.5.21

4.8.9

4.8.34

4.8.40

4.8.65

5.1.5

5.1.5

5.1.9

5.2.6

5.2.7

5.5.2

5.5.7

5.7.3

5.7.11

5.7.13

5.7.17

5.8.2

6.1.3

6.6.1

6.6.3 正

6.7.6

躳	射 ⿰弓矢						
 3.1.1	 3.1.44	 7.7.16	 7.6.22	 7.4.8	 6.9.5	 6.8.7	 6.7.16
 3.1.49			 7.6.23	 7.5.8	 6.9.6	 6.9.2	 6.8.2
 3.1.54			 7.7.5	 7.6.6	 7.1.5	 6.9.2	 6.8.3
 5.4.1			 7.7.13	 7.6.18	 7.1.12	 6.9.2	 6.8.6

䑰

5.5.7

采部

采

3.3.7

3.3.8

谷部

谷

1.1.3

1.1.7

1.1.9

1.1.16

1.2.4

1.3.31

1.3.31

4.8.46

4.8.64

6.2.15

豸部

豹

4.2.2

⿰豸生

6.5.1

6.5.3

⿰豸予

5.7.18

貌

5.7.18

角部

角

1.1.29

3.1.41

5.7.10

解

1.1.20

斛	解		言				
 3.1.42	 7.6.28	**言部**	 1.1.2	 1.1.8	 1.1.8	 1.1.28	 1.2.16
3.2.25	 7.7.21		 1.1.2	 1.1.8	 1.1.19	 1.2.4	 1.2.16
			 1.1.3	 1.1.8	 1.1.20	 1.2.15	 1.2.16
			 1.1.8	 1.1.8	 1.1.25	 1.2.15	 1.2.16

 3.4.2	 3.3.6	 3.1.50	 3.1.8	 2.5.5	 1.3.38	 1.2.19	 1.2.17
 4.1.2	 3.3.6	 3.3.5	 3.1.39	 2.7.8	 2.2.5 正	 1.2.20	 1.2.17
 4.4.8	 3.3.10	 3.3.6	 3.1.47	 3.1.2	 2.2.10	 1.2.23	 1.2.17
 4.4.9	 3.3.10	 3.3.6	 3.1.49	 3.1.4	 2.3.3	 1.3.31	 1.2.17

 5.1.5	 4.8.37	 4.6.6	 4.6.5	 4.6.4	 4.6.2	 4.6.1 正	 4.5.17
 5.1.9	 4.8.60	 4.8.7	 4.6.5	 4.6.4	 4.6.3	 4.6.1 正	 4.5.19
 5.2.2	 4.8.60	 4.8.8	 4.6.5	 4.6.4	 4.6.3	 4.6.2	 4.5.20
 5.2.2	 4.8.64	 4.8.10	 4.6.5	 4.6.5	 4.6.3	 4.6.2	 4.5.21

 6.1.7	 6.1.1	 5.6 附	 5.6.8	 5.5.1	 5.3.18	 5.3.9	 5.2.2
 6.1.12	 6.1.3	 5.6 附	 5.6.12	 5.5.2	 5.3.19	 5.3.13	 5.3.3
 6.2.1	 6.1.7	 5.7.10	 5.6.12	 5.5.3	 5.4.6	 5.3.14	 5.3.4
 6.2.13	 6.1.7	 5.7.11	 5.6.12	 5.6.5	 5.4.8	 5.3.15	 5.3.4

6.2.17

6.2.22

6.2.22

6.3.7

6.6.2

6.7.1

6.7.3

6.7.5

6.7.7

6.7.7

6.7.9

6.7.10

6.7.15

6.7.18

6.8.11

6.8.11

6.8.11

6.8.11

6.8.11

6.8.12

6.8.12

6.8.13

6.9.10

6.9.10

6.9.10

6.9.11

6.9.11

6.9.11

6.9.11

7.1.3

7.1.9

7.1.11

訪　　訇

訪	訇						
 2.5.1	 1.1.22	 7.7.18	 7.7.13	 7.6.27	 7.6.20	 7.4.8	 7.1.13
		 7.8.1	 7.7.14	 7.6.29	 7.6.20	 7.5.8	 7.1.15
		 7.8.2	 7.7.14	 7.6.29	 7.6.20	 7.6.4	 7.2.1
				 7.7.3	 7.6.25	 7.6.18	 7.3.1

訓	訂	訞	註				許
2.4.16	2.1.8	1.2.8	7.1.1	5.2.5	4.1.2	3.1.35	3.1.35
4.8.51	5.7.2			5.8.2	4.1.3	3.1.35	3.1.35
7.1.15	5.7.2				4.1.4	3.1.36	3.1.35
					5.1.7	4.1.1	3.1.35

訟		許		訮	訊 ⿰言西	⿰言乙	訋
 3.1.4	 1.1.2	 7.2.6	 3.3.12	 5.8.7	 4.7.4	 6.2.20	 4.4.2
 3.1.4	 1.1.5	 7.3.6	 4.5.4		 5.4.1		 4.4.4
 3.1.5	 1.1.6		 4.5.15				 4.4.7
 3.1.5	 2.7.53 背		 6.1.13				 4.8.29

詞 ⿰言⿹𠃌口	訫	詓	訶	設 ⿱杸言	訢	⿰言欠	
 4.5.12	 3.4.1	 2.7.22	 1.1.2	 6.7.18	 5.1.7	 3.4.2	 4.4.8
 4.5.14	 4.5.3		 5.6.20				 4.8.34
	 4.5.4		 5.7.1				
	 4.5.4		 5.7.12				

	旹	峕	詩	詔 詈			訋
 1.2.7	 1.2.1	 1.1.1	 4.8.21	 5.1.2	 7.6.30	 6.2.9	 1.2.4
 1.2.9	 1.2.2	 1.1.4			 7.7.3	 7.6.17	 2.2.12
 1.2.10	 1.2.2	 1.1.16			 7.7.18	 7.6.22	 3.3.1
 1.2.13	 1.2.5	 1.3.8			 7.7.22	 7.6.25	 6.1.13

詯	訛	誇			時		
 5.7.7	 5.3.20	 6.7.3	 5.6.14	 5.3.7	 2.1.8	 1.2.22	 1.2.16
			 5.8.6	 5.5.1	 2.4.7	 1.2.23	 1.2.17
			 6.3.2	 5.5.3	 2.4.12		 1.2.21
			 6.6.4	 5.5.16	 2.5.5		 1.2.21

[亼言]	詨	詹	[厂石]	詬 詢	詧	[言戈]	
 5.1.1	 2.1.9	 1.2.9	 5.5.7	 5.7.4	 4.8.45	 7.6.14	 7.6.22
 5.1.2	 4.5.19				 5.2.5	 7.6.18	 7.6.22
 5.1.5	 5.7.3					 7.6.20	 7.6.23
 5.1.5						 7.6.22	 7.6.24

語

䛢

 6.4.4	 6.9.9	 5.3.8	 2.7.8	 7.7.17	 7.7.17	 7.7.10	 7.6.24
 6.7.15	 7.4.5	 5.5.1	 4.5.20	 7.7.18	 7.7.17	 7.7.15	 7.6.24
 6.8.10	 7.5.5	 6.8.9	 4.6.8		 7.7.17	 7.7.15	 7.6.24
 6.8.10		 6.9.9	 4.8.6		 7.7.17	 7.7.15	 7.6.25

誽	誥 弇	𧨝	誨	誫	𧨨		
 6.7.7	 1.2.3	 6.8.13	 7.6.4	 3.1.38	 3.3.10	 6.9.10	 6.8.10
	 1.2.15		 7.7.4	 3.1.40	 4.8.27		 6.8.11
					 4.8.45		 6.9.9
							 6.9.10

請	諾	證 誁	諀	誶	諫		譌
 6.7.15	 4.5.4	 2.7.41	 1.1.8	 1.1.9	 4.6.7	 7.1.7	 5.4.6
 7.6.3 正	 4.5.15				 5.2.9		
 7.7.3					 6.7.17		
					 6.7.18		

諦	諺 ⿸产言	誃	識	謹	譆	識 ⿰亻戠	譙

5.1.6	5.5.1	6.7.10	4.8.45	7.1.7	1.1.8	2.4.12	7.4.7

	5.5.1						7.5.7

	5.5.2						

	5.5.3						

䜃	譮	譽	讓	謱	譬		辟
 3.2.12	 6.7.18	 3.1.35	 2.2.6	 5.7.10	 4.8.25	**辛部**	 1.2.12
 6.7.9		 3.1.38			 4.8.25		 1.2.12
					 5.5.2		 4.8.35
							 4.8.37

青　　　　　　朔　　[illegible]

3.2.20	1.1.28	**青部**	5.7.14	3.2.13	4.7.25	6.8.9	6.9.8

4.8.34	1.2.19					6.9.8	6.8.8

5.3.1	2.7.3					6.9.8	6.8.9

5.3.2	2.7.20					6.9.8	6.8.9

 3.4.6	 1.2.13	 1.1.26	**長部**	 1.2.2	 6.9.4	 6.1.13	 5.3.17
 3.4.8	 3.1.8	 1.2.3		 1.2.6	 6.9.4	 6.6.3 正	 5.4.5
 4.6.10	 3.3.9	 1.2.6		 4.6.10	 7.8.3 正	 6.8.4	 6.1.7
 5.2.3	 3.4.1	 1.2.9			 7.8.4	 6.8.4	 6.1.7

2.3.5	1.1.8	雨部	7.7.4	7.1.8	5.8.2	5.4.10	5.4.4
2.3.5	1.2.6			7.4.8	5.8.3	5.6.19	5.4.8
3.1.34	2.3.4			7.5.7	6.7.18	5.7.18	5.4.9
3.1.38	2.3.4			7.6.4	7.1.4	5.7.21	5.4.9

霝	需	雺	霡	雷	雩	𩁹	
 1.2.14	 3.1.57	 3.1.38	 2.7.41	 7.6.11	 7.6.14	 1.2.20	 4.5.16
	 3.1.57				 7.7.9	 5.2.8	 7.6.14
							 7.7.9

⿱雨吅

3.1.24

7.4.9

7.5.9

7.8.8

7.8.8

⿱雨毳

4.1.3

露
⿱雨各

1.1.1.21

非部

非

1.2.14

2.3.3

3.1.10

3.1.20

3.1.35

3.1.55

3.3.3 正

3.3.6

3.3.6

3.3.6

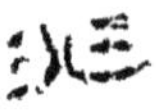

3.3.6

3.3.6

1.2.3	1.1.3	**隹部**	7.8.1	6.7.6	5.8.6	4.8.2 正	3.3.6
1.2.5	1.1.6		7.8.8	6.7.8	6.1.9	4.8.63	3.3.7
1.2.5	1.1.6			6.7.12	6.7.2	5.5.11	3.3.12
1.2.6	1.1.7			6.7.13	6.7.2	5.5.14	4.8.1

 7.8.9	 7.1.10	 6.7.17	 6.2.26	 5.4.3	 3.3.9	 3.1.44	 1.2.6
	 7.8.6	 6.7.20	 6.7.5	 5.4.4	 4.2.3	 3.2.21	 1.2.14
	 7.8.6	 7.1.8	 6.7.9	 5.6.15	 4.2.4	 3.3.5	 1.2.21
	 7.8.9	 7.1.9	 6.7.13	 5.8.6	 4.8.65	 3.3.9	 1.2.23

雀	雁	集	[牜隹]	雉 [馬妻]	萑	舊	雝 售
1.1.20	7.6.11	1.2.19	4.1.2	5.1.2	4.3.1	5.3.5	1.1.5
1.1.27		4.2.2			5.3.7	5.3.13	3.2.4
		4.2.3					3.2.4
							3.2.6

難

⿱難土

 6.7.14	 5.4.5	 6.7.15	 6.7.2	 4.8.23	 1.1.3	 5.7.10	 3.2.6
	 5.4.6	 7.1.10	 6.7.3	 5.3.4	 1.1.27	 6.5.3	 3.2.9
	 5.6.10	 7.1.10	 6.7.5	 5.3.11	 1.2.3		 3.2.21
	 6.7.1		 6.7.8	 6.2.14	 2.4.17		 3.2.26

	陵 陸	陸 陸	[illegible]	[illegible]	降	陓	
 4.5.20	 2.7.18	 3.1.50	 7.8.3 正	 5.7.2	 1.3.2	 5.7.10	**阜部**
 5.6.1	 4.5.7			 5.7.3	 5.3.19		
 5.6.1	 4.5.19			 7.6.3 正	 6.7.9		
 5.6.2	 4.5.20			 7.7.3	 6.7.11		

階 ⿰阝壴	阩		陞 阯		陳	⿰阝昔	
 4.4.3	 6.2.25	 3.1.48	 2.7.31	 7.8.8	 4.4.3	 2.2.11	 6.4.2
		 5.7.11	 2.7.39	 7.8.9	 7.6.24	 6.7.6	
			 2.7.48		 7.7.17		
			 3.1.33		 7.8.8		

隓	陵 陵	陸 陸	隕	隰 陘	障 墇	隞 戟	
 3.1.26	 3.1.16	 3.1.16	 5.7.14	 1.1.26	 4.8.43	 4.8.2 背	 4.8.19
 5.7.13	 3.1.16					 4.8.13	 4.8.19
	 3.1.48					 4.8.14	 4.8.19
						 4.8.14	 4.8.24

		險 隂	隱		金	釰	鈫
 4.8.43	 6.9.5	 6.7.1	 1.1.1	**金部**	 1.3.3	 2.7.18	 6.3.9
 4.8.44		 6.7.7	 1.1.1		 2.7.18		
 4.8.52			 1.1.1		 3.1.1		
 6.8.6			 1.1.20		 3.1.40		

鈞	⿰⿷匚爻戈	⿰⿷匚爻刀	鐘		鐸	鑾	
2.2.2	5.3.8	3.1.49	1.1.14	7.4.3	6.3.1 正	5.4.6	
	5.3.14		4.8.1	7.5.3	6.3.1 正	5.4.7	
	6.2.14		4.8.2 正			5.4.10	
			4.8.10				

門部

門

1.1.4
3.1.16
4.1.1
4.1.2
5.4.9
5.4.10
7.2.5
7.3.5
7.4.4
7.5.4

閉 閟

6.7.3

閏

2.7.38

閒

2.7.9
4.2.3
4.2.4
4.8.14
4.8.24
4.8.24
4.8.26
5.7.4

		聞 䎽	閨		閔 𡕡	悶	
 3.1.38	 2.6.4	 2.4.3	 3.1.52	 7.6.14	 1.1.28	 1.1.26	 6.3.3
 4.5.8	 2.6.4	 2.4.8	 4.4.1	 7.7.10	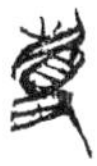 2.2.5 正		 6.7.9
 4.5.10	 2.7.39	 2.5.2	 4.4.3		 4.8.11		 7.8.6
 4.5.21	 2.7.48	 2.5.5	 4.5.9		 6.7.18		

4.8.64	4.8.55	4.8.47	4.8.43	4.8.36	4.8.18	4.8.12	4.5.22
4.8.64	4.8.59	4.8.50	4.8.44	4.8.40	4.8.23	4.8.13	4.8.5
4.8.65	4.8.59	4.8.53	4.8.45	4.8.42	4.8.28	4.8.13	4.8.8
5.3.1	4.8.62	4.8.53	4.8.46	4.8.42	4.8.35	4.8.14	4.8.10

5.5.3

5.5.4

5.5.11

5.6.6

5.6.7

5.6.9

5.6.15

5.6.16

5.6.16

5.8.5

5.8.8

6.2.2

6.2.3

6.2.10

6.2.16

6.2.18

6.2.20

6.5.5

7.6.2

7.6.8

7.6.11

7.6.13

7.6.14

7.6.15

7.6.20

7.6.21

7.6.22

7.6.26

7.7.2

7.7.7

7.7.9

7.7.14

關 闡					[illegible]	䎽	
 6.1.8	 1.1.10	 7.1.11	 5.4.5	 2.1.5	 2.1.1	 6.2.7	 7.7.18
 6.7.3	 1.1.10	 7.1.12	 6.7.17	 2.1.6	 2.1.1	 6.8.8	 7.7.19
	 1.1.11	 7.1.13	 7.1.1	 2.1.10	 2.1.3	 6.9.7	
	 2.7.18		 7.1.5	 5.4.2	 2.1.5		

革部

革

2.7.18

3.1.30

3.1.47

3.1.47

3.1.47

3.1.47

鞊

5.1.1

5.1.1

5.1.5

5.1.6

5.1.9

5.2.7

5.2.9

鞭
攴

2.7.16

2.7.20

5.5.7

6.6.2

6.6.2

頁部

頁	須	順	頌	⿰木頁	頡	頫
 6.1.2	 2.7.46	 7.8.3 正	 2.4.6	 1.2.2	 2.7.1	 1.2.1
 7.6.7	 4.4.5	 7.8.3 正	 4.6.8			 1.2.18
 7.7.6	 5.7.1		 6.7.7			
	 6.4.4		 6.7.16			

顏 庵		頪	類	頸		頤	頣
 5.8.8	 6.7.20	 1.3.34	 3.1.14	 4.4.7	 3.1.24	 3.1.24	 5.7.16
		 1.3.34		 5.5.7	 3.1.25	 3.1.24	
		 2.7.30			 3.1.25	 3.1.24	
		 5.8.6				 3.1.24	

類 [illegible]	顧 [illegible]	顯	顛		面		
 3.1.44	 5.2.4	 3.1.10	 1.2.7	**面部**	 2.7.14	 7.1.2	 7.1.13
	 5.6.8				 2.7.14	 7.1.3	 7.1.13
					 5.3.5	 7.1.3	
					 6.9.7	 7.1.3	

餔 頒		香 沓		骨	體	僼	⿰月豊
 3.1.27	**香部**	 1.2.22	**骨部**	 4.4.3	 6.6.2	 1.2.5	 2.1.7
 3.1.49				 4.4.4		 1.2.5	 2.1.11
				 4.4.10			 2.1.11
				 6.7.17			 2.1.12

鬼

⿱鬼示

 6.9.8	 5.8.2	 5.3.18	 4.5.6	 2.1.8	 3.3.3 正	**鬼部**	 2.1.13
 5.1.7	 5.8.4	 5.7.20	 4.5.6	 2.1.11	 3.3.3 正		 2.1.13
 7.7.4	 6.4.1	 5.8.1	 4.5.6	 2.1.13			
 7.7.5	 6.8.9	 5.8.2	 4.8.63	 2.3.2			

飤

㬎

 4.8.11	 3.1.45	 2.7.29	 2.4.7	**食部**	 7.6.8	 7.5.7	 7.2.2
 4.8.15	 3.1.45	 3.1.5	 2.7.3			 7.6.5	 7.2.4
 4.8.15	 3.1.50	 3.1.22	 2.7.28			 7.6.6	 7.3.4
 4.8.21	 4.6.9	 3.1.44	 2.7.28				 7.4.7

 7.5.2	 6.9.6	 6.8.7	 6.5.1	 5.7.13	 5.6.8	 5.1.6	 4.8.30
 7.6.6	 6.9.7	 6.8.8	 6.5.3	 5.7.18	 5.6.23	 5.2.5	 4.8.32
 7.6.8	 6.9.10	 6.8.11	 6.7.8	 5.8.6	 5.7.7	 5.2.6	 4.8.63
 7.7.5	 7.4.2	 6.9.6	 6.8.6	 6.2.14	 5.7.12	 5.2.7	 5.1.1

	飢 飴	飯	飽 䬳	餌	䬱	養 羖	
 7.7.7	 5.7.15	 2.3.6	 7.6.7	 4.8.55	 4.8.63	 1.3.38	
		 4.8.2 正	 7.7.6				
		 5.6.8					

風部

風

1.1.3

1.1.4

1.1.26

1.1.27

颷

5.6.4

飃

7.6.14

7.7.9

7.6.14

7.7.9

音部

音

2.7.16

3.3.5

3.3.5

3.3.6

3.3.6

3.3.6

4.1.4

⿰音交	⿰音菐		首	百		覓	
 4.1.1	 4.1.4	首部	 5.8.2 背	 3.1.10	 5.6.3	 3.1.38	
 4.1.2	 4.1.5		 6.3.4 下	 3.1.57	 5.7.13		
				 3.4.8	 6.6.5		
				 4.8.53			

韋部

3.3.3 正

3.3.3 正

5.5.1

5.5.1

5.5.9

5.6.4

5.6.15

6.1.6

6.8.13

飛部

3.1.56

6.7.5

馬部

3.1.22

3.1.32

3.1.54

7.8.1

馳	馹 ⿰馬坴	驅	鬲部	鬲	高部	高	
 5.1.9	 4.5.16	 3.1.10		 2.7.13		 2.7.31	 4.5.6
				 5.8.2 背		 2.7.40	 4.5.7
						 2.7.49	 4.5.8
						 4.1.2	 4.5.8

4.5.8

4.5.13

5.1.2

5.1.4

5.5.7

5.7.9

6.1.3

6.1.3

6.7.10

7.6.9

7.7.7

7.6.11

7.6.20

黃部

1.1.9

3.1.30

3.1.37

3.1.47

7.1.1

鳥部

2.7.21

3.1.56

6.7.5

1.1.21

1.1.22

5.1.4

1.1.9

1.1.23

3.1.12

3.1.13

3.1.14

4.2.2

4.2.3

5.8.5

7.6.1

7.6.13

7.6.13

7.7.1

7.7.9

鴟

5.8.3

鴻
䲨

3.1.50

3.1.50

3.1.50

鶓

1.1.10

1.1.11

1.1.13

鳻

4.2.2

4.2.3

麻部

麻
𣏟

1.2.14

6.5.2

6.5.2

6.5.4

7.6.5

7.6.6

7.7.5

7.7.11

魚部

魚

2.3.4

2.3.5

2.7.5

3.1.40

3.1.41

5.4.8

5.4.9

5.4.9

5.4.10

6.2.5

6.2.5

魯

2.3.1

4.8.1

4.8.1

鮫

6.1.8

鮮

4.3.1

鯌

2.7.24

鰥

6.7.16

鹿部

鹿

2.7.41

5.8.6

6.8.10

6.9.10

鼎部

鼎

1.3.1

1.3.14

1.3.31

1.3.38

1.3.38

鼓部

鼓

1.1.14

2.7.22

2.7.48

4.5.9

	鼠	鼠		⿱竹豉	⿰壴干		
 7.6.21	 7.6.19	 4.5.5	 5.8.6	鼠部	 7.4.3	 2.7.22	 4.5.11
 7.6.21	 7.6.20	 7.6.17	 5.8.6		 7.5.3		 4.8.52
 7.6.21	 7.6.20	 7.6.17			 7.6.19		 2.7.48
 7.6.21	 7.6.20	 7.6.18			 7.7.13		

⿰鼠瓜　　鼱

 7.6.22	 7.6.25	 7.7.12	 7.7.14	 7.7.15	 7.7.21	 3.1.37	 3.1.45
 7.6.22	 7.6.28	 7.7.13	 7.7.14	 7.7.16			
 7.6.23	 7.6.29	 7.7.14	 7.7.15	 7.7.18			
 7.6.23	 7.6.29	 7.7.14	 7.7.15	 7.7.18			

齊部

1.2.13

1.2.13

1.2.19

1.2.19

4.8.13

5.1.1

5.2.4

5.2.7

5.2.8

5.2.8

5.5.8

5.7.1

5.7.3

5.7.14

6.1.1

7.1.12

7.1.12

齒部

6.7.6

龍部

龍

1.2.13

4.5.15

7.4.5

7.5.5

讋

6.7.16

龏

1.2.2

1.2.14

4.4.6

4.4.7

4.4.7

4.4.10

5.3.4

6.4.7

6.7.6

6.7.6

6.7.7

龜部

龜

1.2.24

3.1.24

4.5.1

4.5.2

4.5.2

4.8.52

6.8.11

6.9.11

合文

	小人	上帝	上下	七十	一日	一人
 5.3.7	 3.1.8	 4.5.6	 1.1.4	 7.4.8	 3.2.24	 4.8.26
 5.8.8	 3.1.31		 3.2.22	 7.5.8	 3.2.24	 7.4.4
 3.2.16 正	 3.2.16		 4.8.16			
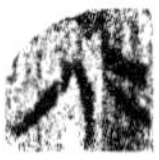 5.8.8	 5.3.7		 4.8.34			

大夫				之所	之志	之日	三十
 1.2.12	 7.6.28	 7.4.5	 5.3.12	 2.4.9	 5.3.7	 2.7.51	 2.7.5
 1.2.14	 7.7.20	 7.5.5	 5.3.15	 4.8.64		 5.7.18	 2.7.42
 4.4.1	 7.7.20	 7.6.28	 5.3.21	 5.3.9			
 4.4.5	 7.7.20	 7.6.28	 6.7.15	 5.3.12			

4.5.23

4.8.25

4.8.25

4.8.39

4.8.39

5.1.1

5.4.9

5.4.10

6.1.3

6.8.1

6.8.2

6.8.2

6.8.7

6.8.8

6.8.9

6.9.1

6.9.1

6.9.2

6.9.2

6.9.7

6.9.7

6.9.8

7.2.1

7.2.1

7.2.6

7.3.1

7.3.1

7.3.6

7.8.4

7.8.7

7.8.9

子孫	亡⿱止亡	女丌	不伓	中心	止之	日月	孔子
 2.1.12	 3.1.32	 1.2.11	 1.2.13	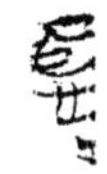 6.2.3	 4.4.1	 3.2.19	 1.1.1
 4.5.10					 4.4.1	 6.8.5	 1.1.3
 5.7.3						 6.9.5	 1.1.7
 7.8.6							 1.1.16

 4.7.4	 3.2.26	 3.2.11	 2.3.2	 2.2.9	 2.2.2	 2.1.5	 1.1.21
 5.3.1	 3.2 附	 3.2.12	 2.3.5	 2.2.9	 2.2.3	 2.1.8	 1.1.27
 5.3.2	 4.7.2	 3.2.15	 3.2.1	 2.3.1	 2.2.7	 2.1.10	 2.1.1
 5.3.6	 4.7.4	 3.2.20	 3.2.6	 2.3.1	 2.2.8	 2.2.1	 2.1.3

	君子	茲臣		先人	古之		
 1.3.28	 1.2.17	 1.1.12	 1.2.17	 5.3.14	 2.4.17	 3.2.21	 5.3.11
 2.4.4	 1.2.21	 1.2.3		 5.3.15	 5.3.12		 5.3.13
 2.4.5	 1.2.22	 1.2.16		 7.8.1	 5.3.12		 5.3.15
 2.4.13	 1.3.12	 1.2.16			 5.3.14		

季子

5.6.1	6.2.21	6.2.5	5.3.8	5.3.7	5.3.3	3.2.16 正	2.4.16
		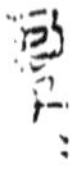					
5.6.1	6.6.6	6.2.13	5.3.9	5.3.7	5.3.3	3.2.20	2.4.17

		6.2.15	5.3.18	5.3.7	5.3.4	5.3.1	2.5.5

		6.2.15	5.3.23	5.3.7	5.3.6	5.3.2	2.5.5

珪玉	虘亡	关心	骨肉	昷(明)日	昊天	者又	昱心

7.4.3	6.1.2 正	1.2.13	7.6.5	4.8.31	1.1.6	3.2.19	1.2.13

7.5.3			7.6.6				

			7.7.4				

			7.7.5				

急心	𢘓心	箸者	歆酉	爲爲	褱衣	闇门

1.1.8	4.8.45	5.3.6	4.4.1	1.3.39	4.4.6	2.6.2

			4.4.5		4.4.6	

			4.8.11		4.4.7	

待释字

6.5.1

5.3.16

4.2.2

6.7.20

6.2.7

3.3.11

5.3.19

 6.2.5	 5.8.6	 4.1.2	 4.8.52	 5.3.23	 6.2.11	 6.2.19	 6.7.14
					 6.2.12		
					 6.2.19		

7.4.7	6.2.8	4.4.9	4.1.1	1.3.38	5.7.17	4.1.4	4.1.4

6.2.26

残字

3.1.43

3.4.5

3.4.6

3.4.7

4.2.2

4.4.10

4.7.1

4.8.17

4.8.23

4.8.30

4.8.51

4.8.61

5.2.9

5.4.2

5.4.10

5.5.4

5.5.9

5.5.9

5.5.9

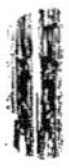
5.5.9

5.5.9

5.5.14

5.5.15

5.6.1

5.6.2

5.6.4

5.6.7

5.6.8

		 5.8.6	 5.7.20	 5.7.10	 5.6.23	 5.6.18	 5.6.11
		 5.8.6	 5.7.22	 5.7.15	 5.6.23	 5.6.20	 5.6.16
			 5.8.3	 5.7.15	 5.6 附	 5.6.21	 5.6.17
			 5.8.4	 5.7.19	 5.6 附	 5.6.22	 5.6.18

筆畫檢字表

五畫

七畫

八畫

九畫

爰 487	昜 455	咸 408	兹 372	遙 312	壴 226	宭 165	保 140
爯 487	冒 455	威 408	幽 373	曼 314	垔 226	宣 179	俈 140
為 487	星 455	肯 420	羑 373	复 324	垍 226	冠 180	俘 141
胏 499	晦 455	叝 420	爯 373	㲋 324	墜 226	佁 184	係 141
胃 499	曼 455	坒 420	丠 381	宣 334	墜 227	刺 188	徐 141
肯 502	㫚 459	政 424	既 382	寅 334	禹 230	則 189	俎 141
胎 502	尭 464	故 424	枳 388	宦 334	覍 233	刿 194	信 141
肰 515	浹 469	畋 424	柄 389	室 334	亥 252	勇 197	侯 142
欨 515	洒 469	敏 424	柬 389	宮 335	哉 288	垚 199	侵 143
殺 518	涐 470	叙 428	柙 389	客 335	咠 289	叚 213	俑 143
羿 530	洛 470	敔 433	枸 390	庭 335	哀 289	奎 214	侗 143
殅 532	浂 470	春 450	枳 390	屍 347	帝 306	封 220	韋 143
炭 533	牪 479	昧 451	柔 390	臯 364	徍 312	型 222	俤 157
艸 533	拜 482	是 451	狨 398	娷 372	後 312	城 223	前 158

十畫

十一畫

訢 759	掔 728	豣 705	萋 676	穿 609	脂 569	愁 552	脲 505
設 759	毦 733	象 705	茲 679	窔 609	袿 575	恣 552	望 505
討 760	視 733	逕 708	習 682	紩 611	祭 578	忩 552	脊 506
習 760	野 738	𨓏 712	翏 682	叅 611	硃 581	惄 553	欲 516
訾 760	埜 738	逞 713	紳 684	参 611	㮇 583	情 553	族 529
詎 763	逯 739	進 713	組 684	堅 626	巷 585	晋 554	宖 545
朔 768	畦 740	連 713	終 684	[illegible] 626	甾 588	惕 556	悟 545
雩 771	鄒 745	過 714	絜 685	虘 647	異 588	惟 557	惡 549
雩 771	鄉 745	逸 716	絣 687	虖 647	畜 589	悸 557	堊 550
雀 775	斛 751	責 725	軥 697	虛 648	盛 591	惛 557	怌 551
隆 777	訮 758	貨 725	豹 699	坐 648	蛊 591	惦 557	悊 551
階 778	許 758	貪 725	畬 701	拳 654	產 595	惓 557	悐 552
釦 780	訟 758	貧 725	酖 702	羕 667	痼 605	悳 562	悬 552
閉 782	訦 759	貢 725	牆 702	菜 676	章 608	牐 569	悆 552

十二畫

十三畫

十四畫

十五畫

緬 687	膚 604	憩 564	滿 477	槳 391	翩 319		颳 796
緝 689	瘟 606	慫 565	漢 477	樑 392	徵 320		駒 799
緞 689	窮 610	憚 565	毃 483	槿 392	衛 320	十五畫	鳶 801
緩 689	篌 655	憧 566	膚 508	槭 394	寶 325		鳴 801
緼 689	箇 656	憎 566	歎 517	樞 395	廟 327	廠 184	虹 802
線 689	箄 657	憮 566	歃 518	樂 395	廛 327	燥 198	鼠 805
緯 690	裵 665	憐 566	慰 559	毅 411	麇 327	墼 231	齊 807
趣 695	臺 668	慶 566	慼 562	殤 411	窰 342	墐 231	
葷 698	緆 669	瘨 569	憂 562	墓 421	審 342	墨 232	
輪 698	蓰 678	褫 580	慧 563	敷 432	寰 342	增 232	
酱 702	蓰 679	瞑 586	慝 564	敵 432	寬 342	塊 232	
震 704	蕁 679	溫 590	慮 564	暲 464	履 347	遴 246	
豫 705	蕑 679	盤 592	慮 564	暴 465	潟 352	甈 250	
遏 721	藏 680	穀 599	慾 564	潼 472	樺 391	駐 319

十六畫

十七畫

十八畫

十九畫

二十畫

二十一畫

二十二畫

二十三畫

二十四畫

二十五畫

二十六畫

二十七畫

二十八畫

拼音檢字表

A	ài	B	bái	báo	bào	備 146
		愛 543			鞄 787	暴 465	敝 423
		蟊 650			bǎo	豹 750	蒲 475
		ān		bá	保 140	bēi	被 664
	āi	俺 143		犮 397	葆 338	卑 104	袞 665
	哀 289	桉 312		癹 612	寶 343	悲 556	貝 723
	衰 289	安 329		茇 673	寶 343	揹 713	běn
	悫 289	áng		颰 796	賨 343	諱 765	本 385
	悽 560	卬 183		bái	玢 380	běi	查 386
	ái	ǎo		白 600	祿 665	北 165	枽 386
	剴 195	忲 545		bǎi	綵 689	悉 551	bēng
	剴 195	芙 672		百 601	纊 689	bèi	迸 720
	敱 432	ào		bài	飽 795	倍 145	bèng
	賹 729	戳 413		敗 427	歝 795	怀 145	堋 228

cān		bù	bō	bǐng	覒 233	蔽 678	迸 709
參 199	**C**	不 025	波 469	柄 389	詖 762	運 720	bǐ
佥 200		布 305	韱 612	檳 389	biāo	閉 782	俾 145
cán	cā		bó	恆 545	藨 678	閟 782	比 413
戔 405	縩 692		帛 306	悎 545	biǎo	biān	bì
蠶 651	cái		泊 469	秉 598	表 046	邊 723	佖 137
cǎn	材 386		胎 502	bìng	褱 666	鄾 723	朼 165
晉 459	才 480		怕 547	并 156	biē	賧 730	坒 228
cāng	cǎi		息 547	坪 221	潎 665	贐 730	幣 306
倉 143	采 749		縿 693	病 604	bīn	鞭 787	帗 306
滄 476	cài		bǔ	疠 604	宭 331	支 787	璧 381
蒼 677	刔 194		卜 107	癒 606	賓 342	biàn	琸 381
cáng	菜 676		塼 230	立 608	bīng	便 140	瓣 381
臧 340	縩 692				兵 156	弁 233	必 538

děng	dǎo	鱻 307		鼍 342	訮 760	chún	chuān
等 655	遙 720	怠 551	D	鼉 484	cǐ	唇 289	川 053
等 655	dào	億 551		霾 772	弟 165	膚 649	chuán
dí	惷 554	怠 553	dá	此 416	臺 668	傳 148	
覿 736	道 716	dān	會 457	鷹 326	cì	chuó	遵 148
䜌 746	衙 718	丹 089	達 713	cùn	宋 332	藷 680	埵 228
顛 790	眺 735	憚 565	會 762	夲 235	賜 728	cí	楮 394
dǐ	dé	嚞 565	dà	cuó	cóng	訇 282	chuáng
氐 510	得 314	酖 702	大 240	瘥 606	從 317	槭 409	牀 568
砥 581	旻 314	酷 702	dài	徔 319	慈 562	chuí	
dì	慧 554	dàn	代 132	措 483	cuǎn	慈 562	椎 393
弟 157	億 556	但 136	徣 144	散 483	篡 532	慈 562	chūn
俤 157	dēng	旦 446	帶 306	階 778	cuì	詞 759	春 450
地 218	登 612		繡 306	鯌 803	啐 293	訓 759

F

賣 339	攺 423	孚 362	fèng	fèn	fáng	fán	F
賱 339	釜 497	敉 433	奉 248	忿 544	忘 545	凡 170	
寡 340	敘 780	浮 471	fǒu	奮 589	féi	凸 171	
賸 340	紞 684	肤 497	否 271	畚 589	非 772	緐 687	fá
婦 371	畐 791	竃 567	缶 653	fēng	飛 798	緋 687	伐 133
父 495	須 791	福 579	fū	佳 139	féi	反 211	炷 133
腹 507	fǔ	芙 672	專 233	垺 220	肥 499	反 211	罰 652
縛 689	匩 106	茀 672	夫 244	封 220	忌 541	返 211	fǎ
赴 693	付 132	fú	膚 508	垺 220	fēn	想 558	金 420
赴 693	仅 134	甫 046	藏 680	豐 701	分 185	䍐 697	灋 478
逯 714	蠡 170	俯 144	fú	犇 705	芬 672	飯 795	fān
負 725	復 319	府 325	卪 183	逢 706	fén	fāng	番 588
賁 725	复 324	守 325	坿 222	風 796	粉 388	枋 389	贩 588
賦 729	富 339	寶 325	弗 350		焚 531	方 521

姑 371	句 265	恭 548	挣 613	gě	高 799	靬 750		
gǔ	昫 659	龔 548	緪 687	葛 676	gào	gǎn	**G**	
古 261	gǒu	肛 574	経 687	gè	告 271	敢 429		
谷 265	枸 390	躬 748	廣 728	各 271	鋯 273	gàn	gǎi	
沽 468	狗 398	鞏 808	gōng	峇 295	誥 764	乾 143	改 423	
胋 499	猣 398	gǒng	公 153	袼 578	膏 764	幹 143	苄 672	
故 515	耇 620	巩 216	功 196	裕 580	gē	榦 394	gài	
盅 591	gòu	gòng	工 216	gēn	割 195	檊 394	概 394	
賢 729	垢 420	共 156	宮 335	根 391	詞 759	淦 474	gān	
谷 749	彀 519	歂 517	弓 349	gèn	gé	旗 530	干 216	
骨 791	詬 762	絎 686	戩 408	艮 670	戗 409	gāng	杆 386	
鼓 804	詢 762	贛 730	攻 422	莔 674	剛 194	甘 581		
罟 805		gū	gōu	夅 423	庚 325	革 787	gāo	穿 609
簸 805	孤 364	佝 137	拡 482	耕 613	鬲 799	羔 666	竿 654

學 370	hán		龙 740	圭 380	guàn	募 340	gù
hé	含 273	**H**	遞 740	歸 421	冠 180	guān	臣 106
何 135	寒 339		guō	逞 421	盥 592	儨 150	固 303
抲 135	hàn	hǎi	章 180	閨 783	鑑 592	官 333	梏 391
倡 135	敦 427	海 471	guó	龜 808	郫 745	綸 688	樺 391
和 283	攻 427	洍 471	國 303	guǐ	雚 775	觀 736	翰 391
河 468	戎 427	hài	宑 303	癸 612	舊 775	舊 737	睪 392
恪 560	旱 447	萬 057	guǒ	鬼 792	guāng	關 786	故 424
盍 590	潓 477	害 335	果 388	槶 792	光 167	閏 786	顧 790
禾 598	hāo	耆 336	guò	槶 793	guǎng	鯤 804	鷹 790
hè	蒿 677	戠 411	悠 545	guì	廣 326	guǎn	guā
嗃 682	hǎo	鬻 682	過 714	貴 726	坣 326	埍 227	苽 674
héng	好 369	hān	迤 714	賜 729	guī	管 656	guǎ
衡 320	孝 369	欽 517	胜 714	跪 739	珪 380	笑 656	寡 340

惠 554	黃 800	緩 689	huān	芋 671	hú	hóu	恒 549
慧 563	huí	huàn	懽 567	華 674	虖 644	侯 142	死 549
卉 671	回 302	擐 234	藋 567	huá	斛 751	厌 142	恋 549
誨 764	huǐ	奐 247	蘨 567	茉 387	鯛 806	hòu	堼 550
誉 764	咺 288	宦 334	蘰 568	huà	hǔ	厚 105	葒 681
識 766	毀 519	豢 586	儤 568	畫 589	淲 474	后 270	蓂 681
譮 767	悔 547	豢 705	huán	譮 767	虎 643	後 312	hōng
hūn	悔 552	逭 713	圜 585	huái	虞 643	逅 312	訇 756
昏 449	huì	huāng	蘔 677	儴 150	hù	㕭 313	hóng
惛 557	宲 333	㐬 178	逗 694	淮 473	戶 533	欻 517	厷 198
懸 567	晦 455	忘 550	趄 694	懷 567	庫 533	hū	忨 544
hún	晦 455	huáng	還 722	裹 665	恩 557	虐 290	鴻 802
緍 688	昄 455	恾 220	huǎn	huài	huā	虗 647	魟 802
	會 464	皇 602	緩 567	坏 220	荂 421

huǒ

火 530

huò

臒 090

臒 090

或 406

惑 554

慼 562

禍 580

祂 580

禍 580

祡 580

穫 600

貨 725

蒷 727

賊 735

J

jī

基 227

丮 227

幾 373

機 397

毄 519

忢 543

稷 599

禝 599

飢 795

鎑 795

jí

及 056

伋 134

偮 147

即 185

吉 267

丞 418

汲 467

褑 470

濈 473

忣 542

硋 581

疾 605

瘠 605

級 683

返 706

集 775

jǐ

己 348

吕 348

擠 484

敵 484

jì

季 362

既 382

暨 383

忌 543

悬 552

悸 557

祭 578

薺 680

紀 683

綌 683

繫 691

繼 692

訐 757

詯 761

jiā

伽 137

加 196

夾 247

嘉 298

家 336

豙 336

jiǎ

叚 213

柙 389

虖 389

甲 587

賈 727

jiān

兼 158

幵 216

肩 499

肩 499

脊 506

監 592

堅 626

臤 626

籛 659

箋 659

閒 782

jiǎn

柬 389

jiàn

建 215

檻 397

漸 477

嶄 477

K

kuā	醑 704	考 614	K	丝 685	朕 505	jù	酉 701
瓜 137	kòu	kē		丝 686	倦 557	巨 106	jiù
誇 761	寇 339	蚵 649		角 750	絭 686	具 158	臺 180
kuāng	敂 424	kě	kǎn	jūn	jué	窜 343	咎 287
匡 106	kū	可 255	甌 650	均 221	夬 101	懼 568	救 426
筐 106	哭 289	盍 590	kāng	君 274	決 468	思 568	敢 433
kuáng	桍 390	kè	康 326	軍 696	爵 495	聚 622	舊 659
狂 398	kǔ	克 169	kǎi	鈞 781	炒 495	虞 648	售 659
悻 398	故 515	客 335	剴 195	劶 781	毕 515	塋 648	遣 722
kuī	kù	kǒng	剴 195	戩 781	篁 658	juān	jū
窺 610	佶 140	恐 550	kài		襋 666	盌 592	佝 137
現 610	庫 325	忐 550	慨 560		蕝 679	juàn	居 346
kuí	綺 686	kǒu	kǎo		蕋 679	倦 145	虁 679
樸 394		口 255	攷 422		絶 685	佚 145

量 738	liǎn	戾 533	lǐ	léi	訑 757		冥 797
liǎng	斂 433	蒞 565	裏 665	贏 180	láo	L	kuì
兩 050	斂 433	礪 582	豊 699	僂 371	勞 197		愩 232
liàng	liàn	礫 582	里 737	雷 771	袈 197	là	愧 562
敶 432	練 689	立 606	郢 744	lěi	lǎo	剌 188	kūn
輛 699	liáng	訕 756	lì	壘 681	老 613	敕 426	蛊 650
liè	梁 392	鬲 799	吏 044	纍 692	lào	lái	kùn
列 185	梨 392	lián	叓 044	纍 692	蹈 592	來 137	困 303
裂 477	杫 392	廛 231	厉 105	lèi	lè	垎 137	kuò
lín	汭 467	斂 433	利 186	頰 789	樂 395	逨 138	适 710
林 387	梁 599	憐 566	力 196	類 790	藥 681	樏 394	
沐 387	秠 599	罴 566	朸 386	纍 790	邌 722	荎 678	
臨 626	糧 670	連 711	放 422	lí	迡 722	lài	
鄰 746	良 670		溓 477	莉 675		癘 197

M	恳 564	luǒ	陸 777	家 338	lóu	liú	妥 746
	綠 688	蓏 677	鹿 804	汆 343	婁 371	流 472	署 746
		luò	luán	彔 343	嫢 421	浘 472	隱 780
má		洛 470	鑾 781	彔 344	蔞 678	蕾 677	lìn
麻 802		lún	luǎn	戮 411	譲 767	諌 766	吝 274
林 802		輪 698	卵 184	膠 411	嚮 767	liǔ	貢 725
mǎ		lǚ	luàn	敉 423	lú	輴 698	líng
馬 798		呂 269	亂 102	祿 483	篅 658	liù	貽 727
màn		履 347	嬰 102	芡 673	lǔ	六 150	霝 771
曼 459		旅 529	鬲 103	路 739	魯 803	翏 682	霝 772
漫 477		遊 529	luó	逨 739	lù	lóng	陵 777
輕 699		纕 690	洛 470	露 772	坴 221	龍 808	陸 777
máng		lǜ	赢 507	零 772	坴 221	龒 808	lìng
尨 251		慮 564	羅 653	陸 777	麋 327		窒 342

末 385	名 270	穄 600	麪 464	mī	閩 782	媌 372	芒 671
没 467	椧 390	蔑 678	miàn	眯 735	mèn	敉 425	máo
殁 467	明 448	蠛 681	面 790	mí	悶 783	每 574	毛 484
殳 518	瞑 586	衊 681	miáo	迷 710	méng	颡 788	茅 674
莫 675	覭 652	民 510	瞄 586	mì	尨 251	mèi	髦 733
縸 689	鳴 801	緡 688	miào	蜜 650	盟 591	墨 232	mào
縻 693	mìng	mǐn	廟 327	谧 650	萌 591	寐 340	冒 455
móu	命 284	敏 428	庙 327	觅 650	甿 591	寤 340	悉 547
哞 288	mó	勉 428	廟 327	詸 759	䖟 591	妹 370	眊 584
恈 547	磨 582	泯 469	miè	miǎn	艨 663	昧 451	méi
mǒu	蘑 582	閔 783	滅 320	免 169	mèng	沫 569	玫 380
厶 198	mò	暋 783	威 409	挽 363	夢 323	眛 584	měi
mǔ	墨 232	míng	蔑 433	孚 363	孟 590	mén	岂 307
拇 483	寞 340	佣 144	滅 475	冕 464		門 782	嬞 372

P	nǔ	nóng	囡 301	nì	nèi	N	慈 558
	女 365	農 704	孽 364	匿 106	内 108		母 571
	nüè	襛 704	誚 364	溺 476	néng		晦 589
pà	瘧 606	nòu	瑈 381	迡 709	能 502	nǎi	畮 589
怕 547		槈 394	聶 623	逆 711	㲻 682	乃 054	畝 589
怕 547		nú	蠥 651	nián	ní	卤 108	mù
pān		奴 369	朝 768	年 056	倪 145	nán	木 384
攀 484		nù	níng	niàn	坭 222	南 104	牧 479
番 588		忞 543	殷 298	念 544	尼 346	男 587	目 582
鞶 588		慈 551	寧 343	niǎo	貌 750	難 776	穆 600
pán		蘆 679	窣 592	鳥 801	nǐ	難 776	蓦 679
盤 592		nuò	niú	niè	柅 390	nǎn	
繙 690		諾 765	牛 479	幸 221	愿 566	戁 568	
			牪 479	狊 221

器 298	齊 807	奇 248	**Q**	濮 477	pín	pí	pàn
泣 469	qǐ	竒 248		謨 797	貧 725	埤 228	迷 708
滅 476	剀 195	𢑿 411			píng	攽 433	pāo
气 484	剴 195	旗 530	qī		坪 221	疋 610	橐 397
氣 484	曩 349	羿 530	七 004		缾 653	皮 611	péng
燹 484	异 349	慇 561	妻 371		pò	pǐ	佣 144
燹 485	啟 429	祈 576	楲 394		故 424	匹 106	絧 145
憩 563	苔 672	譄 576	淒 473		pú	否 271	俚 145
葺 677	起 694	䟷 590	期 506		嶪 105	pì	堋 228
qiān	記 694	耆 620	昇 506		僕 149	俾 145	彭 321
千 103	頡 789	皆 659	綦 688		儻 149	辟 767	軯 697
僉 148	qì	葳 678	qí		pǔ	piáo	pī
會 148	弃 234	菽 678	丌 012		普 464	橐 397	坏 220
殀 148	毕 289	訴 759	其 157		普 464		攽 424

坴 199	qū	qiú	翟 698	錾 381	qīn	癛 569	挈 198
逵 199	屈 347	囚 301	青 768	肣 499	侵 143	qiǎng	臤 625
趣 695	虛 648	盚 301	qíng	秦 599	戡 143	勥 198	qián
逾 712	迵 708	梂 391	情 553	衾 664	欽 517	勥 198	前 158
quán	驅 799	俅 409	qǐng	qīn	慭 566	qiáo	晢 459
全 133	qú	戴 410	請 765	寑 341	親 735	僑 149	蕁 679
昱 288	佢 133	戠 410	qìng	帚 569	槻 735	喬 295	qiàn
權 397	qǔ	數 432	慶 566	qìn	辟 735	qiě	倩 143
湶 475	取 212	求 466	qióng	沁 468	晜 736	且 044	壍 232
瘽 605	柚 392	忼 552	窮 610	qīng	慾 736	叙 213	寒 562
quǎn	曲 446	酉 701	qiū	靜 338	qín	虘 647	qiáng
甽 587	詓 759	賕 727	丘 044	清 473	禽 146	簧 659	強 352
quē	qù	贅 727	秋 599	鯖 653	舍 146	qiè	弜 352
歓 180	去 199		稷 599	輕 698	琴 381	妾 371	牆 569

sàn	S	若 673	rú	駬 799	忈 118	R	què
楤 431		邌 721	如 369	駐 799	㥽 118		雀 775
繖 431			絮 685	róng	尽 345		鵲 802
sàng	sǎ		rǔ	容 338	恧 550	rán	qún
喪 294	洒 469		辱 704	戎 402		肰 498	羣 668
嗓 294	sāi		rù	融 650	忍 543	然 532	
sè	塞 230		妠 672	蠑 650	rèn	rǎng	
塞 230	sài		ruì	róu	任 134	攘 509	
嗇 297	賽 729		叡 433	柔 390	袵 664	ràng	
瑟 381	sān		rùn	腬 506	釰 780	殷 298	
璱 381	三 004		閏 782	悉 547	rény	讓 767	
薔 562	sǎn		ruò	ròu	迋 706	rén	
色 663	桽 506		弱 352	肉 653	rì	人 111	
	㦃 746		溺 352		日 434	仁 118

shā
墀 231
屖 347
殺 518
shān
山 307
褱 665
羴 668
shàn
善 295
shāng
傷 148
敡 148
剔 148

商 179
湯 474
shǎng
賞 728
shàng
上 008
走 010
尚 255
shào
卲 184
少 252
尖 362
shé
舌 654

舌 654
遖 720
shě
舍 654
shè
涉 470
惁 565
社 575
坛 575
袿 575
射 748
弤 748
設 759
殸 759

shēn
深 474
軟 515
宷 609
紳 684
緇 684
繡 684
身 747
shén
神 576
shěn
審 342
沈 475
湛 475

shèn
甚 050
慎 560
新 560
慙 561
慙 561
訢 561
蓁 561
shēng
牲 479
祈 576
生 593
进 707
陞 778

陞 778
阩 778
shěng
眚 580
shèng
勝 508
勳 508
盛 591
聖 621
shī
施 196
失 246
遊 246
遊 247

市 304
屍 347
殍 347
恀 552
詩 760
旹 760
峕 760
時 761
shí
十 103
實 341
攸 422
時 456
旹 456

石 581
迈 707
迳 708
贖 736
shǐ
使 139
囟 302
思 545
矢 596
屰 596
豕 704
shì
事 047
傑 145

泗 468	漇 476	shuí	shù	疏 611	shōu	是 451	市 179
洍 470	斯 486	脽 507	侸 140	綻 611	收 422	浭 469	貹 179
祀 575	思 545	shuǐ	庶 326	毘 651	shǒu	氏 509	士 217
杞 608	絲 686	水 465	烝 326	舒 654	守 328	眂 584	埶 228
诗 709	sǐ	shùn	束 386	挐 654	手 480	筮 655	寺 232
飤 793	死 400	舜 494	䜼 386	箸 656	首 797	箐 655	奭 250
sōng	sì	塁 494	樹 396	迅 707	百 797	簭 658	式 252
松 389	侗 143	順 788	查 396	shǔ	shòu	繐 690	室 334
sòng	寺 232	shuò	怂 543	暑 459	受 212	適 721	祋 380
宋 331	嗣 297	碩 582	述 707	曧 459	壽 231	視 733	荍 401
送 710	四 299	sī	槄 788	蜀 652	獸 399	貽 735	蒡 401
遜 721	三 301	厶 198	shuài	譄 767	shū	識 766	磔 401
訟 758	䋢 344	司 266	衛 320	鼠 805	徐 141	儵 766	匠 420
頌 788	巳 348	㦮 410			俆 141		箮 421

tú	tīng	tì	棠 393	蕁 679	T	suì	sū
埮 226	桯 392	俤 157	楊 669	tǎn		歲 420	峀 185
奎 226	聽 623	惕 556	tāo	祖 664		歳 420	sù
圖 304	聑 623	愳 562	滔 476	tàn	tā	采 599	夙 323
圉 304	縊 689	薏 564	táo	坎 229	㐌 196	諀 765	䎃 323
煮 304	䆝 689	tiān	匋 165	炭 533	它 327	suō	宿 339
徒 314	tíng	天 235	窑 165	戻 533	tái	衰 664	佰 339
涂 471	廷 215	罙 332	桃 390	戁 568	台 266	suǒ	寬 342
滌 471	定 335	tián	逃 710	tāng	臺 643	所 534	肅 669
赴 694	tóng	田 586	tǐ	湯 474	tān	索 683	迺 709
tǔ	僮 149	畋 587	體 791	募 676	灘 479	sūn	速 711
土 217	同 269	tiāo	僼 791	táng	貪 725	孫 363	suí
tuì	婳 372	佻 138	體 791	堂 227	tán		遂 719
退 711	童 609			堂 227	埮 229

晱 460	胃 499	惢 559	危 184	徫 311	忞 543	**W**	tún
wò	憲 562	愇 560	威 408	逶 312	萬 676		屯 044
臒 090	畏 587	葦 678	鰃 413	柱 387	萬 679		脺 507
臒 090	wén	緯 690	愄 559	致 427	萬 680	wā	詑 764
wū	文 519	wèi	wéi	冈 651	wáng	汙 466	tuó
烏 529	旻 520	味 283	唯 292	wàng	亡 171	窊 771	駞 697
幠 566	聞 783	春 283	敱 425	望 505	尦 176	wài	tuǒ
鶖 802	餇 783	衛 320	為 487	覣 505	荵 176	外 322	妥 370
wú	晿 786	姯 323	惟 557	寛 505	王 374	wān	
吳 281	矞 786	未 384	韓 699	斉 505	犿 398	夗 322	
無 531	wèng	賤 410	違 719	忘 542	貢 725	wǎn	
wǔ	罋 592	壘 421	韋 798	wēi	訨 758	兔 170	
五 023	wǒ	壅 422	wěi	危 184	wǎng	wàn	
伍 133	我 404	聱 464	尾 346	廆 184	往 311	堇 231

追 713	矣 596	麈 389	xǐ	昔 447		炙 612	㗒 133
覍 733	賢 728	xià	歖 430	溪 476	X	務 613	吾 271
xiāng	臤 728	下 010	憙 565	犀 479		孜 613	武 419
相 583	xiǎn	夏 324	盍 591	西 626	xī	雺 771	浂 473
叟 583	㬎 465	頿 324	xì	裛 665	傒 148		虐 644
鄉 745	㬎 465	虽 324	係 141	遜 720	奚 248		惟 775
香 791	險 780	皀 324	陸 226	xí	徯 320		wù
薌 791	隥 780	xiān	盡 593	席 325	夕 321		勿 163
xiǎng	顯 790	先 167	壽 593	筥 325	㝏 334		懋 308
享 179	xiàn	选 710	虤 649	習 682	屖 347		孟 308
宣 179	獻 399	鮮 803	虢 649	遅 712	屖 347		戊 402
薔 676	膜 586	xián	絟 687	隰 779	析 388		敄 430
xiàng	莧 675	弦 352	xiá	陸 779	斦 388		汙 466
向 269	縣 690	咸 408	柙 389	飌 796	㲅 421		毋 569

xuè	蓄 677	雩 771	澳 478	星 455	陘 779	xiāo	象 705
血 662	xuān	雾 771	xiōng	xíng	xīn	獟 198	鄡 745
xún	宣 334	需 771	兄 166	刑 185	新 485	孝 361	嚻 745
尋 233	愋 559	須 788	倪 166	鄳 185	新 486	笑 655	嚻 746
鱘 233	繯 567	xú	蚭 167	型 222	心 537	芙 655	衜 746
旬 446	軒 697	徐 141	兇 169	莝 223	忻 544	xié	衜 746
蕁 679	xuán	邑 585	凶 180	行 308	忞 545	潪 475	xiāo
xùn	玄 177	xǔ	xiū	翌 464	訴 759	xiě	嚻 299
峃 334	xuē	洇 469	休 133	xǐng	xìn	血 662	xiáo
巽 349	薛 679	怔 548	xiù	省 584	信 141	xiè	佼 139
惢 552	朝 768	許 758	敕 428	眚 584	囟 302	离 108	佲 139
遜 720	xué	xù	秀 598	xìng	xīng	褻 666	洨 470
訓 757	學 364	岫 185	xū	幸 221	興 162	繲 691	xiǎo
訊 758	學 364	叙 428	虚 648	狌 221	騂 162	隰 779	筱 655

詬 758

Y

yá

牙 414
䍧 414

yà

亞 046
疋 610

yān

𡨑 342

yán

延 215
嚴 299
琂 381
炎 530
鹽 593
𥂁 593
瀘 593
言 751
顔 789
彥 789

yǎn

公 265
掩 483
敾 483
穿 609
畬 701

yàn

佞 312
猒 398
猒 398
晏 457
燕 532
鷃 532
諺 766
詹 766
雁 775

yāng

央 246
昗 283

yáng

昜 455
惖 558
羊 666
鄒 745

yǎng

卬 183
養 795
羖 795

yàng

恙 550
羕 667

yāo

宎 332
要 627

yáo

堯 229
夅 389
敎 432
肴 499
迗 706

yào

窔 609
藥 681

yē

暳 533

yě

也 092
野 738
埜 738

yè

夜 179
葉 676
頁 788

yī

一 001
弌 002
伊 134
依 139
沶 470
衣 663
罷 682
鳦 805

yí

僊 146
戣 226
宜 333
㞒 347
配 349
恋 552
㞕 575
疑 611
矣 611
惫 611
惫 611
迻 710

yóu	猷 197	yǐng	yīng	醫 746	翠 585	圪 218	遺 721
猷 398	埇 227	浧 471	瑛 381	音 796	臭 585	埶 228	頤 789
游 475	羕 667	郢 744	英 674	yín	異 588	弋 252	穎 789
蚘 649	yòng	yìng	纓 691	寅 339	義 667	贰 252	yǐ
遊 719	用 109	孕 361	讔 766	淫 474	紲 683	膏 295	以 119
yǒu	yōu	yōng	yíng	垩 487	逸 716	嗌 298	呂 119
卣 107	攸 135	章 180	汲 467	瘋 605	㵝 716	㝡 298	佾 146
卤 107	学 364	膉 509	盈 590	yǐn	象 716	役 311	欼 517
友 211	幽 373	雝 775	溋 590	尹 344	馳 727	敡 409	矣 596
㕛 211	忧 543	噰 775	蠅 650	歈 518	赢 729	敃 426	yì
替 211	憂 562	yǒng	蠱 650	yìn	邑 740	易 450	佾 138
有 497	息 562	甬 101	縕 689	印 184	yīn	湯 473	傷 144
酉 701	聶 563	俑 143	經 689	衛 320	佘 139	悊 552	亦 177
		勇 197	縈 690	廞 759	因 301	祭 578	剗 195

戉 402	薳 677	悁 551	聿 669	弆 234	與 158	俞 140	yòu
月 497	趄 694	悥 551	芋 671	御 319	舉 161	堣 230	又 200
yún	逗 694	悥 552	紆 683	迂 319	礜 161	於 521	右 265
云 198	yuǎn	鳶 801	綏 686	駿 319	禹 230	愚 559	幼 372
yǔn	遠 719	yuán	暈 698	騨 319	墅 230	懇 566	窅 372
允 166	yuàn	原 105	豫 705	玉 379	异 234	禺 587	yū
隕 779	夗 363	元 166	遇 714	獄 399	愬 566	竽 654	陓 777
yùn	悡 543	員 289	譽 767	哉 409	黄 680	逾 716	yú
孕 361	怨 560	圓 303	yuān	攱 423	羽 681	諭 766	于 006
慍 558	yuē	囩 303	夗 322	敔 427	語 763	雩 771	余 134
恩 558	曰 435	爰 487	淵 475	浴 471	語 763	魚 803	參 134
篕 657	約 682	邊 589	囷 475	欲 516	雨 770	鮌 803	佘 135
	yuè	备 589	悁 551	愈 559	yù	yǔ	舍 135
	樂 395	芫 672	悁 551	慾 564	會 213	与 007	狳 139

Z

zhě	zhāo	卮 762	慮 564	zéi	寁 610	zāng	
者 614	朝 506	zhàn	懕 564	賊 727	趲 695	臧 410	Z
zhēn	誟 758	宦 333	zhāi	zēng	zé	戕 410	
愩 567	zhào	戰 411	齋 807	增 232	則 189	臧 411	zāi
蓁 677	旐 108	戳 412	zhái	憎 566	澤 478	zàng	哉 288
酖 702	詔 760	zhāng	坨 222	矰 598	擇 483	惑 562	甾 288
酖 702	翟 760	暲 464	宅 328	zèng	罯 483	zǎo	栽 390
貞 723	zhé	章 608	厇 328	贈 730	薭 680	早 446	災 530
鼎 724	樆 396	zhǎng	宦 329	zhā	迮 708	景 446	灾 530
zhěn	折 482	倀 144	zhān	戲 213	責 725	璨 606	志 542
稹 307	慹 551	掌 608	占 107	櫨 395	賎 725	蚤 649	材 575
砧 581	轍 699	丈 023	瞻 586	zhà	zè	zào	zǎi
zhèn	鏨 699	障 779	贍 586	乍 056	昃 447	敚 428	剞 195
樸 396		墐 779	詹 762	怍 547	昊 447	竈 610	載 697

奭 734	諈 764	重 737	zhōng	督 463	zhǐ	zhī	朕 505
zhuāng	zhú	硅 737	中 051	盩 463	止 414	之 057	誫 764
妝 370	逐 712	貯 738	仌 133	志 541	旨 447	只 265	zhēng
zhuàng	述 712	zhōu	审 332	憶 567	輖 699	枝 388	征 311
壯 221	zhǔ	州 089	忠 544	寔 611	zhì	枳 388	徵 320
牀 569	偖 144	周 287	慫 565	至 641	制 188	支 397	𢒈 320
zhuī	宔 334	舟 663	終 684	籔 657	裚 188	坘 420	敳 320
隹 773	渚 473	zhòu	鐘 781	絧 687	鷹 326	脂 502	爭 487
zhǔn	煮 532	晝 459	zhǒng	綢 688	窒 342	邲 744	zhèng
緟 693	zhù	胄 502	種 600	詞 759	桎 390	zhí	正 414
zhuó	壴 226	鷛 806	糧 670	訽 759	肯 420	直 104	政 424
酌 701	祝 577	zhū	zhòng	訇 760	敊 432	執 229	證 765
zī	箸 656	株 391	衆 662	雉 775	智 461	植 392	諍 765
孳 364	篁 658	戍 409	纏 691	驎 775	晢 461

睉 702	族 529	zì	兹 372	
				zuǒ	足 738	自 660	丝 372	
				左 216	zǔ	zōng	孳 373	
				zuò	俎 141	宗 332	牸 373	
				作 136	祖 576	縱 691	兹 373	
				做 136	褯 580	zǒng	緇 688	
				复 136	組 684	總 721	紂 688	
				坐 220	縬 684	zǒu	資 727	
				集 580	zuì	走 419	zǐ	
					罪 651	走 693	子 353	
					辠 651	zú	姊 370	
					邉 722	卒 104	杍 387	
					zūn	衮 104	訨 761	
					尊 702	潨 477

上海博物館藏楚竹書書法藝術淺論

陳松長〔一〕

上海博物館藏戰國楚竹書已出版了七卷〔二〕，共刊布了四十五種文獻，九百余枚楚簡。據整理者介紹，這批簡是一九九四年從香港的古玩市場所購得，一共有兩批，第一批共一千二百余枚，第二批共四百九十七枚。從已刊布的這七卷來看，應該是第一批中的絶大部分了，因此，對這批已刊布的楚竹書的書法藝術進行討論，應該會比較客觀地反映上海博物館藏楚竹書以下簡稱上博楚竹書的書法藝術特徵。

我們在討論這批楚竹書的書法藝術之前，還得先交代一下這批楚竹書的抄寫時代問題。由於這批楚竹書是從香港的古玩市場上搶救回歸的，故其準確的出土地點和相關的考古材料都無從知曉，因此，其抄寫年代也就只能從字體上、内容上以及與其他的考古材料類比中去推斷。對此，整理者認爲：『從簡文内容看，其中一些史事記載，頗多與楚國有關。簡文字體，乃慣見的楚國文字。據上海博物館竹簡樣品的測量證明和中國科學院上海原子核靈敏小型回旋加速器質譜計實驗室測年報告，標本的時代在戰國晚期。而且，其中有兩篇未經著録的賦殘簡，顯然是楚國的文學作品。流傳至今的賦多是戰國晚期之作，荀子的賦和屈原的離騷都屬於這一時期，這批竹簡中的賦，大體上是同一時代的作品，據種種情況推斷和與郭店楚簡相比較，我們認爲上海博物館所藏竹簡乃是楚國遷郢以前貴族墓中的隨葬品。』〔三〕應該説，這種推斷大致是可信的，但如果我們具體到每種抄本的抄寫年代的確定，那就會有很多的不確定因素，因此，我們也只能在這個大致的時代範圍内，從書體本身着手，參之以文字的繁簡異變來大致地分析其抄寫年代的具體先後和抄手的異同。

在戰國簡帛的大量出土以前，人們在討論戰國書法時，多只能借助鐘鼎銘文和石刻文字來進行討論。祝嘉先生在討論『周朝之書學』時曾指出：『周代鐘鼎之制作，較商代爲精，而銘文亦漸趨於繁，不若殷代之簡陋矣。……而銘文之最長者，當推毛公鼎與散氏盤。毛公鼎文長四百九十七字，散氏盤文長三百五十七字，字多完好，誠書學之至寶也。』『周代書學之可考者，除鐘鼎外，尚有石刻。……周代石刻之最可寶者，當推石鼓文。廣藝舟雙楫稱石鼓文如金鈿落地，芝草團雲，不煩整裁，自有奇綵。石鼓既爲中國第一古物，亦當爲書家第一法則。』〔四〕祝嘉先生在討論『周朝之書學』時是上世紀四十年代，他尚没看到楚地出土的簡帛文字，所以除對鐘鼎文字和石鼓文、詛楚文略加討論外，自然無法討論我們現在所看到的如此衆多的戰國簡帛材料了。

從現在已公布的楚地出土簡帛材料來看，最早的已到春秋末年至戰國早期，如著名的曾侯乙墓出土的竹簡。往下有戰國中期的河南信陽長臺觀楚簡、湖南慈利石板村楚簡、湖北望山楚簡、河南新蔡葛陵楚簡等，而戰國中晚期之交的更有長沙楚帛書、湖北郭店楚簡、湖北包山楚簡等。現在我們所討論的上博楚竹書在時代序列上比湖北郭店楚簡的時代略晚一點，是戰國晚期之物，因此，在某種意義上來説，上博藏楚竹書乃是現在所知戰國楚簡中時代比較晚的一批楚簡，正因爲其抄寫的時代較晚，故更可能充分地吸收和反映楚簡文字的各種藝術特徵，當然，也正因爲其時代處於即將劇烈變化的戰國晚期，故其書風也多少會反映出末代王朝的些許風氣特徵。因此，我們在討論其書法藝術時，或多或少會參考比較不同時期的楚地簡帛材料來解讀其書體形態與風格特點。

現已刊布的七卷上博楚竹書中，共分爲四十五種文獻，據整理者分析，這些文獻的抄手可能多達十餘人。當然，對不同文獻是否是同一抄手的判斷，也許有不同的認識，但我們認爲：同一個抄手在不同的時期所寫的文字形體也許會有些變化，但不管這種變化有多大，其主要的書寫特徵應該是相同或相近的。因此，與其將這種書體的不同歸結爲是同一個抄手不同時期所抄，還不如將其理解爲是不同的抄手所留下的墨迹。

上博楚竹簡的抄寫基本上是一種文獻由一個抄手來抄寫的，但細細比較，我們發現，這些抄本中，既有同一個抄手抄寫好幾種文獻者，如孔子詩論、子羔、魯邦大旱三篇，一看就是一個抄手所抄寫，有學者已指出，子羔篇本應與孔子詩論合爲一篇也有一種文獻由不同的抄手抄寫者。例如性情論這一篇，整理者説：『本篇書體工整、嚴謹，字距劃一，猶如標尺點花。屬此類書體的還有上博楚竹書周易、恒先，當爲同一人書寫。』這裏我們姑且不討論性情論與周易、恒先是否爲同一人書寫，就是性情論這一篇，也有兩種完全不同的書寫風格。如開篇的第一、第二、第三枚簡的文字構形特徵和書寫風格就與後面幾十枚的大不相同。如從文字構形方面來看，這三枚簡中的『也』、『之』、『者』等常用字的就明顯不同。見圖一、圖二

再從綫條的處理來分析，前三枚簡的横筆都是輕入重收，其綫條呈現出從細到粗，然後戛然止住的方形筆觸，而後面幾十枚簡的横筆則多呈向下圓弧收筆的特徵，兩者有着完全不同的書寫習慣特徵。因此，我們判斷這篇文獻應該是先由一個人抄寫了前三枚簡，然後再由另一位抄手接着抄寫完成的。除了這種明顯的兩人合作抄寫外，也有在另一個抄手接着抄寫而突然打住者，如用曰這一篇的末尾，在表示篇尾的墨釘之後，一位抄手

剛抄寫了四個半字，就被緊急叫停了，特別是第五個字剛寫了兩筆，字還没寫完，就戛然而止。見圖三這種情況的出現，要不就是突然發生了意外，要不就是這位抄手的書寫水平較差，所以被主人緊急叫停了。但不管怎樣，它還是給我們留下了兩人抄寫同一篇文獻的痕迹。

圖一

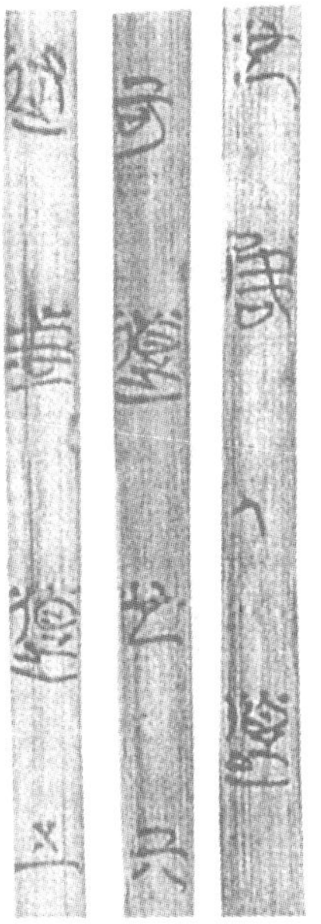

圖二

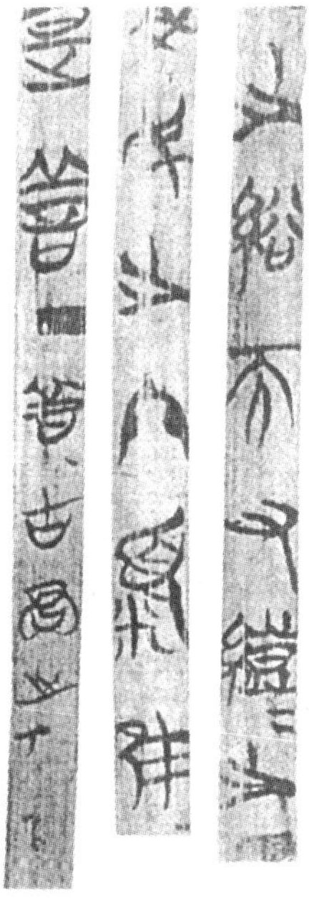

圖三

上博楚竹書由於抄手衆多，故所呈現的筆畫特徵、字體結構、章法布局、用筆特點和書體風格等方面，都有着許多可供我們仔細品鑒分析之處，而這些方面也大多是上博楚竹書的書法藝術趣味所在。

首先，我們從其筆畫特徵來分析，它給人的印象是筆法豐富多綵，綫條富有起伏變化，完全可以用『生動活潑』四個字來形容。例如其横畫就主要有以下幾種書寫方式：

（一）尖起輕入，逐漸下按，以厚重的頓筆收尾。見圖四這種筆觸在敦煌寫經中可以説是發揮到了極致。同時，在一筆的運行中，常常介入了很明顯的提按動作，從而增强了綫條的起伏變化。見圖五

（二）方起重入，起筆重按後再提筆右行，其横綫的頭部狀如釘頭，顯得剛勁有力。見圖六、圖七

（三）所有的横筆都呈向右上聳行的筆致，從而使整個字形呈左低右高之勢，形成一種楚簡中常見的字體右

聳格局。見圖八、圖九

圖四

圖五

圖六

圖七

圖八

圖九

再如橫折豎的筆法，也有很明顯的特徵：

（一）橫畫運筆至轉折處後，轉入側鋒向下行筆，在轉折處形成特有的三角形轉折墨痕。見圖十

（二）橫畫運筆至轉折處後，調整筆鋒，然後豎行運筆。見圖十一、圖十二

（三）橫畫運筆至轉折處後將筆提起，另起一筆，即在與橫畫連接後向下行筆，形成一種換筆轉折的態勢。見圖十三

圖十

圖十一

圖十二

圖十三

其次，我們從上博楚竹書的字體結構來分析，大致有如下這些很明顯的特徵：

（一）大部分字體在結構上採取左低右高、向右上方運動的方式，如子羔篇見圖十四和民之父母篇見圖十五。這一特徵在著名的長沙子彈庫楚帛書見圖十六和郭店楚簡的文字中有充分的表現。可以説，這應該是楚地簡帛文字構形中的主要特徵之一。

（二）在字的結構中出現封閉性組件時，綫條的書寫多採用順時針方向的旋轉橫加豎和逆時針方向的旋轉豎加橫的兩筆加以封閉，没有隸書、楷書中的橫筆。這一點，與篆書的運筆構形特徵完全一樣，如『則』、見圖十七『昏』、見圖十八『胃』、見圖十九『見』、見圖二十『旱』、見圖二十一『帛』見圖二十二等字。在這種字體結構的組合中，爲了書寫的便捷，常常減省了一些筆畫，前面我們看到橫畫的省略，在橫折的轉換時往往還可以減省豎畫，『胃』、見圖二十三『豈』見圖二十四等字。

（三）比較注重用綫條的重疊來構建字形：有一種特殊的視覺效果，如性情論見圖二十五就大量使用了各種筆

圖十四

圖十五

圖十六

畫的排叠來構形，這些重叠筆畫的排列不求長短一致，富於變化，構成一種特殊的書法趣味。這種構形特徵我們雖然在包山楚簡中也看到過，但尚没有這樣突出，而在其他楚簡的書寫中也不太常見。

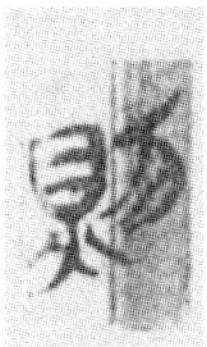
圖十七

圖十八

圖十九

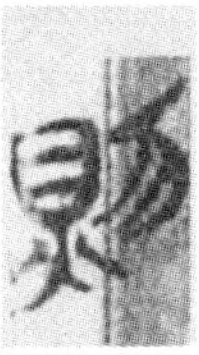
圖二十

圖二十一

圖二十二

圖二十三

圖二十四

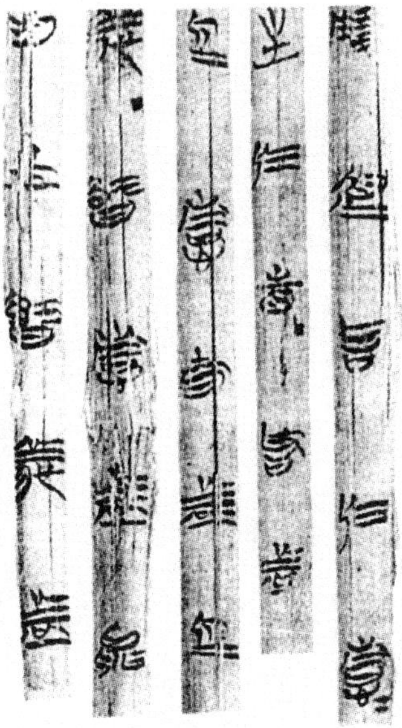
圖二十五

第三，從上博楚竹書的用筆特徵來分析，如果仔細地觀察每一筆的綫條運行與用筆的輕重變化，我們就會發現，上博楚竹書的書寫綫條具有很明顯的起伏變化與對比反差，即使是同一個字的相同筆畫，寫法也是各有差異。例如『勿』字出現的比例較多，多數的『勿』字在第二畫轉折時採用圓轉的運筆方式。見圖二十六、圖二十七但也有的把圓轉的筆觸寫成了方折的筆道，從而與其他三畫構成長短相等的平行排疊。見圖二十八這樣，與多見的圓轉筆道形成鮮明的對比，富有藝術趣味。

圖二十六

圖二十七

圖二十八

再如『亡』字，我們且選取幾個構形較有特點的字例：

圖二十六A

圖二十七A

圖二十八A

圖二十九

圖三十

圖三十一

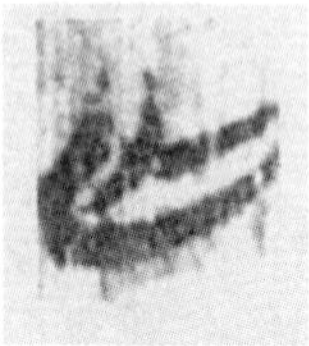
圖三十二

很明顯，儘管是同一個字，但其寫法各異，這很充分地反映了當時抄手的藝術取向和力避單調重復的藝術水準。如多數的『亡』字第一竪畫完成後，橫畫從竪畫的中間開始起筆向右上沖出，其中圖二十六A、二十七A、二十九、三十中的起筆竪畫寫得尖利短促，而圖三十一、三十二的起筆竪畫則寫得圓渾肥厚而有弧度，兩者形成用筆風格完全不一樣的鮮明對比。再如『亡』字的最後一筆，雖可視爲橫筆，但其運筆處理却各具特色，完全不拘一格。圖二十六、二十七是向右上斜沖的綫條，首尾粗細差不多，顯得剛勁有力；圖二十八A則尖起滑入，用筆下挫之後再上揚，以較肥重的頓筆收尾；圖二十九的用筆則是先向右上斜行，然後中途下壓，以方筆收尾，干淨利索；圖三十是圓起平行的綫條，兩頭較細，中間較粗，綫條比較圓轉；圖三十一是先細後粗的斜行綫條；圖三十二則是先粗後細的上揚綫條，兩者都以綫條沖出竹簡的邊綫而收筆，有一種自然形成的一方一圓的綫條效果。

這樣的字例很多，再如『九』字，在處理轉折的用筆方面，也富有變化。

圖三十三

圖三十四

圖三十五

圖三十六

圖三十七

如圖三十三、三十四、三十五等字例的第二筆轉折處是很突出的尖角轉折，有一種劍拔弩張之勢。而圖三十六、三十七字例中的轉折就改用爲圓轉的用筆，從而使其轉折變得圓轉而柔婉，完全是另一種氣象了。這種明顯的綫條變化，在上博楚竹書中比比皆是，這多少也説明，戰國晚期的抄書者已具有了很高的書寫技能，他們已經能很熟練地根據需要來掌握和變化使用綫條，從而構成形態自然生動的各種文字形體。

第四，從上博楚竹書簡與簡之間有的是一枚簡分節組合所形成的特殊章法來分析，我們可以强烈地感受到其分篇布局的種種藝術趣味。

上博楚竹書各篇由於抄手的不同，自然形成了各自不同的文字風格和布局特點，有的字數多而形大，字距不寬，文字排列密集，顯得緊湊而茂密，如緇衣篇。見圖三十八

圖三十八

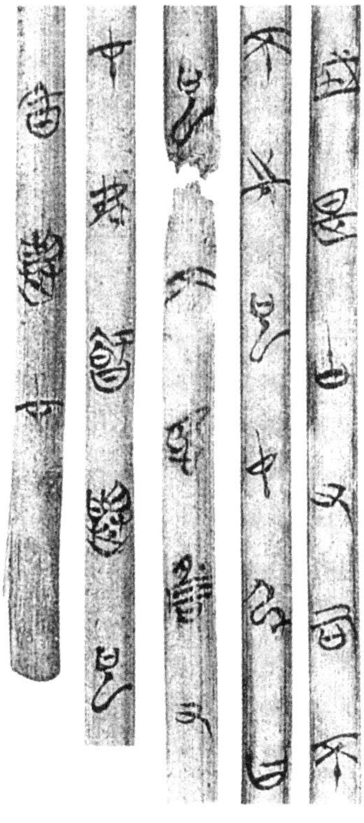
圖三十九

有的一枚簡上字數不多，但行款布白疏落有致，落落大方，顯得從容自如，如中弓篇。見圖三十九

這種在布局上的疏密變化，儘管主要是因衆多抄手的不同書寫習慣所自然展示出來的，但它却使上博楚竹書的章法布局顯得豐富多綵，具有可供現代書法家品鑒不盡的種種書法趣味。

最後，如果從上博楚竹書的書體風格來分析和品鑒的話，我們可以先將其大致地分爲以下十三類：

第一類：孔子詩論、子羔、魯邦大旱

第二類：緇衣、彭祖、競公瘧、弟子問、吳命

第三類：周易、恒先、中弓

第四類：曹沬之陳、君子爲禮

第五類：昔者君老、内禮

第六類：柬大王泊旱、從政、莊王既成、平王問鄭壽、平王與王子木、昭王毁室

第七類：季庚子問於孔子、鬼神之明、融師有成氏

第八類：民之父母、孔子見季桓子、姑成家父、三德、武王踐阼

第九類：性情論、鮑叔牙與隰朋之諫、天子建州乙本、凡物流形乙本

第十類：容成氏、相邦之道、鄭子家喪、採風曲目、競建内之

第十一類：逸詩、君人者何必安哉、凡物流形甲本

第十二類：慎子曰恭儉、天子建州甲本

第十三類：用曰

當然，這僅僅是一種大致的分類而已，如果分類標準比較寬鬆的話，其中還有可以合併者，如第一類與第二類在構形方面就有許多相似之處，如一些常見的「之」、「也」、「已」、「以」等字的構型就基本相同，但由於書體風格不同，在用筆和綫條的處理上又有明顯的差別，所以我們還是將其分爲兩類來分析。

從書體風格來看，上博楚竹書可以説是異綵紛呈，它們或整飭、或秀逸、或工整、或粗放、或古拙、或恣肆，多給人以不同的藝術感受。下面我們且擇其要者做些解析和品鑒。

孔子詩論、見圖四十子羔、魯邦大旱這一類可以説是上博楚竹書中最爲整飭勁峭者。

從整體上看，其綫條都匀整乾净，横畫多尖起方收，或方起方收，顯得方勁爽利；竪畫則多方起尖收，頗帶

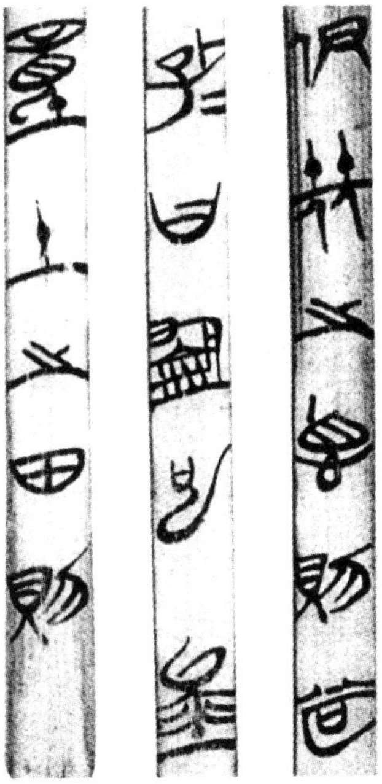

圖四十

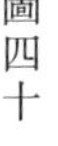

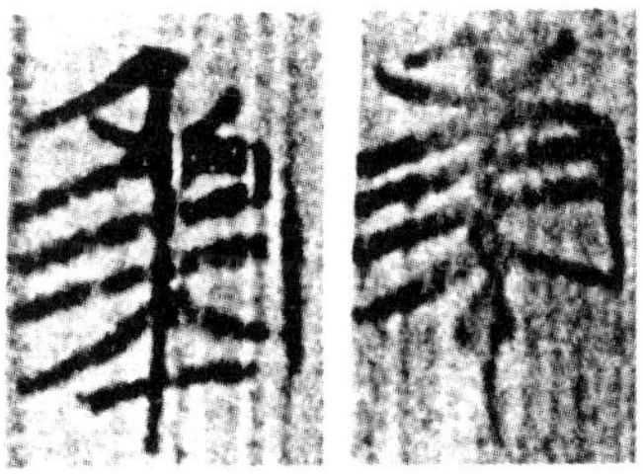

圖四十一

懸針筆意；轉折處雖多是弧筆，但弧中帶方，多有一種勁峭的氣象。在文字的構形上，由於所有的横筆幾乎都是向右上伸展，所以都呈向右上斜聳之勢。特别值得注意的是，抄寫者頗喜用圓點來作飾筆，這種飾筆，有些是短横的替代筆法，如『不』、『民』、『隹』等，有些則完全是一種裝飾，如『甬』、『風』、『與』等字。有意思的是，同是一個『秉』見圖四十一字，有的用很平實的横筆，有的則用圓點替代，這多少説明這位抄手很喜歡使用這種裝飾性的筆畫。這種用圓點作裝飾的構形特徵，我們在齊國青銅銘文中也看到過。如被日本白川静定爲公元前三六一年左右的陳侯午敦見圖四十二和公元前三五五年前後的陳曼簠見圖四十三，就是這一路裝飾風格的代表。從時代上看，上博楚竹書的抄寫年代在戰國晚期，比陳曼簠等齊國青銅器的鑄造年代儘管要晚幾十年，但受其影響的痕迹仍然非常明顯。因此，我們可以大致推斷，這位抄手當是一位非常熟悉齊國文字書寫特徵的抄手，或者説，這是一位來自齊國的抄手也未嘗不可。曾有學者指出，上博楚竹書中有齊係文字的特徵，因此推斷其中有些文獻是抄自齊地文獻。筆者以爲，與其從文獻的角度去區分楚地文獻與齊地文獻，還不如從文字構形特徵去尋找其淵源與流變。

與孔子詩論等文字構形特徵比較接近的有上揭的第二類和第三類，前者的最大差别是字體拉長，行筆比較舒展，字距比較緊湊，在書風上顯得秀逸有餘，勁峭不足。最大的相同是同樣用圓點作爲裝飾筆畫，如『古』字上面的一横就縮成一點，『型』字中『土』的上面一横也用點來替代，而同一簡中的同一個『型』字又不用點，這種特徵與前述孔子詩論中的書寫特徵完全相同。此外，其字體都向右上斜拱，行筆都圓中帶方，文字構形與書寫的風格取向基本相同。後者的最大差別是筆畫綫條變得粗細匀整，除起筆處略見頓挫，方起筆鋒清晰可見之外，其綫條很少有粗細的變化，就好像是硬筆畫出一樣，綫條勁峭，如劍戟縱横，有一種整肅之氣象。在文字的佈局上則字距較寬，字體扁方，顯得疏朗清爽。但值得注意的是，在書體風格比較接近的中弓和恒先篇中，仍經常可看到用圓點裝飾的書寫習慣，如「生」、「不」、「中」、「弓」等，都是同一種裝飾筆觸，因此，如果從這種書寫特徵考慮，我們可以將其作爲同一種書體風格特徵來對待。

圖四十二

圖四十三

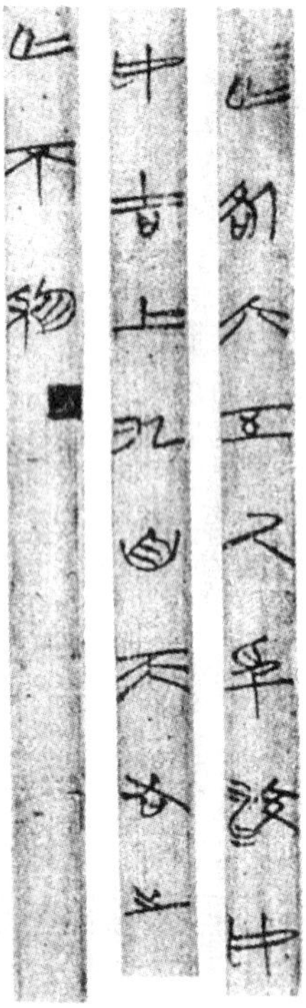
圖四十四

周易見圖四十四是上博楚竹書中寫得最爲工整的一種。其書寫的綫條粗細均一，起筆多方，收筆頓挫，用筆平直，較少粗細變化，有些頗類似於硬筆書寫，顯得剛勁而端莊。

有關竹簡的書寫工具，從考古發現所知，戰國時代出土的都是毛筆，現在尚没發現戰國時代的硬筆。但我們知道，在漢代出土物中，已發現了漢代的竹錐筆，那是一九九一年底甘肅敦煌市西北哈喇淖爾湖東南岸漢代高望燧遺址發現的，伴隨出土的還有漢代墨書木觚一枚、銅箭鏃二枚及漢代毛筆一支。這是目前我國發現的最早的古代硬筆，原物現存敦煌市博物館，其長度有十一厘米。儘管這支竹錐筆的準確時代尚不太清楚，但它的出土，至少告訴我們，早在漢代就已有硬筆書寫了。現在我們在上博楚竹書中看到這種類似於硬筆書寫的字體，這不能不讓我們推想，也許早在戰國晚期，就有了這種類似於硬筆的使用。不然，面對這種文字構形如此工整、綫條運用如此硬朗而乾浄利落的楚簡書風，怎麽也想像不出兩千多年前的古人是怎樣巧妙地把握和使用軟筆來表現這種特殊書風的。與此類書體風格相同的還有中弓篇、魯邦大旱篇等，但相比之下，後者顯然還没有前者的規整和嚴謹。

在書寫風格上，較有藝術趣味的還要以民之父母篇見圖四十五爲代表，其字體構形長短相間，在用筆上橫畫多尖起頓收，綫條多由細到粗地運行，而竪畫則重起尖收，綫條則由粗到細地呈弧綫運筆，與橫畫形成有趣的交叉對比，從而使其字體顯得摇曳多姿，富有變化的機敏和筆墨的趣味。書風與此相同的還有武王踐阼見圖四十六篇等。

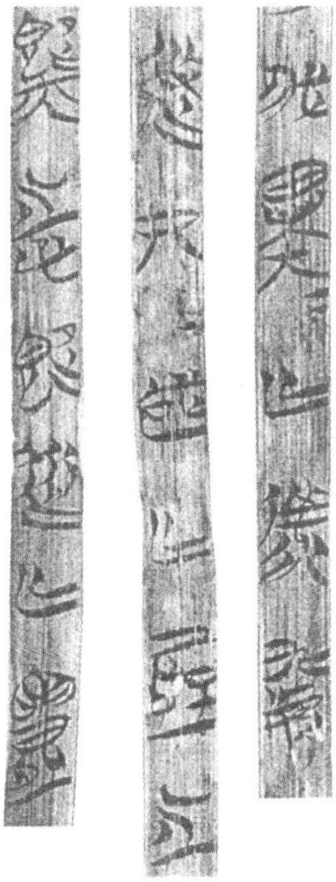

圖四十五

圖四十六

書體相對清爽遒美的一類當以緇衣篇見圖四十七爲代表，其文字構形時的運筆多折轉，很有棱角分明的特徵，其綫條多兩端細，中間粗，間以少量的方收筆畫穿插其間，顯得變化有致，舒展有度，構形清爽雅逸。與此書風相類似有内豊篇、昭王毁室篇、三德篇等。

書風樸茂恣肆的可以容成氏篇見圖四十八爲代表，其綫條處理上是橫筆方收，竪筆尖收，弧筆兩頭尖細，中間厚重，由於筆道較粗，加上字距較窄，顯得滿簡墨色淋灕，一種古拙恣肆之態躍然簡上。

圖四十七

圖四十八

圖四十九

以圓渾厚重爲特色的當以柬大王泊旱篇見圖四十九爲代表，其綫條以圓渾爲主體，多圓轉而肥短，没有方起尖收之勢，結體多以方形取勢，字距較寬，簡面上顯得疏朗清爽，圓渾厚重。與其書風相近的還有平王問鄭壽篇、平王與王子木篇等。

注釋

一 陳松長，湖南大學嶽麓書院教授。

二 上海博物館藏戰國楚竹書（七）已於二〇〇七年七月由上海古籍出版社出版。

三 馬承源：戰國楚竹書的發現保護和整理，載上海博物館藏戰國楚竹書（一），上海古籍出版社，二〇〇一年。

四 祝嘉：書學史，蘭州古籍書店，一九七八年。

上博楚竹書文字考釋二則

徐在國

馬承源先生主編的上海博物館藏戰國楚竹書已經出版了七册，每出版一册，均引起學界震動，文章紛至沓來，目不暇接，許多疑難字都得到了確釋，但在閱讀原始材料及學者論著時，也有許多困惑，個别字仍然不知如何分析，有時候面對諸説也不知如何取捨。承蒙饒宗頤先生厚愛，我有幸參與『上博竹書字匯』的工作。在參與這項工作的過程中，對上博楚竹書的個别文字形體有些許看法，下面寫出來，敬請大家指正。

一　説楚簡『叚』兼及相關字

上海博物館藏戰國楚竹書七吴命七號簡中有如下一字：

敢告~日

主要釋法有：

曹錦炎[一]：

隸定爲『剢』。

復旦讀書會[二]：

當隸定爲『斫』。疑『斫』是個從『斤』得聲的字。從斤得聲之字一般歸入文部或微部。此處可能讀爲『視』。『視日』古書屢見，又見於上博四柬大王泊旱。當然『視』與『斫』聲母有一定距離，是否真如此讀，我們不能肯定。

張崇禮[三]：

應分析爲從刀石聲，可能是『剫』之本字。説文：『剫，判也。從刀度聲。』爾雅釋器：『木謂之剫。』郭璞注引左傳曰：『山有木，工則剫之。』今本左傳隱公十一年『剫』作『度』。詩魯頌閟宫：『徂徠之松，新甫之柏，是斷是度，是尋是尺。』馬瑞辰通釋：『度者，剫之省借。』

讀書會把隸定爲『斫』，亦可謂卓識。有砍斫義，和『斫』音、形、義皆近，應是同源字。簡文的『度』，應釋爲推測、估計。詩小雅巧言：『他人有心，予忖度之。』『度日』猶言預定日期。

季旭升〔四〕：

那麽『敢告⿰石刂日』可能還是應該釋爲『告』的甲類，釋爲『告視日』仍不失爲一個可能成立的選項。

此字又見於上博六孔子見季桓子十四及清華簡保訓八：

 上博六孔子見季桓子十四好～宂以爲☐

 清華簡保訓八昔微～中於河

關於清華簡保訓中的字，主要釋法有：

李學勤〔五〕：

釋『假』。

趙平安〔六〕：

在郭店簡語叢四和上博簡容成氏中作偏旁使用，從石聲，可讀爲托。

清華大學出土文獻研究與保護中心〔七〕：

『叚』即『假』。

陳偉〔八〕：

從字形着眼，并結合目前看到的一些辭例，我們懷疑這個字似當釋爲『刏』。

說文刀部云：『刏，劃傷也。從刀，氣聲。一曰斷也。又讀若殪。一曰刀不利，於瓦石上刏之。』段注云：『刏與厲不同。厲者，厲於厲石。刏者，一切用瓦石磢之而已。』我們討論的這個字，從石從刀，大概正是取義於此。至於加『貝』的寫法，可能是爲『乞』字所造。『乞』多與財物有關，構字之由與『貣』、『貸』類似。

林志鵬〔九〕：

二家讀作『假』、『托』之字本從石從刀，陳偉先生釋爲『刏』，讀爲『乞』。按，此字從石從刀，會『用瓦石磢刀以利之』之意，當從陳先生說視爲『刏』之異體，惟可如字讀（與『祈』通），訓爲殺牲釁鼓之儀式。簡文『中』則指軍旅所用建鼓（用其本義，詳下文）。『祈中於河』即在『河』釁鼓誓師。後『微無害（害訓爲患），歸中於河』，則爲戰勝後至河的報祭（釁鼓而藏之）。

武家璧〔一〇〕：

寶訓講商先公上甲微報復有易氏，使之『服厥罪』，其主要手段是『⿰石刂中於河』。竹書紀年載：『殷侯微以河

伯之師伐有易』，山海經大荒東經郭璞注引竹書曰：『殷主甲微假師於河伯以伐有易。』李學勤先生釋文『假中於河』，殆擬合『假師於河伯』之意，雖文意可通，但字形不合。

『⿰石刂』字從石從刀，趙平安隸寫爲『⿰石刂』甚確。此字見龍龕手鑒、四聲篇海、正字通等，謂『砌』之俗字。遼釋行均撰龍龕手鑒輯録大量俗字、異體字、古文字及簡體字，在釋讀敦煌文獻中發揮重要作用，是辨識古俗字的重要工具。說文：『砌，階甃也。』『砌中』即以甃石壘砌成臺階狀的『中』壇……『砌』有堆聚之義，故『砌中』亦可解釋爲築壇聚衆，然後祭告天地，誓師出發。

徐伯鴻[一一]：

這個所謂的『⿰石刂』字，其左半的上部是『廠』，下部是『口』，右半是『刀』。我以爲，其左半的上部的『廠』『廠，山石之厓巖，人可尻。』與右半的『刀』構成了『叚』字的原形，下部的『口』，是『石』的象形。說文『石，山石也。在廠之下；口，象形。』這個字應是『從石，叚聲』的『碬』字。

說文：『碬，厲石也。』春秋傳曰：『鄭公孫碬，字子石。』說文解字注於『碬』字下注：『碬篆舊作碫。……以馬赤白色曰騢，玉小赤曰瑕……厲石赤色名碬宜矣。』

碬，在簡文中借作『叚』，猶如古多借瑕爲叚一樣。說文解字注：『古多借瑕爲叚。晋士文伯名匄，字伯瑕。楚陽匄、鄭駟乞皆字子瑕。古名字相應，則瑕即叚也。禮記公肩假，古今人表作公肩瑕。左傳瑕嘉平戎於王，周禮注作叚嘉。皆同音假借。』

以上是關於此字的主要釋法。在諸説當中，我們認爲李學勤先生和清華大學出土文獻研究與保護中心的意見是正確的。此字釋爲『叚』，字形分析爲從『叉』省，『石』聲。我們先看一下古文字中的『叚』字：

 克鐘  禹鼎

  曾伯陭壺 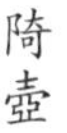 曾伯霥匿 金文編一百九十二頁

  周王叚戈  古璽匯編〇六〇四

 睡虎地秦簡 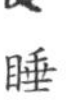 睡虎地秦簡 戰國文字編一百八十二頁

何琳儀先生對古文字中的『叚』字做了很好的分析，爲省儉翻檢時間，今轉引如下[一二]：

，西周金文作（），從叉，石聲。春秋金文作（），其訛作形。戰國文字承襲西周金文。說文：『，借也。闕。古文叚。譚長說叚如此。』小篆右上從乃形之訛變。譚長所引右上從則之演

變，尚可見爪形。與西周金文吻合。兩手相付以見借義。典籍多以假爲之。

何琳儀先生認爲叚『從叉兩手相付以見借義，石聲』、所從的『訛作形』，甚確。曾伯陭壺『叚』字作，又作，就是最好的證明。戰國文字『叚』字所從的『』就訛做『』形，遂與『刀』混。上博三周易五十四『王叚於宙廟』之『叚』字作：，可證何先生説之確。

我們認爲簡文『』、『』即『』之省形，釋爲『叚』是對的。

上録簡文中的『叚』，均讀爲『假』，訓借。廣雅釋詁二：『假，借也。』上博六孔子見季趄子簡十四：『民之行也，好叚假完美以爲⧄。』上博七吳命七『敢告叚日』，『叚日』讀『假日』，即借日。見楚辭離騷：『奏九歌而舞韶兮，聊假日以偷樂。』洪興祖補注：『顔師古云：此言遭遇幽厄，中心愁悶，假延日月苟爲娛樂耳。今俗猶言借日度時。』清華簡保訓八『昔微叚中於河』，『叚中』讀『假中』，關於『中』的含義，學術界争議頗大，李零先生最近撰文，專門談『中』字，李先生的意見是〔一三〕：

『中』，字到底指什麽？學者有三説：（一）旗幟説唐蘭説；（二）圭表説温少峰、袁庭棟説；（三）風向標説黄德寬説。參看于省吾主編甲骨文字詁林，中華書局，一九九六年。

案此三説，似可折中於中國古書所説的『表』。『表』者，即今語所謂『標杆』，它可以是普通的標杆，也可以是有旗斿的旗杆。這種杆子有兩個功能，一是『立竿見影』，當觀測日影的圭表用，二是借助旗斿觀風向，測風力（殷墟卜辭卜『立中』，經常會問是否『亡風』。三國演義第四十八和第四十九回講『借東風』的故事，周瑜吐血，是看旗，轉憂爲喜，也是看旗），三説并不矛盾。

古書所謂『表』，常與『旗』并説，是類似之物，如左傳昭公元年『舉之表旗』是也。『表』常用於軍中，用於合軍聚衆，教練士卒。如周禮夏官大司馬六韜犬韜分兵尉繚子的將令兵教上踵軍令都提到軍中的『立表』，以及用表旗劃分營壘，『戰合表起』等等。

表有兩大用：

一種用於集合，立表轅門，視日影消失，時當正午，全軍集合於表下，遲到者斬，古人叫『日中期會』，如司馬穰苴斬莊賈的故事就涉及這種制度史記司馬穰苴列傳。

一種是用於陣法操練，每百步樹一表，練習作坐進退，『及表乃止』。古人説，『古者逐奔不過百步，縱綏不過三舍』司馬法仁本，就是這麽訓練出來的。

我個人認爲李零先生的觀點可從。既然『中』可折中於中國古書所説的『表』，『「表」常用於軍中，用於合軍聚衆，教練士卒』，那末『假中』義同『假師』。簡文中的『中』字代指軍隊。

釋出了『叚』，下列楚文字中從『叚』的字也就可以解決了。

A一 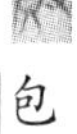 包山一百六十一～仿司馬洛臣

A二  包山一百五十八畢得～爲右使

A三  郭店語叢四二十六一家事乃有～

A四  上博二容三十九悳德惠而不～

A二何琳儀先生釋『厠』，認爲是『厠』之異文〔一四〕。李守奎楚文字編隸定爲『硎』〔一五〕。A三、A四的釋法很多，這裏就不一一例舉了。

我們認爲A一—A四是一字異體（祇是A一、A二所從的『石』省掉了『口』而已），均應隸定爲『⿰貝叚』，分析爲從『貝』，『叚』聲，字不見於後世字書。我們懷疑是『賈』字異體。上古音『賈』、『叚』均爲見紐魚部，説文：『椵，讀若賈。』亦可爲證。

上博二容成氏三十九『悳德惠而不⿰貝叚賈』，『德惠』，德澤恩惠。見管子五輔：『務功勞，布德惠，則賢人進。』史記秦始皇本紀：『皇帝休烈，平一宇内，德惠修長。』賈義爲賣。詩邶風谷風：『既阻我德，賈用不售。』鄭玄箋：『我修婦道而事之，覬其察已，猶見疏外，如賣物之不售。』陸德明釋文：『賈音古，市也。』容成氏三十九『德惠而不賈』，德澤恩惠而不售。

郭店語叢四二十六『一家事乃有⿰貝叚賈』，『⿰貝叚賈』疑讀爲『故』。典籍中『估』與『賈』、『沽』與『賈』、『固』與『瑕』、『胡』與『遐』相通可證，詳參高亨古字通假會典八百六十三—八百六十六頁。『故』字義項很多，擇其要者如下：

其一，事，事情。廣雅釋詁三：『故，事也。』左傳昭公二十五年：『昭伯問家故，盡對。』杜預注：『故，事也。』

其二，特指祭祀、期會等大事。禮記玉藻：『君無故不殺牛，大夫無故不殺羊，士無故不殺犬豕。』鄭玄注：『故謂祭祀之屬。』漢書禮樂志：『大臣特以簿書不報，期會爲故。』顔師古注：『故謂大事也。』

其三，意外或不幸的事。周禮天官宮正：『國有故。』鄭玄注引鄭司農曰：『故謂禍災。』結合語叢四二十六『一家事乃有⿰貝叚故：三雄一雌，三⿰金夸⿱艹是提，一王母保三嫛兒。』學者早已經指出『故』指的是『三雄一雌，三⿰金夸⿱艹是提，一王母保三嫛兒』。簡文『有故』當與周禮天官宮正『國有故』之『有故』同，指不好的事。

包山一百五十八「單得叚賈」之「賈」爲人名。包山一百六十一「叚賈仿司馬洛臣」之「賈仿」似爲地名或機構名，待考。

以上主要對楚簡中「叚」字的字形做了一些分析，認爲「」應分析爲從「𠬪」兩手相付以見借義，「石」聲；「」所從的「」，不是「刀」，乃「」形之訛。并對楚簡中從「貝」、「叚」聲的「叚賈」字形、義做了探討。

二　談上博七凡物流形中的「詧」字

上博七凡物流形甲、乙本中有如下一字：

 甲十四 戠察道，坐不下笤席

 甲十八 人白爲戠察

 甲二十 戠察此言记起於鼠一（一）[一六]耑端

 甲二十二 戠察道

 甲二十二 能戠察鼠一一

 甲二十二 女如不能戠察鼠一一

 甲二十三 女如欲戠察鼠一一

 甲二十四 戠察智知而神

 甲二十四 戠察神而同

 甲二十四 戠察僉險而困

 甲二十四 戠察困而退復

 甲二十五 戠察此言记起於鼠一一耑端

 乙十 戠察道，坐不下笤席

 乙十五 戠察鼠一一

 乙十五 女如不能戠察鼠一一

 乙十五 女如欲戠察鼠一一

 乙十七 戠察智知而神

 乙十七 戠察神而同

 乙十七 戠察同而僉險

 乙十七 戠察僉險而困

 乙十七 戠察困而退復

 乙十八 戠察此言记起於鼠一一耑端

關於此字，曹錦炎先生的考釋是[一七]：

「戠」，「識」字異體，其構形是在「戠」上加注「少」聲（「戠」字所從之「音」，簡文或從言，古文字中「音」、「言」作偏旁時可互作。）……而古音「少」爲書紐宵部字，「識」爲書紐職部字，兩字爲雙聲關係，故可以加注「少」聲。郭店簡尊德義、成之

聞之中從『戈』旁被釋爲『諓』，讀爲『察』的字其實也是『⿱戔言』字，與包山楚簡、郭店楚簡其他『詧』字即讀爲『察』的字構形有别。『識』，知道、瞭解。……

復旦大學出土文獻與古文字研究中心研究生讀書會鄔可晶執筆從曹先生之隸定，但括弧内爲守？執？，也就是説，他們懷疑此字讀爲『守』或『執』〔一八〕。廖名春先生從曹先生之説釋爲『識』，讀爲『得』〔一九〕：

案：『識』當讀爲『得』。『識』、『得』古音相近。文獻中『得』與從『直』的『德悳』常通用，而從『戠』之字又與從『直』之字常通用。詩魏風碩鼠：『樂國樂國，爰得我直。』王引之經義述聞：『直，當讀爲職。』因此，『識道』可讀爲『得道』。

何有祖先生的考證是〔二〇〕：

按：此字多見，大致有如下體：

 十四  二十  二十四  二十四

此字右部言上作三筆較爲明顯，或寫法近似『少』，如簡十四、二十的寫法，但也並無章法，只作三筆的，如簡二十四的寫法。從少的寫法，只是其中的變體。該字寫法與『察』字接近。楚簡察字多見，其中有一體作：

 郭店尊德義八、十七

正是從戈，以及言上作三筆。字當釋爲『察』，指體察；諒察。國語吴語：『今君王不察，盛怒屬兵，將殘伐越國。』韋昭注：『察，理也。』楚辭離騷：『怨靈修之浩蕩兮，終不察夫民心。』

以上諸説均存在一些問題。我們提出另外一種看法。

先説形。此字左上部，曹錦炎先生認爲從『少』，我們認爲是完全正確的，毋須贅言。而何有祖先生認爲『從少的寫法，只是其中的變體』則不可從。而曹先生認爲『其構形是在「戠」上加注「少」聲』則與我們的分析不同。我們認爲此字應分析爲從『言』，從『戈』，『少』聲。從『戈』，『少』聲的字應該是『㦸』字。少、小、肖、雀之間的關係，我們曾作過討論，今轉引於此〔二一〕：

我們認爲『韒路』【曾侯乙墓竹簡一百八十三——一百八十四】與新蔡簡中的『⿰車隹路』同，當讀爲『雀』。上古音雀，溪紐藥部字；肖，心紐宵部。韻部對轉。還有一條證據，信陽簡二——十一有『雀韋』，天星觀簡作『小韋』。劉信芳先生認爲『從辭例分析，「小韋」即信陽之「雀韋」。』劉信芳：包山楚簡解詁，藝文印書館，二〇〇三年其説可從。天星觀簡中的

「小」也應讀爲「雀」。「雀」字學者多分析爲從小從隹，小亦聲。雀、爵二字古通，例極多不備舉。上博楚簡中的「爵」字從少，馮勝君博士認爲「少」是聲符馮勝君：讀上博簡緇衣劄記二則，上博館藏戰國楚竹書研究，上海書店出版社，二〇〇二年。可從。小、少一字分化。這也是「小」或「肖」讀「雀」之證。曾侯乙墓竹簡一百七十八——一百八十四號簡所記路車有「大路」、「戎路」、「朱路」、「鞝路」，前三種路車的名稱均與月令同。「鞝路」應相當於月令中的「玄路」。

以上可以證明，從「戈」，「少」聲的字應該是「𢧵」字。說文：「𢧵，斷也。從戈，雀聲。」玉篇戈部：「𢧵，字亦作截。」簡文「⿹戈⿱少言」字應分析爲從「言」，「𢦔截」聲，疑「詧」字異體。

次說音。上古音「截」，從紐月部字。「詧」、「察」，初紐月部字。三字疊韻可通。書秦誓：「惟截截善諞言，俾君子易辭。」孔穎達疏：「截截猶察察，明辯便巧之意。」「截截猶察察」當屬聲訓。「截」、「戔」、「淺」古通。如：書秦誓：「惟截截善諞言。」說文戈部引周書作「戔戔巧言」。潛夫論救邊引「截截」作「淺淺」[二二]。從「戔」聲的「帴」與「殺」通，「殺」與「蔡」通[二三]。例不舉。可見「截」、「詧」、「察」關係密切。

最後談一下文義。簡文「詧」應讀爲「察」。何有祖先生讀爲「察」是對的，儘管他的字形分析不確。簡文「察」字，曹錦炎先生訓爲知道、瞭解，是正確的。典籍「察」字也有知道、瞭解義。孟子離婁下「察於人倫」，趙岐注：「察，猶識也。」禮記喪服四制：「禮以治之，義以正之，孝子、弟弟、貞婦，皆可得而察焉。」鄭玄注：「察，猶知也。」

附帶談一下，曹錦炎先生認爲郭店簡尊德義、成之聞之中的、與簡文「⿹戈⿱少言」爲一字，頗具卓識。郭店簡中的這個字，舊讀爲「察」是對的。字形分析，我們認爲仍是從「言」「截」聲之字，「詧」之異體。

注釋

一　曹錦炎：上海博物館藏戰國楚竹書（七）釋文，上海古籍出版社，二〇〇八年。

二　復旦大學出土文獻與古文字研究中心研究生讀書會：上博七吳命校讀，復旦大學出土文獻與古文字研究中心網二〇〇八年十二月三十日。

三　張崇禮：釋吳命的「度日」，復旦大學出土文獻與古文字研究中心網二〇〇九年一月十四日。

四　季旭升：也談容成氏簡三十九的「德惠而不失」，復旦大學出土文獻與古文字研究中心網二〇〇九年一月二十六日。

五　李學勤：周文王遺言，光明日報二〇〇九年四月十三日。

六 趙平安：保訓的性質和結構，光明日報二〇〇九年四月十三日。
七 清華大學出土文獻研究與保護中心：清華大學藏戰國竹簡保訓釋文，文物二〇〇九年第六期。
八 陳偉：『刉』字試説，簡帛網二〇〇九年四月十五日。
九 林志鵬：清華大學所藏楚竹書保訓管窺——兼論儒家『中』之内涵，簡帛網二〇〇九年四月二十一日。
一〇 武家璧：上甲微的『⿰石勿中』與『歸中』——讀清華簡保訓（之二），簡帛網二〇〇九年五月七日。
一一 徐伯鴻：説『微⿰石刂中於河』句中的『⿰石刂』字，復旦大學出土文獻與古文字研究中心網論壇二〇〇九年七月五日。
一二 何琳儀：戰國古文字典，中華書局，一九九八年。
一三 李零：説清華楚簡保訓篇的『中』字，中國文物報二〇〇九年五月二十日七版。
一四 何琳儀：戰國古文字典，中華書局，一九九八年。
一五 李守奎：楚文字編，華東師範大學出版社，二〇〇三年。
一六 鼠一（一）的釋讀從復旦大學出土文獻與古文字研究中心研究生讀書會（鄔可晶執筆）：上博（七）凡物流形重編釋文，復旦大學出土文獻與古文字研究中心網站，二〇〇八年十二月三十一日。
一七 馬承源主編：上海博物館藏戰國楚竹書（七），上海古籍出版社，二〇〇八年。
一八 復旦大學出土文獻與古文字研究中心研究生讀書會（鄔可晶執筆）：上博（七）凡物流形重編釋文，復旦大學出土文獻與古文字研究中心網站，二〇〇八年十二月三十一日。
一九 廖名春：凡物流形校讀零劄（二），清華簡帛研究網二〇〇八年十二月三十一日。
二〇 何有祖：凡物流形劄記，武漢大學簡帛網站二〇〇八年十二月三十一日。
二一 徐在國：談新蔡葛陵楚簡中的幾支車馬簡，簡帛第二輯，上海古籍出版社，二〇〇七年。
二二 高亨：古字通假會典，齊魯書社，一九八九年。
二三 高亨：古字通假會典，齊魯書社，一九八九年。

項目統籌工作後記

鄭煒明

上博藏戰國楚竹書字匯這個研究計劃，是饒師選堂先生在二〇〇四年正式向香港大學饒宗頤學術館提出和立項的。次年一月，饒師推薦洪娟博士來館工作，命她爲助理主編，並由我出任項目的統籌。最初期的時候，項目的範圍比較大，內容也比較繁複，而書名則暫定爲楚簡書法大字典，並決定由饒師親自領銜主編。但策略上，決定先處理上博簡。

洪博士展開工作後，進度比較緩慢。學術部乃因應她的要求，先後爲她聘得當時在香港大學中文學院讀研的黃志強先生（二〇〇五年九月至二〇〇六年九月）和在香港珠海書院任教的蘇春暉博士（二〇〇七年八月至二〇〇八年四月）爲兼職編輯，協助她工作。可惜進度依然與預期的目標有着較大的距離。二〇〇九年八月，洪博士因個人原因而辭職，離開了研究工作，到另一所大學轉任教職。

爲了加快進度，學術部在二〇〇八年四月先後爲這個項目，與安徽大學中文系的徐在國教授和當時在山東大學文史哲研究院的曹峰教授簽訂了合作協議。兩位教授都如期完成了協議，項目進度得以向前。借此機會說明一下：曹峰教授負責的是上博簡文字的考異，他早已完成工作並已寫成可供發表的報告，但因爲本計劃後來有所調整，故曹教授原來編撰的部分如今並沒有放在這本書裏。我也早已跟曹教授建議過，可以由港大饒館負責，爲他另行出版獨立的單行本。

自二〇〇八年四月起至今，徐在國教授帶領着他的團隊，實際上爲本項目投入了大量的心力，使本書終得以面世，居功厥偉。二〇一一年一月，項目接近完工，港大饒館乃與安徽大學出版社簽訂了出版合同。

最後，必須向饒師選堂先生已故的好友林百欣先生致敬，因爲他的支持，九年前才得以創立香港大學的饒宗頤學術館；也要向饒師的另外兩位好朋友，贊助項目初期經費的陳偉南先生和贊助全部出版經費的高佩璇博士致謝。而嶽麓書院的陳松長教授爲本書撰寫書法方面的專題論文，使本書增色不少；安徽大學出版社爲本書的出版做了大量細緻的工作，謹在此一併感謝。假如没有他們的幫助，這本書還真不知道要拖到甚麼時候才能面世呢？